여러분의 합격을 응원하는
해커스공무원의 특별 혜택

FREE 공무원 국어 특강

해커스공무원(gosi.Hackers.com) 접속 후 로그인 ▶ 상단의 [무료강좌] 클릭하여 이용

해커스공무원 온라인 단과강의 20% 할인쿠폰

96B7DF664567EAQM

해커스공무원(gosi.Hackers.com) 접속 후 로그인 ▶ 상단의 [나의 강의실] 클릭 ▶
좌측의 [쿠폰등록] 클릭 ▶ 위 쿠폰번호 입력 후 이용

* 등록 후 7일간 사용 가능(ID당 1회에 한해 등록 가능)

합격예측 온라인 모의고사 응시권 + 해설강의 수강권

4AF99B99DC6537EB

해커스공무원(gosi.Hackers.com) 접속 후 로그인 ▶ 상단의 [나의 강의실] 클릭 ▶
좌측의 [쿠폰등록] 클릭 ▶ 위 쿠폰번호 입력 후 이용

* ID당 1회에 한해 등록 가능

해커스 매일국어 어플 이용권

7Z8GQF95D9KEQ8H8

구글 플레이스토어/애플 앱스토어에서 [해커스 매일국어] 검색 ▶
어플 다운로드 ▶ 어플 이용 시 노출되는 쿠폰 입력란 클릭 ▶ 위 쿠폰번호 입력 후 이용

* 등록 후 30일간 사용 가능(ID당 1회에 한해 등록 가능)
* 해당 자료는 [해커스공무원 국어 기본서] 교재 내용으로 제공되는 자료로, 공무원 시험에 도움이 되는 유용한 자료입니다.

쿠폰 이용 관련 문의 **1588-4055**

단기 합격을 위한 해커스공무원 커리큘럼

입문
탄탄한 기본기와 핵심 개념 완성!
누구나 이해하기 쉬운 개념 설명과 풍부한 예시로 부담없이 쌩기초 다지기
TIP 베이스가 있다면 **기본 단계**부터!

▼

기본+심화
필수 개념 학습으로 이론 완성!
반드시 알아야 할 기본 개념과 문제풀이 전략을 학습하고
심화 개념 학습으로 고득점을 위한 응용력 다지기

▼

기출+예상 문제풀이
문제풀이로 집중 학습하고 실력 업그레이드!
기출문제의 유형과 출제 의도를 이해하고 최신 출제 경향을 반영한
예상문제를 풀어보며 본인의 취약영역을 파악 및 보완하기

▼

동형모의고사
동형모의고사로 실전력 강화!
실제 시험과 같은 형태의 실전모의고사를 풀어보며 실전감각 극대화

▼

마무리
시험 직전 실전 시뮬레이션!
각 과목별 시험에 출제되는 내용들을 최종 점검하며 실전 완성

PASS

* 커리큘럼 및 세부 일정은 상이할 수 있으며, 자세한 사항은 해커스공무원 사이트에서 확인하세요.

단계별 교재 확인 및 수강신청은 여기서!
gosi.Hackers.com

해커스공무원
조은정
암기 없는 국어
유형별 기출 200제

공무원 시험 전문 해커스공무원
gosi.Hackers.com

해커스공무원 조은정 암기없는 국어 **유형별 기출 200제**

'유형에 맞는 전략'이 국어 고득점의 지름길입니다!

공무원 9급 국어 문제의 출제기조가 전면적으로 개편되었습니다.
이에 따라 어떤 방법으로 시험에 대비해야 할지 걱정하는 수험생분들이 많습니다.

개편된 국어 문제는 공무원으로서 암기형 인재가 아닌 정보 처리형 인재를 요구하고 있습니다.
이에 대비해 많은 문제를 푸는 것도 중요하지만, 문제 유형에 맞는 전략을 익히는 것이 더 중요합니다.

개편된 공무원 9급 국어 문제 출제 유형에 대한 이해를 높이고,
유형별 문제 풀이를 연습하여 문제 풀이의 정확도와 속도를 향상시키고,
취약한 유형을 극복하여 고득점을 달성할 수 있도록
많은 고민을 거듭한 끝에 『해커스공무원 조은정 암기없는 국어 유형별 기출 200제』를 출간하게 되었습니다.

『해커스공무원 조은정 암기없는 국어 유형별 기출 200제』는
첫째, 9급 국어, 7급 PSAT 언어논리, 5급 PSAT 언어논리, 민간경력채용 PSAT 언어논리 등 다양한 기출 문제를 변형하여 개편된 국어 문제에 대비할 수 있도록 하였습니다.
둘째, '유형 정복 필승전략'을 통해 새로운 국어 문제 유형과 풀이 전략을 확인할 수 있도록 하였습니다.
셋째, '기출 변형 모의고사'를 통해 실전 감각을 키워 고득점을 달성할 수 있도록 하였습니다.

『해커스공무원 조은정 암기없는 국어 유형별 기출 200제』에는 개편된 국어 문제와 유사한 문제를 다년간 연구했던 전문가로서 저의 경험과 노하우가 담겨있습니다.
이 책이 9급 국어 고득점 합격을 꿈꾸는 모든 수험생 여러분들에게 훌륭한 길잡이가 되기를 바랍니다.

2025년 10월
조은정

이 책의 활용법 6

PART 1 논증

대표유형 01	주장과 논지	10
대표유형 02	견해 분석	16
대표유형 03	비판과 반박	30
대표유형 04	강화와 약화	42

PART 2 논리

대표유형 05	논증의 타당성 판단	60
대표유형 06	논리 퀴즈	70
대표유형 07	독해형 논리	86
대표유형 08	추가해야 할 전제 찾기	92

PART 3 독해

대표유형 09	중심 내용	108
대표유형 10	내용 이해 및 부합	114
대표유형 11	2차 정보 추론	134
대표유형 12	적용형 추론	150

[부록] 기출 변형 모의고사
- 1회 기출 변형 모의고사 200
- 2회 기출 변형 모의고사 210

[정답·해설] 220

PART 4 문맥

대표유형 13	빈칸 추론	162
대표유형 14	밑줄 추론	174
대표유형 15	글의 수정	184
대표유형 16	문단 배열	192

이 책의 활용법

01 **최신 9급 기출 + 엄선된 PSAT 기출 변형문제**로 신유형 완벽 정복!

- **국가직·지방직 9급 최신 기출문제**: 출제기조 전환 이후에 출제된 9급 최신 기출문제를 풀어보면서 개편된 출제 경향을 빠르게 파악하여 변화하는 시험에 완벽 대응할 수 있습니다.
- **PSAT 기출 변형문제**: PSAT 기출문제 중 9급 시험에 최적화된 문제만 엄선하여 9급 형식에 맞게 변형하여 수록하였습니다. 양질의 문제를 풀어봄으로써 문제 독해력과 추론 능력을 동시에 향상시킬 수 있습니다.

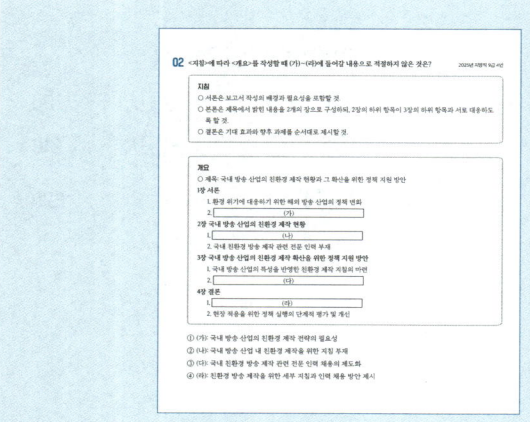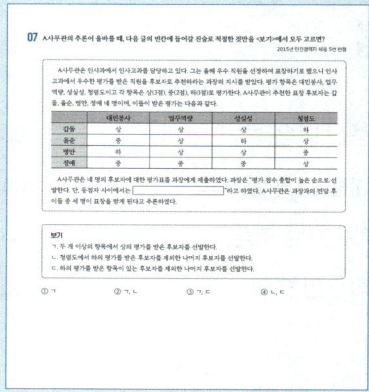

02 단 16개 유형으로 끝내는 **유형 정복 필승전략**!

- **유형 정복 필승전략**: 개편된 공무원 9급 출제기조를 철저히 분석하여 핵심 유형 16개로 정리하였습니다. 유형 정보와 풀이 전략을 파악하여 낯선 출제 패턴을 완벽 분석할 수 있습니다.

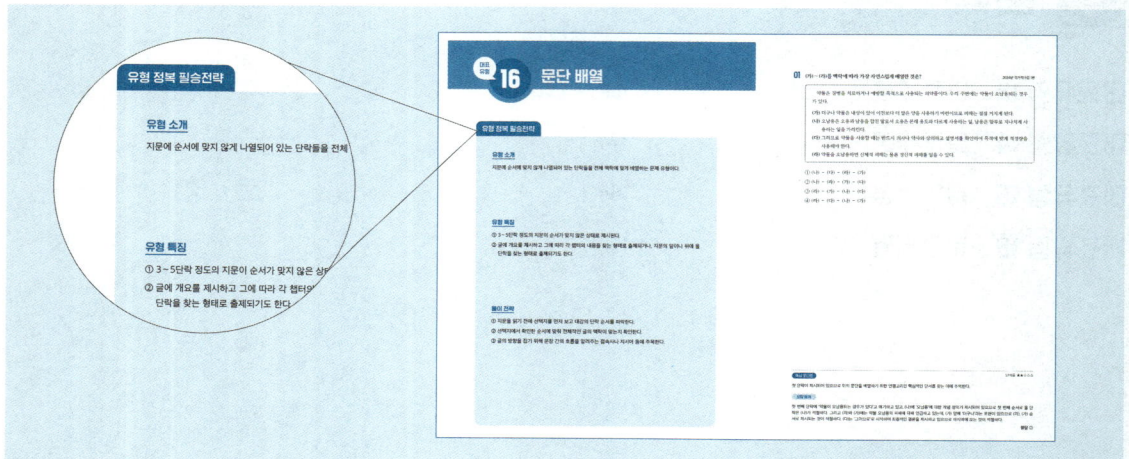

해커스공무원 조은정 암기없는 국어 **유형별 기출 200제**

핵심 포인트 중심의 명쾌한 해설로 학습 효율 극대화!

- **핵심 포인트**: 정답 도출의 핵심 논리를 알려주는 학습요소를 통해 정답의 핵심 근거와 논리를 명쾌하게 정리하여 완벽한 문제 해결 능력을 기를 수 있습니다.
- 문제 바로 아래 정답과 해설을 배치하여 빠르고 편리한 학습이 가능합니다.

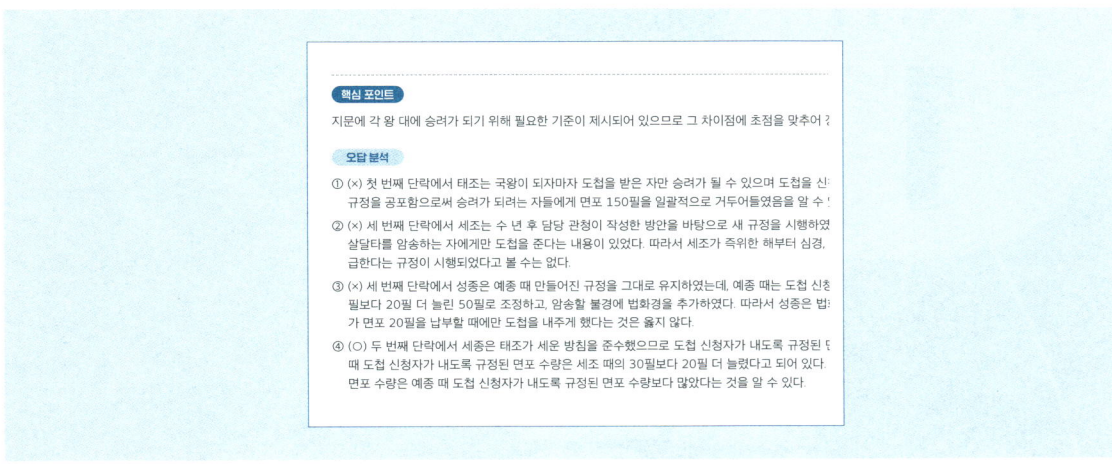

기출 변형 모의고사 2회분으로 끌어올리는 실전 감각!

실제 시험과 동일한 형태의 모의고사를 통해 실전 감각과 시간 관리 능력을 동시에 완성할 수 있습니다.

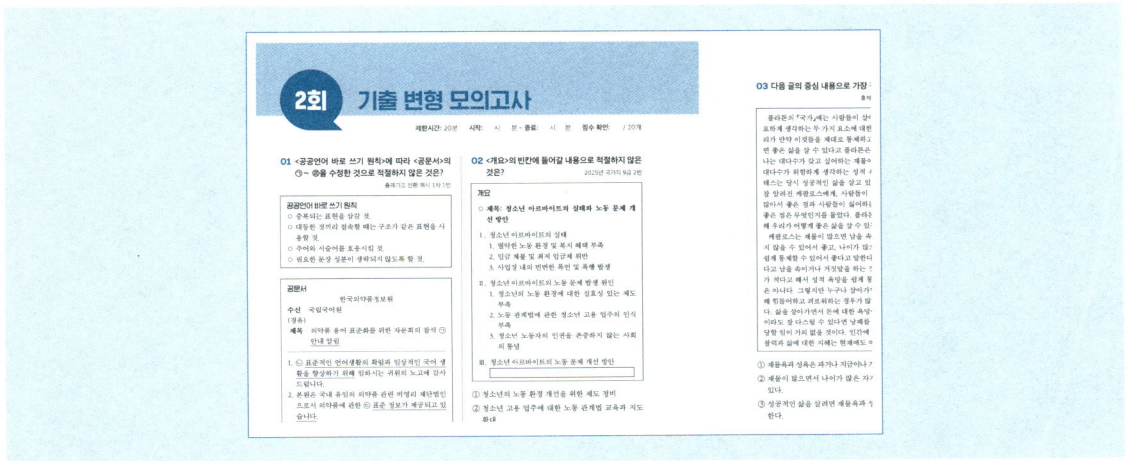

PART 1

해커스공무원 조은정 암기없는 국어 유형별 기출 200제

논증

공무원 시험 전문 해커스공무원
gosi.Hackers.com

대표유형 01 　주장과 논지
대표유형 02 　견해 분석
대표유형 03 　비판과 반박
대표유형 04 　강화와 약화

대표유형 01 주장과 논지

유형 정복 필승전략

유형 소개
주어진 지문의 논증에서 필자가 최종적으로 말하고자 하는 가장 중요한 주장이나 논지, 결론을 찾는 유형이다.

유형 특징
① 2~3단락 정도의 지문이 주어지고, 논조가 뚜렷한 논설문이 제시된다.
② 선택지는 지문에서 말하고자 하는 핵심 주장으로 구성된다.

풀이 전략
① 각 단락의 내용을 요약하듯이 빠르게 읽고, 각 단락의 내용을 정리하는 가장 중요한 문장을 체크한다.
② '그러므로, 따라서, 요컨대' 등 결과를 나타내는 접속사로 시작하는 문장과 '그러나, 하지만' 등 역접의 접속사로 시작하는 문장 뒤에는 필자가 얘기하고자 하는 중요 내용이 정리되어 있을 가능성이 높으므로 주목한다.
③ 지문에서 체크한 문장을 선택지와 비교하여 가장 유사한 내용을 가진 선택지를 찾는다.

01 다음 글의 핵심 논지로 가장 적절한 것은?

2011년 민간경력자 채용 6번 변형

> 폴란은 동물의 가축화를 '노예화 또는 착취'로 바라보는 시각은 잘못이라고 주장한다. 그에 따르면, 가축화는 '종들 사이의 상호주의'의 일환이며 정치적이 아니라 진화론적 현상이다. 그는 "소수의, 특히 운이 좋았던 종들이 다윈식의 시행착오와 적응과정을 거쳐, 인간과의 동맹을 통해 생존과 번성의 길을 발견한 것이 축산의 기원"이라고 말한다. 예컨대 이러한 동맹에 참여한 소, 돼지, 닭은 번성했지만 그 조상뻘 되는 동물들 중에서 계속 야생의 길을 걸었던 것들은 쇠퇴했다는 것이다. 지금 북미 지역에 살아남은 늑대는 1만 마리 남짓인데 개들은 5천만 마리나 된다는 것을 통해 이 점을 다시 확인할 수 있다. 이로부터 폴란은 '그 동물들의 관점에서 인간과의 거래는 엄청난 성공'이었다고 주장한다. 그래서 스티븐 울프는 "인도주의에 근거한 채식주의 옹호론만큼 설득력 없는 논변도 없다. 베이컨을 원하는 인간이 많아지는 것은 돼지에게 좋은 일이다."라고 주장하기도 한다.
>
> 그런데 어떤 생명체가 태어나도록 하는 것이 항상 좋은 일인가? 어떤 돼지가 깨끗한 농장에서 태어나 쾌적하게 살다가 이른 죽음을 맞게 된다면, 그 돼지가 태어나도록 하는 것이 좋은 일인가? 좋은 일이라고 한다면 돼지를 잘 기르는 농장에서 나온 돼지고기를 먹는 것은 그 돼지에게 나쁜 일이 아니라는 말이 된다. 아무도 고기를 먹지 않는다면 그 돼지는 태어날 수 없기 때문이다. 하지만 그 돼지를 먹기 위해서는 먼저 그 돼지를 죽여야 한다. 그렇다면 그 살해는 정당해야 한다. 폴란은 자신의 주장이 갖는 이런 함축에 불편함을 느껴야 한다. 이러한 불편함을 폴란은 해결하지 못할 것이다.

① 종 다양성을 보존하기 위한 목적으로 생명체를 죽이는 일은 지양해야 한다.
② 생명체를 죽이기 위해서 그 생명체를 태어나게 하는 일은 정당화되기 어렵다.
③ 어떤 생명체가 태어나서 쾌적하게 산다면 그 생명체를 태어나게 하는 것은 좋은 일이다.
④ 가축화에 대한 폴란의 진화론적 설명이 기초하는 '종들 사이의 상호주의'는 틀린 정보에 근거한다.

난이도 ★★☆☆☆

핵심 포인트

지문에 폴란의 주장이 제시되어 있으므로 이에 대한 필자의 평가가 어떠한지에 주목한다.

오답 분석

① (×) 글의 주장이 생명체를 죽이는 일에 부정적인 것은 맞지만, 종 다양성을 보존하기 위한 목적으로 생명체를 죽이는 일은 지양해야 한다는 것이 글의 주장인 것은 아니다.
② (○) '어떤 생명체가 태어나도록 하는 것이 항상 좋은 일인가?'라는 문제 제기에 대해 '하지만 그 돼지를 먹기 위해서는 먼저 그 돼지를 죽여야 한다. 그렇다면 그 살해는 정당해야 한다. 폴란은 자신의 주장이 갖는 이런 함축에 불편함을 느껴야 한다. 이러한 불편함을 폴란은 해결하지 못할 것이다.'라고 부정적인 답변을 하고 있다. 따라서 글의 핵심 논지로 가장 적절한 것은 '생명체를 죽이기 위해서 그 생명체를 태어나게 하는 일은 정당화되기 어렵다.'는 것이다.
③ (×) 어떤 생명체가 태어나서 쾌적하게 산다면 그 생명체를 태어나게 하는 것은 좋은 일이라는 것은 폴란의 주장을 지지하는 것이므로 글의 핵심 논지가 될 수 없다.
④ (×) 가축화에 대한 폴란의 진화론적 설명이 기초하는 '종들 사이의 상호주의'는 틀린 정보에 근거한다는 것은 폴란의 주장에 대한 반박의 근거는 될 수 있지만, 이것이 글의 핵심 논지라고 할 수는 없다.

정답 ②

02 다음 글의 논지로 가장 적절한 것은?

2014년 민간경력자 채용 11번 변형

최근 다도해 지역을 해양사의 관점에서 새롭게 주목하는 논의가 많아졌다. 그들은 주로 다도해 지역의 해로를 통한 국제 교역과 사신의 왕래 등을 거론하면서 해로와 포구의 기능과 해양 문화의 개방성을 강조하고 있다. 한편 다도해는 오래전부터 유배지로 이용되었다는 사실이 자주 언급됨으로써 그동안 우리에게 고립과 단절의 이미지로 강하게 남아 있다. 이처럼 다도해는 개방성의 측면과 고립성의 측면에서 모두 조명될 수 있다. 이는 섬이 바다에 의해 격리되는 한편 그 바다를 통해 외부 세계와 연결되기 때문이다.

다도해의 문화적 특징을 말할 때 흔히 육지에 비해 옛 모습의 문화가 많이 남아 있다는 점이 거론된다. 섬이 단절된 곳이므로 육지에서는 이미 사라진 문화가 섬에는 아직 많이 남아 있다고 여기는 것이다. 또한 섬이라는 특수성 때문에 무속이 성하고 마을굿도 풍성하다고 생각하는 이들도 있다. 이런 견해는 다도해를 고립되고 정체된 곳이라고 생각하는 관점과 통한다. 실제로는 육지에도 무당과 굿당이 많은데도 관념적으로 섬을 특별하게 여기는 것이다.

이런 관점에서 '진도 다시래기'와 같은 축제식 장례 풍속을 다도해 토속 문화의 대표적인 사례로 드는 경우도 있다. 지금도 진도나 신안 등지에 가면 상가(喪家)에서 노래하고 춤을 추며 굿을 하는 것을 볼 수 있는데, 이런 모습은 고대 역사서의 기록과 흡사하므로 그 풍속이 고풍스러운 것은 분명하다. 하지만 기존 연구에서 밝혀졌듯이 진도 다시래기가 지금의 모습을 갖추게 된 데에는 육지의 남사당패와 같은 유희 유랑 집단에서 유입된 요소들의 영향도 적지 않다. 이런 연구 결과도 다도해의 문화적 특징을 일방적인 관점에서 접근해서는 안 된다는 점을 시사해 준다.

① 유배지로서의 다도해 역사를 제대로 이해해야 한다.
② 옛 모습이 많이 남아 있는 다도해의 문화를 잘 보존해야 한다.
③ 다도해의 문화적 특징을 논의할 때 개방성의 측면을 간과해서는 안 된다.
④ 다도해의 관념적 측면을 소홀히 해서는 그 풍속을 제대로 이해하기 어렵다.

핵심 포인트   난이도 ★★☆☆☆

지문에서 다도해의 특성을 개방성의 측면과 고립성의 측면에서 다루고 있으므로 이중 글에서 강조하고 있는 관점이 무엇인지에 주목한다.

오답 분석

① ② (×) 유배지로서의 다도해 역사나 옛 모습이 많이 남아 있는 다도해의 문화는 고립성 부분만 강조된 것이므로 논지가 될 수 없다.
③ (○) 지문의 논지는 다도해의 문화적 특징을 일방적인 관점에서 접근해서는 안 된다는 것이고 여기서 일방적인 관점이란 고립성의 측면에서만 접근하는 관점을 의미한다. 따라서 '다도해의 문화적 특징을 논의할 때 개방성의 측면을 간과해서는 안 된다.'는 것이 글의 논지로 가장 적절하다.
④ (×) 다도해의 관념적 측면으로 그 풍속을 제대로 이해하는 것이나 토속 문화를 제대로 이해하는 것은 다도해의 문화적 특징을 일방적인 관점에서 접근해서는 안 된다는 내용과 관련성이 없으므로 논지가 될 수 없다.

정답 ③

03 다음 글의 핵심 논지로 가장 적절한 것은?

2022년 국가직 7급 6번 변형

독일 통일을 지칭하는 '흡수 통일'이라는 용어는 동독이 일방적으로 서독에 흡수되었다는 인상을 준다. 그러나 통일 과정에서 동독 주민들이 보여준 행동을 고려하면 흡수 통일은 오해의 여지를 주는 용어일 수 있다.

1989년에 동독에서는 지방선거 부정 의혹을 둘러싼 내부 혼란이 발생했다. 그 과정에서 체제에 환멸을 느낀 많은 동독 주민들이 서독으로 탈출했고, 동독 곳곳에서 개혁과 개방을 주장하는 시위의 물결이 일어나기 시작했다. 초기 시위에서 동독 주민들은 여행·신앙·언론의 자유를 중심에 둔 내부 개혁을 주장했지만 이후 "우리는 하나의 민족이다!"라는 구호와 함께 동독과 서독의 통일을 요구하기 시작했다. 그렇게 변화하는 사회적 분위기 속에서 1990년 3월 18일에 동독 최초이자 최후의 자유총선거가 실시되었다.

동독 자유총선거를 위한 선거운동 과정에서 서독과 협력하는 동독 정당들이 생겨났고, 이들 정당의 선거운동에 서독 정당과 정치인들이 적극적으로 유세 지원을 하기도 했다. 초반에는 서독 사민당의 지원을 받으며 점진적 통일을 주장하던 동독 사민당이 우세했지만, 실제 선거에서는 서독 기민당의 지원을 받으며 급속한 통일을 주장하던 독일동맹이 승리하게 되었다. 동독 주민들이 자유총선거에서 독일동맹을 선택한 것은 그들 스스로 급속한 통일을 지지한 것이라고 할 수 있다. 이후 동독은 서독과 1990년 5월 18일에 「통화·경제·사회보장 동맹의 창설에 관한 조약」을, 1990년 8월 31일에 「통일조약」을 체결했고, 마침내 1990년 10월 3일에 동서독 통일을 이루게 되었다.

이처럼 독일 통일의 과정에서 동독 주민들의 주체적인 참여를 확인할 수 있다. 독일 통일을 단순히 흡수 통일이라고 부른다면, 통일 과정에서 중요한 역할을 담당했던 동독 주민들을 배제한다는 오해를 불러일으킬 수 있다. 독일 통일의 과정을 온전히 이해하기 위해서는 동독 주민들의 활동에도 주목할 필요가 있다.

① 자유총선거에서 동독 주민들은 점진적 통일보다 급속한 통일을 지지하는 모습을 보여주었다.
② 독일 통일은 동독이 일방적으로 서독에 흡수되었다는 점에서 흔히 흡수 통일이라고 부른다.
③ 독일 통일은 분단국가가 합의된 절차를 거쳐 통일을 이루었다는 점에서 의의가 있다.
④ 독일 통일의 과정에서 동독 주민들의 주체적 참여가 큰 역할을 하였다.

핵심 포인트

난이도 ★★☆☆☆

독일 통일을 지칭하는 '흡수 통일'이라는 용어에 대한 지문의 평가가 부정적이라는 점에 주목한다.

오답 분석

① (×) 세 번째 단락에서 자유총선거에서 동독 주민들은 점진적 통일보다 급속한 통일을 지지하는 모습을 보여주었다는 것을 알 수 있지만, 이것이 글의 핵심 논지는 아니다.
② (×) 지문의 논지는 독일 통일은 동독이 일방적으로 서독에 흡수되었다고 볼 수 없다는 것이므로 독일 통일을 흡수 통일이라고 부른다는 것은 글의 핵심 논지가 아니다.
③ (×) 독일 통일은 분단국가가 합의된 절차를 거쳐 통일을 이루었다는 점에서 의의가 있다는 것은 글에서 알 수 없는 내용이므로 핵심 논지가 될 수 없다.
④ (○) 마지막 단락에서 독일 통일의 과정에서 동독 주민들의 주체적인 참여를 확인할 수 있으며, 독일 통일을 단순히 흡수 통일이라고 부를 수 없다는 것이 지문의 논지임을 확인할 수 있다. 따라서 독일 통일의 과정에서 동독 주민들의 주체적 참여가 큰 역할을 하였다는 것이 글의 핵심 논지이다.

정답 ④

04 다음 글의 핵심 논지로 가장 적절한 것은?

2023년 국가직 7급 3번 변형

> 우리는 보통 먹거리의 생산에 대해서는 책임을 묻는 것이 자연스럽다고 생각하면서도 먹거리의 소비는 책임져야 하는 행위로 생각하지 않는다. 우리는 무엇을 먹을 때 좋아하고 익숙한 것 그리고 싸고, 빠르고, 편리한 것을 찾아서 먹을 뿐이다. 그런데 먹는 일에도 윤리적 책임이 동반된다고 생각해 볼 수 있지 않을까?
>
> 먹는 행위를 두고 '잘 먹었다' 혹은 '잘 먹는다'고 말할 때 '잘'을 평가하는 기준은 무엇일까? 신체가 요구하는 영양분을 골고루 섭취하는 것은 생물학적 차원에서 잘 먹는 것이고, 섭취하는 음식을 통해 다양한 감각들을 만족시키며 개인의 취향을 계발하는 것은 문화적인 차원에서 잘 먹는 것이다. 그런데 이 경우들의 '잘'은 윤리적 의미를 띠고 있는 것 같지 않다. 이 두 경우는 먹는 행위를 개인적 경험의 차원으로 축소하기 때문이다.
>
> '잘 먹는다'는 것의 윤리적 차원은 우리의 먹는 행위가 그저 개인적 차원에서 일어나는 일이 아니라, 다른 사람들, 동물들, 식물들, 서식지, 토양 등과 관계를 맺는 행위임을 인식하기 시작할 때 비로소 드러난다. 오늘날 먹거리의 전 지구적인 생산·유통·소비 체계 속에서, 우리는 이들을 경제적 자원으로만 간주하는 특정한 방식으로 이들과 관계를 맺고 있다. 그러한 관계의 방식은 공장식 사육, 심각한 동물 학대, 농약과 화학비료 사용에 따른 토양과 물의 오염, 동식물의 생존에 필수적인 서식지 파괴, 전통적인 농민 공동체의 파괴, 불공정한 노동 착취 등을 동반한다.
>
> 우리가 무엇을 어떻게 먹는가 하는 것은 결국 우리가 그런 관계망에 속한 인간이나 비인간 존재를 어떻게 대우하고 있는가를 드러내며, 불가피하게 이러한 관계망의 형성이나 유지 혹은 변화에 기여하게 된다. 우리의 먹는 행위에 따라 이런 관계망의 모습은 바뀔 수도 있다. 그렇기에 이러한 관계들은 먹는 행위를 윤리적 반성의 대상으로 끌어올린다.

① 윤리적으로 잘 먹기 위해서는 육식을 지양해야 한다.
② 먹는 행위에 대해서도 윤리적 차원을 고려하여야 한다.
③ 건강 증진이나 취향 만족을 위한 먹는 행위는 개인적 차원의 평가 대상일 뿐이다.
④ 먹는 행위는 동물, 식물, 토양 등의 비인간 존재와 인간 사이의 관계를 만들어낸다.

핵심 포인트

난이도 ★★☆☆☆

글의 핵심 논지는 지문에서 하고자 하는 가장 중요한 말이므로 세부적인 정보보다는 물음에 대한 답변에 주목한다.

오답 분석

① (×) 윤리적으로 잘 먹기 위해서는 육식을 지양해야 한다는 것은 글에서 알 수 없는 내용이므로 핵심 논지가 될 수 없다.
② (○) 세 번째 단락에서 '잘 먹는다'는 것의 윤리적 차원은 다른 사람들, 동물들, 식물들, 서식지, 토양 등과 관계를 맺는 행위임을 인식하기 시작할 때 비로소 드러난다고 하고, 마지막 단락에서 이러한 관계들은 먹는 행위를 윤리적 반성의 대상으로 끌어올린다고 한다. 따라서 먹는 행위에 대해서도 윤리적 차원을 고려하여야 한다는 것이 글의 핵심 논지로 가장 적절하다.
③ (×) 두 번째 단락에서 건강 증진이나 취향 만족을 위한 먹는 행위는 개인적 차원의 평가 대상일 뿐이라고 볼 수 있지만, 이것은 글의 핵심 논지가 아니다.
④ (×) 세 번째 단락에서 먹는 행위는 동물, 식물, 토양 등의 비인간 존재와 인간 사이의 관계를 만들어낸다는 것을 알 수 있지만, 이것은 글의 핵심 논지가 아니다.

정답 ②

05 다음 글의 핵심 논지로 가장 적절한 것은?

2023년 국가직 7급 4번 변형

> 지방분권화 시대를 맞아 지역의 균형 발전과 경제 활성화를 함께 도모할 수 있는 방안으로 지역문화콘텐츠의 역할이 강조되고 있다. 이와 관련하여 생태환경, 문화재, 유적지 등의 지역 자원을 이용해 지역에 생명을 불어넣고 지역의 특화된 가치를 창출하는 사례가 늘고 있다. 지역문화콘텐츠의 성공은 지역 산업의 동력이 될 뿐 아니라 지역민의 문화향유권 확장에 이바지한다는 점에서도 주목할 만하다.
>
> 그러나 지역문화콘텐츠의 전망이 밝기만 한 것은 아니다. 지역 내부의 문제로 우수한 문화자원이 빛을 보지 못하거나 특정 축제를 서로 자기 지역에 유치하기 위한 과잉 경쟁으로 지방자치단체가 몸살을 앓기도 한다. 또한, 불필요한 시설과 인프라 구축, 유사한 콘텐츠의 양산 및 미흡한 활용 등의 문제로 지역 예산을 헛되이 낭비한 사례도 적지 않다.
>
> 이러한 문제들이 많아지자, ○○부는 유사·중복 축제 행사를 통폐합하는 지방재정법 시행령과 심사 규칙 개정안을 내놓았다. 이 개정안은 특색 없는 콘텐츠를 정리하고 경쟁력 있는 콘텐츠 개발을 장려하는 것이 주목적이다. 하지만 이러한 방식만으로는 지역문화콘텐츠의 성공을 기대하기 어렵다.
>
> 그동안 지역문화 정책과 사업이 새로운 콘텐츠를 발굴·제작하는 데만 주력해 온 탓에 향유의 지속성 측면을 고려하지 못했다. 이로 인해, 관련 사업은 일부 향유자만을 대상으로 하거나 단발적인 제작 지원에 그쳐 지역민의 문화자원 향유가 지속되는 데 어려움이 있었다. 향유자에 초점을 둔 실효성 있는 정책을 실현하려면, 향유의 지속성까지 염두에 두어야 한다. 콘텐츠와 향유자를 잇고, 향유자의 향유 경험을 지속시킬 때 콘텐츠는 영속할 수 있다. 향유자에 의한 콘텐츠의 공유와 확산이 활발하게 이루어지는 향유, 아울러 향유자가 콘텐츠의 소비·매개·재생산의 주체가 되는 향유를 위한 방안이 개발되어야 한다. 이러한 방안을 통해 이미 만들어진 우수한 지역문화콘텐츠의 생명력을 연장하고 콘텐츠 향유의 활성화를 꾀할 수 있다.

① 중앙정부와 지방자치단체의 협력을 통해 지역문화콘텐츠의 경쟁력을 강화해야 한다.
② 새로운 콘텐츠의 발굴과 제작을 통해 지역문화콘텐츠의 생명력을 연장하고 활성화해야 한다.
③ 지역문화콘텐츠를 향유자와 연결하고 향유자의 향유 경험을 지속하게 할 방안을 마련해야 한다.
④ 지역문화콘텐츠 향유자 스스로 자신이 콘텐츠의 소비·매개·재생산의 주체임을 인식해야 한다.

핵심 포인트

난이도 ★★★☆☆

지역문화콘텐츠의 성공을 위해 글에서 제시하고 있는 문제점과 이를 해결하기 위한 방안에 주목한다.

오답 분석

① (×) 향유의 지속성을 고려해야 한다는 것이 글의 논지이므로 중앙정부와 지방자치단체의 협력을 통해 지역문화콘텐츠의 경쟁력을 강화해야 한다는 것은 글의 핵심 논지로 적절하지 않다.
② (×) 그동안 지역문화 정책과 사업이 새로운 콘텐츠를 발굴·제작하는 데만 주력해 온 탓에 향유의 지속성 측면을 고려하지 못했다고 언급하고 있으므로 새로운 콘텐츠의 발굴과 제작을 통해 지역문화콘텐츠의 생명력을 연장하고 활성화해야 한다는 것은 글의 핵심 논지로 적절하지 않다.
③ (○) 이미 만들어진 우수한 지역문화콘텐츠의 생명력을 연장하고 콘텐츠 향유의 활성화를 꾀하기 위해 향유자에 의한 콘텐츠의 공유와 확산이 활발하게 이루어지는 향유, 아울러 향유자가 콘텐츠의 소비·매개·재생산의 주체가 되는 향유를 위한 방안이 개발되어야 한다는 것이 글의 논지이다. 따라서 지역문화콘텐츠를 향유자와 연결하고 향유자의 향유 경험을 지속하게 할 방안을 마련해야 한다는 것이 글의 핵심 논지로 가장 적절하다.
④ (×) 글에서는 향유자 개인의 역할을 제시하고 있지 않으므로 지역문화콘텐츠 향유자 스스로 자신이 콘텐츠의 소비·매개·재생산의 주체임을 인식해야 한다는 것은 글의 핵심 논지로 적절하지 않다.

정답 ③

대표유형 02 견해 분석

유형 정복 필승전략

유형 소개
두 명 이상의 견해가 제시된 지문에서 각각의 견해를 비교하고 분석하여 공통점과 차이점을 판단하는 문제 유형이다.

유형 특징
① 2~3단락 정도의 등장인물의 견해로 구성된 지문이 제시된다.
② 지문은 주로 '(가), (나), (다)' 혹은 '갑, 을, 병'의 대조 지문 형태로 각각의 견해가 제시되는 경우가 많다.
③ 선택지나 <보기>는 지문에 제시된 등장인물의 견해를 찾아서 그들의 견해를 비교·분석하는 내용으로 구성된다.

풀이 전략
① 지문에 제시된 등장인물별로 가장 중요하거나 가장 포괄적인 내용을 담은 문장을 찾아 주장을 찾는다.
② 각 등장인물이 같은 주장을 하고 있는지, 다른 주장을 하고 있는지 구분한다.
③ 각 선택지나 <보기>에서 어떤 주장을 비교하는지 확인하고, 표현에 유의하여 각 주장 간의 관계를 파악한다.

01 다음 대화를 분석한 내용으로 적절하지 않은 것은?

2025년 국가직 9급 20번

> 보은: 기차가 달리고 있는 선로에 다섯 명의 인부가 일하고 있고, 그들에게 그 기차를 피할 시간적 여유는 없어. 그런데 스위치를 눌러서 선로를 변경하면 다섯 명의 인부 대신 다른 선로에 있는 한 사람이 죽게 돼. 이 선택의 딜레마 상황에서 너희들은 어떻게 할 거야?
>
> 소현: 이런 경우엔 행위에 따른 결과가 선택의 기준이 된다고 생각해. 그래서 나는 스위치를 눌러서 한 명이 죽더라도 다섯 명을 살리는 선택을 할 거야. 그건 결과적으로 봤을 때 불가피한 조치 아니겠어?
>
> 은주: 글쎄, 행위에 따른 결과보다 행위 자체의 도덕성을 기준에 두어야 하는 거 아니야? 행위 자체의 도덕성을 따진다면, 스위치를 눌러서 사람을 '죽이는 것'과 아무것도 하지 않고 '죽게 내버려 두는 것' 중에 당연히 살인에 해당하는 전자가 더 나쁘지.
>
> 보은: 나도 그렇게 생각해. 스위치를 누르면 살인이고, 누르지 않으면 방관일 텐데, 법적인 측면에서 보더라도 전자는 후자보다 무겁게 처벌되잖아. 게다가 생명의 가치는 수량화할 수 없으니 한 사람보다 다섯 사람이 가지는 생명의 가치가 더 크다고 말할 수 없어.
>
> 영민: 생명의 가치를 수량화할 수 없다는 데 원론적으로는 나도 동의해. 하지만 지금처럼 불가피한 선택의 상황에서 무엇보다 우선해야 할 것은 명확한 기준을 세우는 일이야. 나는 이 상황에서 어떻게 하면 죽는 사람의 수를 최소화하는가가 그 기준이 되어야 한다고 생각해.

① 스위치를 누르는 일을 살인으로 본다는 점에 대해 은주는 보은과 견해를 같이한다.
② 생명의 가치를 수량화할 수 없다는 점에 대해 영민은 원론적으로는 보은과 견해를 같이한다.
③ 선택의 딜레마 상황에서 소현은 행위에 따른 결과를, 은주는 행위 자체의 도덕성을 선택의 기준으로 삼는다.
④ 인명피해가 불가피한 선택의 상황에 놓인다면, 영민은 죽는 사람의 수를 최소화하는 선택을 하고, 소현은 그렇게 하지 않는다.

난이도 ★★★☆☆

핵심 포인트
지문에 제시된 각 인물의 견해를 찾고 그들 간의 차이점과 공통점에 주목한다.

오답 분석
① (O) 은주는 스위치를 눌러서 사람을 죽이는 것을 살인에 해당한다고 보고, 보은도 "나도 그렇게 생각해."라고 동의한다. 따라서 스위치를 누르는 일을 살인으로 본다는 점에 대해 은주는 보은과 견해를 같이한다는 것은 적절한 분석이다.
② (O) 보은은 생명의 가치는 수량화할 수 없다고 하고, 영민은 "생명의 가치를 수량화할 수 없다는 데 원론적으로는 나도 동의해."라고 한다. 따라서 생명의 가치를 수량화할 수 없다는 점에 대해 영민은 원론적으로는 보은과 견해를 같이한다는 것은 적절한 분석이다.
③ (O) 소현은 "행위에 따른 결과가 선택의 기준이 된다고 생각해."라고 하고, 은주는 "행위에 따른 결과보다 행위 자체의 도덕성을 기준에 두어야 하는 거 아니야?"라고 한다. 따라서 선택의 딜레마 상황에서 소현은 행위에 따른 결과를, 은주는 행위 자체의 도덕성을 선택의 기준으로 삼는다는 것은 적절한 분석이다.
④ (×) 영민은 인명피해가 불가피한 선택의 상황에서 죽는 사람의 수를 최소화하는 것이 기준이 되어야 한다고 생각한다. 소현은 행위에 따른 결과가 선택의 기준이 된다고 생각하며, 스위치를 눌러서 한 명이 죽더라도 다섯 명을 살리는 선택을 할 것이라고 말한다. 따라서 인명피해가 불가피한 선택의 상황에 놓인다면, 영민과 소현 모두 죽는 사람의 수를 최소화하는 선택을 할 것이므로 소현은 그렇게 하지 않는다는 것은 적절하지 않다.

정답 ④

02 다음 대화를 분석한 내용으로 적절하지 않은 것은?

2025년 지방직 9급 17번

> 갑: 언어는 인간의 지각과 사고, 세계관 등을 결정해. 인간 사고의 내용과 구조는 언어에 의해 형성되며, 이 때문에 동일한 언어를 쓰는 민족은 그 언어에 의해 형성된 공통의 세계관을 갖게 되지. 사고가 언어에 영향을 미치는 것이 아니라 실은 그 반대야.
> 을: 나는 동의할 수 없어. 언어는 인간의 사고를 표현하는 도구에 불과해서 사고가 언어에 영향을 미친다고 봐야 해. 따라서 사고의 차이가 언어의 차이를 낳지.
> 병: 그렇긴 하지. 사고의 깊이가 깊은 사람은 그렇지 않은 사람에 비해 구사하는 언어의 수준이 높아. 하지만 나는 언어가 사고에 영향을 미친다는 것도 동의해. 남미의 어떤 부족은 방향을 표현할 때 '왼쪽'이나 '오른쪽'이 아니라 '북서쪽'과 같이 절대 방위로 표현하는데, 이 언어를 쓰는 사람들의 공간 감각은 이 언어를 쓰지 않는 사람들보다 더 뛰어나다고 하거든.
> 갑: 언어가 다르면 세계를 다르게 인식해. 어떤 언어의 화자가 자기 언어의 색채어에 맞추어 색깔을 구별하는 것을 그 사례로 들 수 있어. 이런 점에서 언어가 없다면 인식하고 사고할 수 없다는 말도 성립해.
> 을: 언어가 미숙한 유아라든지 언어가 없는 동물들도 자신이 직면한 문제에 대해 사고하고 판단하잖아. 이건 언어가 사고에 영향을 미치지 못한다는 증거이지.
> 병: 나는 언어와 사고의 관계가 어느 한쪽이 일방적으로 영향을 주는 게 아니라 서로 영향을 주고받으면서 발전한다고 생각해.

① 언어와 사고가 서로 영향을 주고받는 관계라는 점에 대해 갑과 을은 동의하지 않지만 병은 동의한다.
② 사고가 언어에 영향을 미친다는 점에 대해 갑은 동의하지만 을은 동의하지 않는다.
③ 언어가 다르면 세계를 다르게 인식한다는 점에 대해 갑과 병은 동의한다.
④ 사고의 차이가 언어의 차이를 낳는다는 점에 대해 을과 병은 동의한다.

핵심 포인트

난이도 ★★☆☆☆

지문에 제시된 각 인물의 견해를 찾고 그들 간의 차이점과 공통점에 주목한다.

오답 분석

① (○) 갑은 언어가 사고에 영향을 미친다고 보고, 을은 사고가 언어에 영향을 미친다고 본다. 한편 병은 언어와 사고가 서로 영향을 준다고 본다. 따라서 언어와 사고가 서로 영향을 주고받는 관계라는 점에 대해 갑과 을은 동의하지 않지만 병은 동의한다는 것은 적절한 분석이다.
② (×) 갑은 언어가 사고에 영향을 미친다고 보고, 을은 사고가 언어에 영향을 미친다고 본다. 따라서 사고가 언어에 영향을 미친다는 점에 대해 갑은 동의하지만 을은 동의하지 않는다는 것은 적절하지 않은 분석이다.
③ (○) 갑은 언어가 사고에 영향을 미친다고 보고, 병은 언어와 사고가 서로 영향을 준다고 본다. 따라서 언어가 다르면 세계를 다르게 인식한다는 점에 대해 갑과 병은 동의한다는 것은 적절한 분석이다.
④ (○) 을은 사고가 언어에 영향을 미친다고 보고, 병은 언어와 사고가 서로 영향을 준다고 본다. 따라서 사고의 차이가 언어의 차이를 낳는다는 점에 대해 을과 병은 동의한다는 것은 적절한 분석이다.

정답 ②

03 다음 (가) ~ (라)의 주장 간의 관계를 바르게 파악한 사람을 <보기>에서 모두 고르면? 2012년 민간경력자 채용 22번 변형

> (가) 도덕성의 기초는 이성이지 동정심이 아니다. 동정심은 타인의 고통을 공유하려는 선한 마음이지만, 그것은 일관적이지 않으며 때로는 변덕스럽고 편협하다.
> (나) 인간의 동정심은 신뢰할 만하지 않다. 예컨대, 같은 종류의 불행을 당했다고 해도 내 가족에 대해서는 동정심이 일어나지만 모르는 사람에 대해서는 동정심이 생기지 않기도 한다.
> (다) 도덕성의 기초는 이성이 아니라 오히려 동정심이다. 즉 동정심은 타인의 곤경을 자신의 곤경처럼 느끼며 타인의 고난을 위로해 주고 싶은 욕구이다. 타인의 고통을 나의 고통처럼 느끼고, 그로부터 타인의 고통을 막으려는 행동이 나오게 된다. 이렇게 동정심은 도덕성의 원천이 된다.
> (라) 동정심과 도덕성의 관계에서 중요한 문제는 어떻게 동정심을 함양할 것인가의 문제이지, 그 자체로 도덕성의 기초가 될 수 있는지 없는지 문제가 아니다. 동정심은 전적으로 신뢰할 만한 것은 아니며 때로는 왜곡될 수도 있다. 그렇다고 그 때문에 도덕성의 기반에서 동정심을 완전히 제거하는 것은 도덕의 풍부한 원천을 모두 내다 버리는 것과 같다. 오히려 동정심이나 공감의 능력은 성숙하게 함양해야 하는 도덕적 소질에 가까운 것이다.

> **보기**
> 갑: (가)와 (다)는 양립할 수 없는 주장이다.
> 을: (나)는 (가)를 지지하는 관계이다.
> 병: (가)와 (라)는 동정심의 도덕적 역할을 전적으로 부정하고 있다.
> 정: (나)와 (라)는 모순관계이다.

① 갑, 을
② 갑, 을, 병
③ 갑, 병, 정
④ 을, 병, 정

핵심 포인트 난이도 ★★★☆☆

지문에 도덕성의 기초에 관한 (가), (나), (다), (라)의 주장이 제시되어 있으므로 각 주장의 차이점과 공통점에 주목한다.

오답 분석

갑: (○) 도덕성의 기초는 이성이지 동정심이 아니라는 (가)와 도덕성의 기초는 이성이 아니라 오히려 동정심이라는 (다)는 동시에 참이 될 수 없는 주장이므로 양립할 수 없는 주장이다.

을: (○) 인간의 동정심은 신뢰할 만하지 않다는 (나)는 도덕성의 기초는 이성이지 동정심이 아니라는 (가)를 뒷받침하므로 지지하는 관계이다.

병: (×) 동정심과 도덕성의 관계에서 중요한 문제는 어떻게 동정심을 함양할 것인가의 문제이지, 그 자체로 도덕성의 기초가 될 수 있는지 없는지의 문제가 아니라는 (라)는 동정심의 도덕적 역할을 전적으로 부정하고 있다고 볼 수 없다.

정: (×) 인간의 동정심은 신뢰할 만하지 않다는 (나)와 동정심과 도덕성의 관계에서 중요한 문제는 어떻게 동정심을 함양할 것인가의 문제이지, 그 자체로 도덕성의 기초가 될 수 있는지 없는지의 문제가 아니라는 (라)는 동시에 참이 될 수 없고, 동시에 거짓이 될 수 없는 관계가 아니므로 모순관계라 볼 수 없다.

정답 ①

04 다음 갑~정의 주장에 대한 분석으로 적절한 것을 <보기>에서 모두 고르면?　　2014년 민간경력자 채용 21번 변형

> 갑: 난자 기증은 상업적이 아닌 이타주의적인 이유에서만 이루어져야 한다. 난자만이 아니라 정자를 매매하거나 거래하는 것도 불법화해야 한다는 데 동의한다. 물론 상업적인 대리모도 금지해야 한다.
> 을: 인간은 각자 본연의 가치가 있으므로 시장에서 값을 매길 수 없다. 또한 인간관계를 상업화하거나 난자 등과 같은 신체의 일부를 금전적인 대가 지불의 대상으로 만들어선 안 된다.
> 병: 불임 부부가 아기를 가질 기회를 박탈해선 안 된다. 그런데 젊은 여성들이 자발적으로 난자를 기증하는 것을 기대하기가 어렵다. 난자 기증은 여러 가지 부담을 감수해야 하기에 보상 없이 이루어지기에는 한계가 있다. 결과적으로 난자 제공에 대한 금전적 대가 지불을 허용하지 않을 경우에 난자를 얻을 수 없을 것이고, 불임 여성들은 원하는 아기를 가질 수 없게 될 것이다.
> 정: 난자 기증은 정자 기증과 근본적으로 다르다. 난자를 채취하는 것은 정자를 얻는 것보다 훨씬 복잡하고 어려운 일이며 위험을 감수해야 할 경우도 있다. 예컨대, 과배란을 유도하기 위해 여성들은 한 달 이상 매일 약을 먹어야 한다. 그 다음에는 가늘고 긴 바늘을 난소에 찔러 난자를 뽑아내는 과정을 거쳐야 한다. 한 여성 경험자는 난소에서 난자를 뽑아낼 때마다 '누가 그 부위를 발로 차는 것 같은' 느낌을 받았다고 보고하였다. 이처럼 난자 제공은 고통과 위험을 감수해야 하는 일이다.

> **보기**
> ㄱ. 을은 갑의 주장을 지지한다.
> ㄴ. 정의 주장은 병의 주장을 지지하는 근거로 사용될 수 있다.
> ㄷ. 난자 제공에 대한 금전적 대가 지불에 대해서 을의 입장과 병의 입장은 양립불가능하다.

① ㄱ　　② ㄱ, ㄴ　　③ ㄴ, ㄷ　　④ ㄱ, ㄴ, ㄷ

05 갑~병의 주장의 관계에 대한 평가로 적절한 것만을 <보기>에서 모두 고르면?

2016년 민간경력자 채용 20번 변형

> 갑: 어떠한 경우에도 자살은 옳지 않은 행위이다. 신의 뜻에 어긋날 뿐만 아니라 공동체에 해악을 끼치기 때문이다. 자살은 사회로부터 능력 있는 사람들을 빼앗아가는 행위이다. 물론 그러한 행위는 공동체에 피해를 주는 것이다. 따라서 자살은 죄악이다.
>
> 을: 자살하는 사람은 사회에 해악을 끼치는 것이 아니다. 그는 단지 선을 행하는 것을 멈추는 것일 뿐이다. 사회에 선을 행해야 한다는 우리의 모든 의무는 상호성을 함축한다. 즉 나는 사회로부터 혜택을 얻으므로 사회의 이익을 증진시켜야 한다. 그러나 내가 만약 사회로부터 완전히 물러난다면 그러한 의무를 계속 짊어져야 하는 것은 아니다.
>
> 병: 인간의 행위는 자신에게만 관련된 것과 타인이 관련된 것으로 구분될 수 있다. 원칙적으로 인간은 타인에게 해가 되지 않는 한 원하는 것은 무엇이든지 행할 수 있다. 다만 타인에게 해악을 주는 행위만이 도덕적 비판의 대상이 된다고 할 수 있다. 이러한 원칙은 자살의 경우에도 적용된다.

보기
ㄱ. 갑의 주장은 을의 주장과 양립할 수 없다.
ㄴ. 을의 주장은 병의 주장과 양립할 수 있다.
ㄷ. 자살이 타인이 아닌 자신에게만 관련된 행위일 경우 병은 갑의 주장에 찬성할 것이다.

① ㄱ　　　② ㄱ, ㄴ　　　③ ㄴ, ㄷ　　　④ ㄱ, ㄴ, ㄷ

난이도 ★★☆☆☆

핵심 포인트
지문에서 갑, 을 병의 주장을 찾고, 각 주장 간의 차이점과 공통점에 주목한다.

오답 분석
ㄱ. (○) 갑의 주장은 자살은 공동체에 해악을 끼치므로 어떠한 경우에도 옳지 않은 행위라는 것이고, 을의 주장은 자살하는 사람은 사회에 해악을 끼치는 것이 아니라, 단지 선을 행하는 것을 멈추는 것일 뿐이라는 것이므로 갑과 을의 주장은 양립할 수 없다.
ㄴ. (○) 병은 자살이 도덕적 비판의 대상이 된다면 자살이 타인에게 해악을 주는 경우라고 주장하므로 자살하는 사람은 사회에 해악을 끼치는 것이 아니라, 단지 선을 행하는 것을 멈추는 것일 뿐이라는 을의 주장은 병의 주장과 양립할 수 있다.
ㄷ. (×) 갑의 주장은 자살이 옳지 않다는 것이고, 병의 주장은 타인에게 해악을 주는 행위만이 도덕적 비판의 대상이 된다는 것이다. 따라서 자살이 자신에게만 관련된 행위라면 병은 자살을 옳지 않은 것으로 보는 갑의 주장에 찬성한다고 볼 수 없다.

정답 ②

06 다음 글의 (가) ~ (다)에 대한 분석으로 옳은 것만을 <보기>에서 모두 고르면?

2017년 민간경력자 채용 8번 변형

바람직한 목적을 지닌 정책을 달성하기 위해 옳지 않은 수단을 사용하는 것이 정당화될 수 있는가? 공동선의 증진을 위해 일반적인 도덕률을 벗어난 행동을 할 수밖에 없을 때, 공직자들은 이러한 문제에 직면한다. 이에 대해서 다음과 같은 세 가지 주장이 제기되었다.

(가) 공직자가 공동선을 증진하기 위해 전문적 역할을 수행할 때는 일반적인 도덕률이 적용되어서는 안 된다. 공직자의 비난받을 만한 행동은 그 행동의 결과에 의해서 정당화될 수 있다. 즉 공동선을 증진하는 결과를 가져온다면 일반적인 도덕률을 벗어난 공직자의 행위도 정당화될 수 있다.

(나) 공직자의 행위를 평가함에 있어 결과의 중요성을 과장해서는 안 된다. 일반적인 도덕률을 어긴 공직자의 행위가 특정 상황에서 최선의 것이었다고 하더라도, 그가 잘못된 행위를 했다는 것은 부정할 수 없다. 공직자 역시 일반적인 도덕률을 공유하는 일반 시민 중 한 사람이며, 이에 따라 일반 시민이 가지는 도덕률에서 자유로울 수 없다.

(다) 민주사회에서 권력은 선거를 통해 일반 시민들로부터 위임받은 것이고, 이에 의해 공직자들이 시민들을 대리한다. 따라서 공직자들의 공적 업무 방식은 일반 시민들의 의지를 반영한 것일 뿐만 아니라 동의를 얻은 것이다. 그러므로 민주사회에서 공직자의 모든 공적 행위는 정당화될 수 있다.

보기

ㄱ. (가)와 (나) 모두 공직자가 공동선의 증진을 위해 일반적인 도덕률을 벗어난 행위를 하는 경우는 사실상 일어날 수 없다는 것을 전제하고 있다.

ㄴ. 어떤 공직자가 일반적인 도덕률을 어기면서 공적 업무를 수행하여 공동선을 증진했을 경우, (가)와 (다) 모두 그 행위는 정당화될 수 있다고 주장할 것이다.

ㄷ. (나)와 (다) 모두 공직자도 일반 시민이라는 것을 주요 근거로 삼고 있다.

① ㄱ ② ㄴ ③ ㄴ, ㄷ ④ ㄱ, ㄴ, ㄷ

핵심 포인트

난이도 ★★★☆☆

지문에서 (가), (나), (다)의 중심 견해가 무엇인지 확인하여 각 견해가 대비되는지, 혹은 일치하는 부분이 있는지 그 방향성 판단에 주목한다.

오답 분석

ㄱ. (×) (가)는 '공동선을 증진하는 결과를 가져온다면 일반적인 도덕률을 벗어난 공직자의 행위도 정당화될 수 있다.'고 주장하고, (나)는 '공직자의 행위를 평가함에 있어 결과의 중요성을 과장해서는 안 된다.'고 주장한다. 결국 (가)와 (나) 모두 공직자가 공동선의 증진을 위해 일반적인 도덕률을 벗어난 행위를 하는 경우가 사실상 일어날 수 있다는 것을 전제하고 있다.

ㄴ. (○) (가)는 '공동선을 증진하는 결과를 가져온다면 일반적인 도덕률을 벗어난 공직자의 행위도 정당화될 수 있다.'고 주장하고, (다)는 '민주사회에서 공직자의 모든 공적 행위는 정당화될 수 있다.'고 주장한다. 따라서 어떤 공직자가 일반적인 도덕률을 어기면서 공적 업무를 수행하여 공동선을 증진했을 경우, (가)와 (다) 모두 그 행위는 정당화될 수 있다고 주장할 것이다.

ㄷ. (×) (나)는 공직자 역시 일반적인 도덕률을 공유하는 일반 시민 중 한 사람이라고 보고 있지만, (다)의 경우는 공직자들이 시민을 대리한다고 하여 공직자와 일반 시민을 다르게 보고 있다.

정답 ②

07 다음 논쟁에 대한 분석으로 적절한 것만을 <보기>에서 모두 고르면?

2017년 민간경력자 채용 20번 변형

> 갑: 17세기 화가 페르메르의 작품을 메헤렌이 위조한 사건은 세상을 떠들썩하게 했지. 메헤렌의 그 위조품이 지금도 높은 가격에 거래된다고 하는데, 이 일은 예술 감상에서 무엇이 중요한지를 생각하게 만들어.
>
> 을: 눈으로 위조품과 진품을 구별할 수 없다고 하더라도 위조품은 결코 예술적 가치를 가질 수 없어. 예술품이라면 창의적이어야 하는데 위조품은 창의적이지 않기 때문이지. 예술적 가치는 진품만이 가질 수 있어.
>
> 병: 메헤렌의 작품이 페르메르의 작품보다 반드시 예술적으로 못하다고 할 수 있을까? 메헤렌의 작품이 부정적으로 평가되는 것은 메헤렌이 사람들을 속였기 때문이지 그의 작품이 예술적으로 열등해서가 아니야.
>
> 갑: 예술적 가치는 시각적으로 식별할 수 있는 특성으로 결정돼. 그런데 많은 사람들이 위조품과 진품을 식별할 수 없다고 해서 식별이 불가능한 것은 아니야. 전문적인 훈련을 받은 사람은 두 작품에서 시각적으로 식별 가능한 차이를 찾아내겠지.
>
> 을: 위작이라고 알려진 다음에도 그 작품을 칭송하는 것은 이해할 수 없는 일이야. 왜 많은 사람들이 <모나리자>의 원작을 보려고 몰려들겠어? <모나리자>를 완벽하게 복제한 작품이라면 분명히 그렇게 많은 사람들의 관심을 끌지는 못할 거야.
>
> 병: 사람들이 <모나리자>에서 감상하는 것이 무엇이겠어? 그것이 원작이라는 사실은 감상할 수 있는 대상이 아니야. 결국 사람들은 <모나리자>가 갖고 있는 시각적 특징에 예술적 가치를 부여하는 것이지.

보기
ㄱ. 예술적 가치로서의 창의성은 시각적 특성으로 드러나야 한다는 데 갑과 을은 동의할 것이다.
ㄴ. 시각적 특성만으로는 그 누구도 진품과 위조품을 구별할 수 없다면 이 둘의 예술적 가치가 같을 수 있다는 데 갑과 병은 동의할 것이다.
ㄷ. 메헤렌의 위조품이 고가에 거래되는 이유가 그 작품의 예술적 가치에 있다는 데 을과 병은 동의할 것이다.

① ㄱ   ② ㄴ   ③ ㄴ, ㄷ   ④ ㄱ, ㄴ, ㄷ

난이도 ★★★★☆

핵심 포인트

지문에 갑, 을, 병의 주장이 대화체로 제시되고 있으므로 각 주장의 차이점과 공통점에 주목한다.

오답 분석

ㄱ. (×) 갑은 시각적 특성을 강조하고, 을은 예술적 가치로서의 창의성을 강조하지만, 둘 다 예술적 가치로서의 창의성은 시각적 특성으로 드러나야 한다는 주장을 하고 있지는 않다. 따라서 예술적 가치로서의 창의성은 시각적 특성으로 드러나야 한다는 데 갑과 을은 동의하지 않을 것이다.

ㄴ. (○) 갑과 병은 진품과 위조품을 구별할 수 있는 기준으로 시각적 특성을 들고 있으므로, 시각적 특성만으로는 그 누구도 진품과 위조품을 구별할 수 없다면 이 둘의 예술적 가치가 같을 수 있다는 데 동의할 것이다.

ㄷ. (×) 을은 메헤렌의 위조품이 결코 예술적 가치를 가질 수 없다고 보므로, 메헤렌의 위조품이 고가에 거래되는 이유가 그 작품의 예술적 가치에 있다는 데 동의하지 않을 것이다.

정답 ②

08 다음 글에 대한 분석으로 적절한 것만을 <보기>에서 모두 고르면?

2020년 민간경력자 채용 25번 변형

갑: 우리는 예전에 몰랐던 많은 과학 지식을 가지고 있다. 예를 들어, 과거에는 물이 산소와 수소로 구성된다는 것을 몰랐지만 현재는 그 사실을 알고 있다. 과거에는 어떤 기준 좌표에서 관찰하더라도 빛의 속도가 일정하다는 것을 몰랐지만 현재의 우리는 그 사실을 알고 있다. 이처럼 우리가 알게 된 과학 지식의 수는 누적적으로 증가하고 있으며, 이 점에서 과학은 성장한다고 말할 수 있다.

을: 과학의 역사에서 과거에 과학 지식이었던 것이 더 이상 과학 지식이 아닌 것으로 판정된 사례는 많다. 예를 들어, 과거에 우리는 플로지스톤 이론이 옳다고 생각했지만 현재 그 이론이 옳다고 생각하는 사람은 아무도 없다. 이런 점에서 과학 지식의 수는 누적적으로 증가하고 있지 않다.

병: 그렇다고 해서 과학이 성장한다고 말할 수 없는 것은 아니다. 과학에서 해결해야 할 문제들은 정해져 있으며, 그 중 해결된 문제의 수는 증가하고 있다. 예를 들어 과거의 뉴턴 역학은 수성의 근일점 이동을 정확하게 예측할 수 없었지만 현재의 상대성 이론은 정확하게 예측할 수 있다. 따라서 해결된 문제의 수가 증가하고 있다는 이유에서 과학은 성장한다고 말할 수 있다.

정: 그렇게 말할 수 없다. 우리가 어떤 과학 이론을 받아들이느냐에 따라서 해결해야 할 문제가 달라지고, 해결된 문제의 수가 증가했는지 판단할 수도 없기 때문이다. 서로 다른 이론을 받아들이는 사람들이 해결한 문제의 수는 서로 비교할 수 없다.

보기

ㄱ. 갑과 병은 모두 과학의 성장 여부를 평가할 수 있는 어떤 기준이 있다는 것을 인정한다.
ㄴ. 을은 과학 지식의 수가 실제로 누적적으로 증가하지 않는다는 이유로 갑을 비판한다.
ㄷ. 정은 과학의 성장 여부를 말할 수 있는 근거의 진위를 판단할 수 없다는 점을 들어 병을 비판한다.

① ㄱ   ② ㄱ, ㄴ   ③ ㄴ, ㄷ   ④ ㄱ, ㄴ, ㄷ

핵심 포인트 　　　　　　　　　　　　　　　　　　　　　　　　　난이도 ★★★☆☆

지문에 갑, 을, 병, 정의 견해가 단락 별로 제시되어 있으므로 각자의 견해의 차이점과 공통점에 주목한다.

오답 분석

ㄱ. (O) 갑은 우리가 알게 된 과학 지식의 수는 누적적으로 증가하고 있다는 점에서 과학은 성장한다고 보고, 병은 해결된 문제의 수가 증가하고 있다는 이유에서 과학은 성장한다고 본다. 따라서 갑과 병은 모두 과학의 성장 여부를 평가할 수 있는 어떤 기준이 있다는 것을 인정한다는 것은 적절한 분석이다.

ㄴ. (O) 갑은 우리가 알게 된 과학 지식의 수는 누적적으로 증가하고 있다는 점에서 과학은 성장한다고 보는 데 반해, 을은 과학 지식의 수는 누적적으로 증가하고 있지 않다고 본다. 따라서 을이 과학 지식의 수가 실제로 누적적으로 증가하지 않는다는 이유로 갑을 비판한다는 것은 적절한 분석이다.

ㄷ. (O) 병은 해결된 문제의 수가 증가하고 있다는 이유에서 과학은 성장한다고 보지만, 정은 우리가 어떤 과학 이론을 받아들이느냐에 따라서 해결해야 할 문제가 달라지고, 해결된 문제의 수가 증가했는지 판단할 수도 없기 때문에 병의 견해가 옳지 않다고 본다. 따라서 정이 과학의 성장 여부를 말할 수 있는 근거의 진위를 판단할 수 없다는 점을 들어 병을 비판한다는 것은 적절한 분석이다.

정답 ④

09 갑~병의 논증에 대한 분석으로 적절한 것만을 <보기>에서 모두 고르면?

2013년 민간경력자 채용 25번 변형

갑: 절대적으로 확실한 지식은 존재하지 않는다. 왜냐하면 그런 지식으로 인도해 줄 방법은 없기 때문이다. 첫째, 사람의 감각은 믿을 수가 없으며, 실제 외부세계의 본질에 대해서 아무것도 말해 주지 않는다. 둘째, 확실한 것으로 받아들여지는 논리적 방법도, 주어진 사실에 바탕을 두고 그것을 전제로 해서 새로운 사실을 결론짓는 것이므로, 결국 불확실한 것에 바탕을 두었을 따름이다.

을: 정상적인 감각기관을 통하여 얻어낸 감각 경험은 믿을만하고, 우리는 이 감각 경험에 기초한 판단이 참인지 아닌지를 가릴 수 있다. 그러므로 감각 경험을 통해서 우리는 절대적으로 확실한 지식을 얻게 된다.

병: 나는 인간의 경험에 의존한 방법이나 이성적 추론을 통한 방법은 의심이 가능하며 믿을 수 없다고 생각했었다. 하지만 이런 의심을 거듭한 결과 나는 놀라운 결론에 이르렀다. 그것은 모든 것을 의심한다고 하더라도 의심할 수 없는 것이 있다는 사실이다. 그것은 바로 의심하는 내가 있다는 것이다. 결국 나는 거듭 의심하는 방법을 사용하여 절대적으로 확실한 지식을 발견하였다.

보기
ㄱ. 갑의 결론은 을의 결론과 양립 불가능하다.
ㄴ. 갑의 결론은 병의 결론과 양립 불가능하다.
ㄷ. 을과 병은 모두 절대적으로 확실한 지식이 있다고 주장한다.

① ㄱ   ② ㄴ   ③ ㄱ, ㄷ   ④ ㄱ, ㄴ, ㄷ

난이도 ★★☆☆☆

핵심 포인트
지문에 절대적으로 확실한 지식이 존재하는지와 관련하여 갑, 을, 병의 견해가 단락별로 대조되어 있으므로 각 주장의 차이점과 공통점에 주목한다.

오답 분석

ㄱ. (O) 절대적으로 확실한 지식은 존재하지 않는다는 갑의 결론은 감각 경험을 통해서 우리는 확실한 지식을 얻게 된다는 을의 결론과 대립되므로 양립 불가능하다.

ㄴ. (O) 절대적으로 확실한 지식은 존재하지 않는다는 갑의 결론은 거듭 의심하는 방법을 사용하여 절대적으로 확실한 지식을 발견하였다는 병의 결론과 대립되므로 양립 불가능하다.

ㄷ. (O) 을과 병은 절대적으로 확실한 지식을 획득하는 방법이 다를 뿐 모두 절대적으로 확실한 지식이 있다고 주장한다.

정답 ④

10 다음 논쟁을 분석한 것으로 적절한 것만을 <보기>에서 모두 고르면?

2020년 7급 모의평가 23번

A: 종 차별주의란 인간 종이 다른 생물 종과 생김새가 다르다는 이유만으로 특별한 대우를 받아야 한다는 주장이다. 이런 종 차별주의가 옳지 않다는 주장은 모든 종을 동등하게 대우해야 한다는 종 평등주의가 옳다는 말과 같다. 하지만 종 평등주의는 너무나 비상식적인 견해이다.

B: 종 차별주의를 거부하는 것과 종 평등주의를 받아들이는 것은 별개다. 모든 생명체를 동등하게 대우해야 한다는 종 평등주의는 이웃 사람을 죽이는 것이 그른 만큼 양배추를 뽑아 버리는 것도 그르다는 것을 암시한다. 그러나 양배추는 신경계와 뇌가 없으므로 어떠한 경험을 할 수도 어떠한 의식을 가질 수도 없다. 그런 양배추를 뽑아 버리는 것이, 의식을 가지고 높은 수준의 경험을 누리는 이웃 사람을 죽이는 행위와 같을 수 없다. 종 차별주의에 대한 거부는 생김새가 아닌 의식에 의한 차별적 대우를 부정하지 않는다.

C: 의식에 의한 차별이 정당하다는 주장이 옳다면, 각 인간이 가진 가치도 달라야 한다. 왜냐하면 인간마다 의식적 경험의 정도가 다르기 때문이다. 그러나 모든 인간이 동일한 존엄성과 무한한 생명 가치를 가진다는 것은 거부할 수 없는 윤리의 대전제이다. 따라서 의식을 이용하여 종 사이의 차별을 정당화한다면 이런 윤리의 대전제를 부정할 수밖에 없다.

보기

ㄱ. A는 종 차별주의와 종 평등주의가 서로 모순된다고 보지만 B는 그렇지 않다.
ㄴ. B와 C는 모든 인간이 동일한 존엄성과 무한한 생명 가치를 가진다는 견해에 동의한다.
ㄷ. C는 인간과 인간이 아닌 것 사이의 차별적 대우를 정당화하는 근거가 있다는 것에 동의하지만, A는 그렇지 않다.

① ㄱ   ② ㄱ, ㄷ   ③ ㄴ, ㄷ   ④ ㄱ, ㄴ, ㄷ

11 다음 논쟁에 대한 분석으로 적절한 것만을 <보기>에서 모두 고르면?

2022년 국가직 7급 15번 변형

> 갑: 입증은 증거와 가설 사이의 관계에 대한 것이다. 내가 받아들이는 입증에 대한 입장은 다음과 같다. 증거 발견 후 가설의 확률 증가분이 있다면, 증거가 가설을 입증한다. 즉 증거 발견 후 가설이 참일 확률에서 증거 발견 전 가설이 참일 확률을 뺀 값이 0보다 크다면, 증거가 가설을 입증한다. 예를 들어보자. 사건 현장에서 용의자 X의 것과 유사한 발자국이 발견되었다. 그럼 발자국이 발견되기 전보다 X가 해당 사건의 범인일 확률은 높아질 것이다. 그렇다면 발자국 증거는 X가 범인이라는 가설을 입증한다. 그리고 증거 발견 후 가설의 확률 증가분이 클수록, 증거가 가설을 입증하는 정도가 더 커진다.
>
> 을: 증거가 가설이 참일 확률을 높인다고 하더라도, 그 증거가 해당 가설을 입증하지 못할 수 있다. 가령, X에게 강력한 알리바이가 있다고 해보자. 사건이 일어난 시간에 사건 현장과 멀리 떨어져 있는 X의 모습이 CCTV에 포착된 것이다. 그러면 발자국 증거가 X가 범인일 확률을 높인다고 하더라도, 그가 범인일 확률은 여전히 높지 않을 것이다. 그럼에도 불구하고 갑의 입장은 이러한 상황에서 발자국 증거가 X가 범인이라는 가설을 입증한다고 보게 만드는 문제가 있다. 이 문제는 내가 받아들이는 입증에 대한 다음 입장을 통해 해결될 수 있다. 증거 발견 후 가설의 확률 증가분이 있고 증거 발견 후 가설이 참일 확률이 1/2보다 크다면, 그리고 그런 경우에만 증거가 가설을 입증한다. 가령, 발자국 증거가 X가 범인일 확률을 높이더라도 증거 획득 후 확률이 1/2보다 작다면 발자국 증거는 X가 범인이라는 가설을 입증하지 못한다.

보기

ㄱ. 갑의 입장에서, 증거 발견 후 가설의 확률 증가분이 없다면 그 증거가 해당 가설을 입증하지 못한다.
ㄴ. 을의 입장에서, 어떤 증거가 주어진 가설을 입증할 경우 그 증거 획득 이전 해당 가설이 참일 확률은 1/2보다 크다.
ㄷ. 갑의 입장에서 어떤 증거가 주어진 가설을 입증하는 정도가 작더라도, 을의 입장에서 그 증거가 해당 가설을 입증할 수 있다.

① ㄴ   ② ㄷ   ③ ㄱ, ㄴ   ④ ㄱ, ㄷ

12 다음 갑 ~ 정의 논쟁에 대한 분석으로 적절한 것만을 <보기>에서 모두 고르면?

2023년 국가직 7급 12번 변형

> 갑: 우리는 보통 인간이나 동물이 어떤 특성을 지니고 있어서 그에 부합하는 도덕적 지위를 갖는다고 생각한다. 의식이 바로 그런 특성이다. 나는 인공지능 로봇도 같은 방식으로 그 도덕적 지위를 결정해야 한다고 생각한다. 그래서 우리는 그런 로봇에게 의식이 있는지를 따져 봐야 할 것이다. 나는 인공지능 로봇이 의식을 갖는다고 생각한다.
>
> 을: 도덕적 지위를 결정하는 기준에 대해서는 나도 갑과 생각이 같다. 하지만 나는 바로 그런 이유에서 인공지능 로봇에게 도덕적 지위를 부여할 수 없다고 생각한다. 로봇은 기계이므로 의식을 갖는 것이 가능하지 않기 때문이다.
>
> 병: 나는 인공지능 로봇에게 의식이 있는지 없는지가 그것에게 도덕적 지위를 부여하느냐 마느냐를 결정하는 근거가 될 수 없다고 생각한다. 인공지능 로봇에게 의식이 있을 수도 있겠지만, 인간의 필요에 의해서 만든 도구적 존재에게 도덕적 지위를 부여하는 것은 말이 안 된다.
>
> 정: 어떤 존재의 도덕적 지위는 우리가 그 존재와 어떤 관계를 맺고 있는지에 따라 결정된다. 우리가 로봇과 가족이나 친구와 같은 유의미한 관계를 맺고 있다면, 인공지능 로봇이 의식을 갖지 않는 경우라 해도, 로봇에게 도덕적 지위를 부여해야 한다.

보기
ㄱ. 을과 정은 인공지능 로봇에게는 의식이 없다고 생각한다.
ㄴ. 인공지능 로봇에게 의식이 있어도 도덕적 지위를 부여할 수 없다고 생각하는 사람이 있다.
ㄷ. 인공지능 로봇에게 실제로 의식이 있다고 밝혀진다면, 네 명 중 한 명은 인공지능 로봇에게 도덕적 지위를 부여해야 하는가에 대한 입장을 바꿔야 한다.

① ㄱ ② ㄴ ③ ㄴ, ㄷ ④ ㄱ, ㄴ, ㄷ

핵심 포인트 난이도 ★★★★☆

논쟁에 대한 분석 문제는 등장인물들의 견해가 대비되어 있으므로 도덕적 지위를 갖는 기준에 대한 갑 ~ 정의 견해 간에 차이점이 무엇인지에 집중한다.

오답 분석

ㄱ. (×) 을은 인공지능 로봇은 기계이므로 의식을 갖는 것이 가능하지 않다고 본다. 그러나 정은 인공지능 로봇이 의식을 갖지 않는 경우라 해도 도덕적 지위를 부여해야 하는 경우가 있다고 주장하지만, 인공지능 로봇에게 의식이 없다고 주장하지 않는다.

ㄴ. (○) 병은 인공지능 로봇에게 의식이 있을 수도 있겠지만 인간의 필요에 의해서 만든 도구적 존재에게 도덕적 지위를 부여할 수 없다고 본다. 따라서 인공지능 로봇에게 의식이 있어도 도덕적 지위를 부여할 수 없다고 생각하는 사람이 있다는 것은 적절한 분석이다.

ㄷ. (○) 을은 인공지능 로봇은 기계이므로 의식을 갖는 것이 가능하지 않기 때문에 인공지능 로봇에게 도덕적 지위를 부여할 수 없다고 생각한다. 따라서 인공지능 로봇에게 실제로 의식이 있다고 밝혀진다면, 을은 인공지능 로봇에게 도덕적 지위를 부여해야 하는가에 대한 입장을 바꿔야 한다. 따라서 해당 분석은 적절하다.

정답 ③

공무원 시험 전문 해커스공무원
gosi.Hackers.com

대표유형 03 비판과 반박

유형 정복 필승전략

유형 소개
지문으로 주어진 논증의 결론이 타당하지 않다는 것을 보이기 위해 논증의 전제와 결론을 공격하는 내용의 선택지를 제시하고, 타당한 공격 방법을 고르는 문제 유형이다.

유형 특징
① 지문으로 주장을 나타내는 '결론'과 그 결론을 지지하는 '전제'로 이루어진 '논증'이 2~3 단락 정도의 길이로 주어진다.
② 논증은 전제가 참일 때 결론이 반드시 참이 되어야 타당하므로 논증을 비판하거나 반박하기 위해서 전제가 결론을 지지하지 못한다고 공격하거나 전제가 참이어도 결론이 참이 되지 않는다고 공격한다.
③ 선택지는 논증의 전제나 결론을 반박 또는 지지하거나, 혹은 논증과 직접적인 관련성이 없는 내용으로 구성된다.

풀이 전략
① 발문에서 비판이나 반박의 대상이 무엇인지 확인한다.
② 선택지나 <보기>의 내용이 비판과 반박의 대상과 비교하여 어떤 '방향성'을 갖는지 파악한다.
③ 비판의 대상인 논증의 전제 또는 결론과 방향성이 반대인 선택지나 <보기>를 찾는다.

01 다음 글에 나오는 답변에 대한 반박으로 적절한 것을 <보기>에서 모두 고르면?

2011년 민간경력자 채용 20번 변형

> **물음**: 신이 어떤 행위를 하라고 명령했기 때문에 그 행위가 착한 것인가, 아니면 오히려 그런 행위가 착한 행위이기 때문에 신이 그 행위를 하라고 명령한 것인가?
>
> **답변**: 여러 경전에서 신은 우리에게 정직할 것을 명령한다. 우리가 정직해야 하는 이유는 단지 신이 정직하라고 명령했기 때문이다. 따라서 한 행위가 착한 행위가 되기 위해서는 신이 그 행위를 하라고 명령해야 한다. 다시 말해 만일 신이 어떤 행위를 하라고 명령하지 않는다면, 그 행위는 착한 것이 아니다.

보기

ㄱ. 만일 신이 우리에게 정직하라고 명령하지 않았다면, 정직한 것은 착한 행위도 못된 행위도 아니다. 정직함을 착한 행위로 만드는 것은 바로 신의 명령이다.

ㄴ. 만일 신이 이산화탄소 배출량을 줄이기 위해 재생에너지를 쓰라고 명령하지 않았다면 그 행위는 착한 행위가 될 수 없을 것이다. 하지만 신이 그렇게 명령한 적이 없더라도 그 행위는 착한 행위이다.

ㄷ. 장기 기증은 착한 행위이다. 하지만 신이 장기 기증을 하라고 명령했다는 그 어떤 증거나 문서도 존재하지 않으며 신이 그것을 명령했다고 주장하는 사람도 없다.

① ㄴ　　② ㄷ　　③ ㄴ, ㄷ　　④ ㄱ, ㄴ, ㄷ

핵심 포인트　　　　　　　　　　　　　　　　　　　　　　　난이도 ★★★☆☆

반박의 대상이 '답변'이므로 답변의 내용을 확인하고, <보기>에 제시된 내용 중 답변을 공격하는 내용이 될 수 있는 것을 판단한다.

오답 분석

ㄱ. (×) 정직함을 착한 행위로 만드는 것은 바로 신의 명령이라는 진술은 답변의 내용과 동일한 내용이므로 반박이 될 수 없다.

ㄴ. (○) 신이 이산화탄소 배출량을 줄이기 위해 재생에너지를 쓰라고 명령한 적이 없더라도 그 행위는 착한 행위이라는 것은 신의 명령이 없더라도 착한 행위라는 내용이다. 따라서 '한 행위가 착한 행위가 되기 위해서는 신이 그 행위를 하라고 명령해야 한다.'는 답변에 대한 반박으로 적절하다.

ㄷ. (○) 장기 기증은 착한 행위지만 신이 장기 기증을 하라고 명령했다는 그 어떤 증거나 문서도 존재하지 않으며 신이 그것을 명령했다고 주장하는 사람도 없다는 것은 신의 명령은 없지만 착한 행위의 사례가 된다. 따라서 '한 행위가 착한 행위가 되기 위해서는 신이 그 행위를 하라고 명령해야 한다.'는 답변에 대한 반박으로 적절하다.

정답 ③

02 다음 글의 주장에 대한 반박으로 가장 적절한 것은?

2011년 민간경력자 채용 22번 변형

> 1880년 조지 풀맨은 미국 일리노이 주에 풀맨 마을을 건설했다. 이 마을은 그가 경영하는 풀맨 공장 노동자들을 위해 기획한 공동체이다. 이 마을의 소유자이자 경영자인 풀맨은 마을의 교회 수 및 주류 판매 여부 등을 결정했다. 1898년 일리노이 최고법원은 이런 방식의 마을 경영이 민주주의 정신과 제도에 맞지 않는다고 판결하고, 풀맨에게 공장 경영과 직접 관련되지 않은 정치적 권한을 포기할 것을 명령했다. 이 판결이 보여주는 것은 민주주의 사회에서 소유권을 인정하는 것이 자동적으로 정치적 권력에 대한 인정을 함축하지 않는다는 점이다.
> 이 결정은 분명히 미국 민주주의 정신에 부합한다. 하지만 문제는 미국이 이와 비슷한 다른 사안에는 동일한 민주주의 정신을 적용하지 않았다는 것이다. 미국은 누군가의 소유물인 마을에서 노동자들이 민주적 결정을 하지 못하게 하는 소유자의 권력을 제지한 반면, 누군가의 소유물인 공장에서 노동자들이 민주적 의사결정을 도입하고자 하는 것에는 반대했다. 만약 미국의 민주주의 정신에 따라 마을에서 재산 소유권과 정치적 권력을 분리하라고 명령할 수 있다면, 공장 내에서도 재산 소유권과 정치적 권력은 분리되어야 한다고 명령할 수 있어야 한다. 공장 소유주의 명령이 공장 내에서 절대적 정치권력이 되어서는 안 된다는 것이다. 하지만 미국은 공장 내에서 소유주의 명령이 공장 운영에 대한 노동자의 민주적 결정을 압도하는 것을 묵인한다. 공장에서도 민주적 원리가 적용되어야만 미국의 민주주의가 일관성을 가진다.

① 미국의 경우 마을 운영과 달리 공장 운영에 관한 법적 판단은 주 법원이 아닌 연방 법원에서 다루어야 한다.
② 대부분의 미국 자본가들은 풀맨 마을과 같은 마을을 경영하지 않으므로 미국의 민주적 가치를 훼손하지 않는다.
③ 미국이 내세우는 민주적 가치는 모든 시민이 자신의 거주지 안에서 자유롭게 살 수 있는 권리를 가장 우선시한다.
④ 마을 운영이 정치적 문제에 속하는 것과 달리 공장 운영은 경제적 문제에 속하므로 전적으로 소유주의 권한에 속한다.

난이도 ★★★☆☆

핵심 포인트

반박의 대상이 글의 주장이므로 주장을 확인하고, 선택지에 제시된 내용 중 글의 주장을 공격하는 내용이 될 수 있는 것을 판단한다.

오답 분석

① (×) 공장 운영에 관한 법적 판단이 어느 법원에서 이루어져야 하는지는 글의 주장과 직접적인 관련이 없으므로 글의 주장에 대한 반박이라 볼 수 없다.
② (×) 대부분의 미국 자본가들은 풀맨 마을과 같은 마을을 경영하지 않으므로 미국의 민주적 가치를 훼손하지 않는다는 것은 글의 주장과 직접적인 관련이 없으므로 글의 주장에 대한 반박이라 볼 수 없다.
③ (×) 미국이 내세우는 민주적 가치는 모든 시민이 자신의 거주지 안에서 자유롭게 살 수 있는 권리를 가장 우선시한다는 것은 글의 주장과 직접적인 관련이 없으므로 글의 주장에 대한 반박이라 볼 수 없다.
④ (○) 글의 주장이 공장과 마을에 동일한 원리가 적용되어야 한다는 것인데, 마을 운영이 정치적 문제에 속하는 것과 달리 공장 운영은 경제적 문제에 속하므로 전적으로 소유주의 권한에 속한다는 것은 마을과 공장에 다른 원리가 적용될 수 있음을 나타내는 것이다. 따라서 글의 주장에 대한 반박으로 적절하다.

정답 ④

03 다음 글에 의해 반박될 수 있는 주장을 <보기>에서 모두 고르면?

2012년 민간경력자 채용 25번 변형

신약의 효능이나 독성을 검사할 때 동물 실험을 하는 것이 일반적이다. 이때 반드시 짚고 넘어가야 할 문제가 있다. 그것은 동물 실험 결과를 인간에게 적용할 수 있는가 하는 문제이다. 동물과 인간의 생리적 특성이 달라 동물 실험의 결과를 인간에게 적용할 수 없는 경우가 있기 때문이다. 따라서 임상 시험에 들어가기 전 동물 실험을 통해 효능이나 독성 검사를 하는 것이 과연 얼마나 의미가 있는지에 대한 물음이 제기되고 있다.

이와 관련한 대표적인 사례인 '탈리도마이드 사건'을 살펴보자. 탈리도마이드는 1954년 독일 회사가 합성해 4년 후부터 안정제로 판매되기 시작했다. 동물 실험 결과 이 약은 그 안전성을 인정받았다. 생쥐에게 엄청난 양(몸무게 1 kg 당 10 g 정도까지 실험)을 투여해도 생명에 지장이 없었다. 그래서 입덧으로 고생하는 임신부들까지 이를 복용했고, 그 결과 1959년부터 1961년 사이에 팔다리가 형성되지 않은 기형아가 1만여 명이나 태어났다. 반대의 사례도 있는데, 항생제로 지금까지도 널리 사용되는 페니실린은 일부 설치류에게 치명적인 독성을 나타낸다.

이에 따라 기존에 동물 실험이나 임상 시험에서 독성이 나타나 후보 목록에서 제외되었던 물질이 최근 들어 재조명되는 사례가 늘고 있다. 동물에게 독성이 나타나더라도 사람에게 독성이 없는 것으로 판명되거나, 일부 사람에게는 독성이 나타나더라도 이에 내성이 있는 사람에게는 투여 가능한 경우도 있기 때문이다.

보기
ㄱ. 동물 실험 결과, 안전하다고 판단된 약물은 사람에게도 안전하다.
ㄴ. 어떤 약물이 사람에게 안전하다면, 동물에게도 안전하다.
ㄷ. 신약 개발을 위한 임상 시험에서 독성이 나타난 물질은 어느 누구에게도 투여해서는 안 된다.

① ㄱ ② ㄱ, ㄴ ③ ㄴ, ㄷ ④ ㄱ, ㄴ, ㄷ

난이도 ★★★☆☆

핵심 포인트
글에 의해 반박될 수 있는 주장을 찾는 문제이므로 지문의 주장이 무엇인지 찾고, <보기>의 주장 중 이와 일치하지 않는 주장이 무엇인지 판단한다.

오답 분석

ㄱ. (○) 지문은 동물 실험에서 안전하다고 판단된 약물이 사람에게는 부작용을 일으키는 사례를 언급하며 동물실험의 결과를 인간에게 적용하는 데 부정적이다. 따라서 동물 실험의 결과 안전하다고 판단된 약물은 사람에게도 안전하다는 것은 지문에 의해 반박될 수 있는 주장이다.

ㄴ. (○) 지문은 사람에게 안전한 약물이 동물에게는 부작용을 일으키는 사례를 언급하며 동물실험의 결과를 인간에게 적용하는 데 부정적이다. 따라서 어떤 약물이 사람에게 안전하다면 동물에게도 안전하다는 것은 지문에 의해 반박될 수 있는 주장이다.

ㄷ. (○) 지문에는 일부 사람에게는 독성이 나타나더라도 이에 내성이 있는 사람에게는 투여 가능한 경우도 있다고 언급되어 있다. 따라서 신약 개발을 위한 임상 시험에서 독성이 나타난 물질은 어느 누구에게도 투여해서는 안 된다는 것은 지문에 의해 반박될 수 있는 주장이다.

정답 ④

04 다음 글의 논지를 비판하는 진술로 가장 적절한 것은?

2016년 민간경력자 채용 9번 변형

> 자신의 스마트폰 없이는 도무지 일과를 진행하지 못하는 K의 경우를 생각해 보자. 그의 일과표는 전부 그의 스마트폰에 저장되어 있어서 그의 스마트폰은 적절한 때가 되면 그가 해야 할 일을 알려줄 뿐만 아니라 약속 장소로 가기 위해 무엇을 타고 어떻게 움직여야 할지까지 알려준다. K는 어릴 때 보통 사람보다 기억력이 매우 나쁘다는 진단을 받았지만 스마트폰 덕분에 어느 동료에게도 뒤지지 않는 업무 능력을 발휘하고 있다. 이와 같은 경우, K는 스마트폰 덕분에 인지 능력이 보강된 것으로 볼 수 있는데, 그 보강된 인지 능력을 K 자신의 것으로 볼 수 있는가? 이 물음에 대한 답은 긍정이다. 즉 우리는 K의 스마트폰이 그 자체로 K의 인지 능력 일부를 실현하고 있다고 보아야 한다. 그런 판단의 기준은 명료하다. 스마트폰의 메커니즘이 K의 손바닥 위나 책상 위가 아니라 그의 두뇌 속에서 작동하고 있다고 가정해 보면 된다. 물론 사실과 다른 가정이지만 만일 그렇게 가정한다면 우리는 필경 K 자신이 모든 일과를 정확하게 기억하고 있고 또 약속 장소를 잘 찾아간다고 평가할 것이다. 이처럼 '만일 K의 두뇌 속에서 일어난다면'이라는 상황을 가정했을 때 그것을 K 자신의 기억이나 판단이라고 인정할 수 있다면, 그런 과정은 K 자신의 인지 능력이라고 평가해야 한다.

① K가 자신이 미리 적어 놓은 메모를 참조해서 기억력 시험 문제에 답한다면 누구도 K가 그 문제의 답을 기억한다고 인정하지 않는다.
② K가 종이 위에 연필로 써가며 253 × 87 같은 곱셈을 할 경우 종이와 연필의 도움을 받은 연산 능력 역시 K 자신의 인지 능력으로 인정해야 한다.
③ K가 집에 두고 나온 스마트폰에 원격으로 접속하여 거기 담긴 모든 정보를 알아낼 수 있다면 그는 그 스마트폰을 손에 가지고 있는 것과 다름없다.
④ 스마트폰의 모든 기능을 두뇌 속에서 작동하게 하는 것이 두뇌 밖에서 작동하게 하는 경우보다 우리의 기억력과 인지 능력을 향상시키지 않는다.

핵심 포인트   난이도 ★★★☆☆

지문에서 비판의 대상인 논지를 확인하고, 선택지에 제시된 진술 중 논지를 공격할 수 있는 내용을 판단한다.

오답 분석

① (○) 미리 적어 놓은 메모는 지문의 스마트 폰과 동일한 역할을 하는 것이므로 K가 자신이 미리 적어 놓은 메모를 참조해서 기억력 시험 문제에 답한다면 K가 그 문제의 답을 기억한다고 인정해야 한다. 그러나 선택지는 누구도 K가 그 문제의 답을 기억한다고 인정하지 않는다고 하고 있으므로 이는 논지를 비판하는 진술이 된다.
② (×) 종이와 연필의 도움을 받은 연산 능력 역시 K 자신의 인지 능력으로 인정해야 한다는 것은 논지를 지지하는 내용이다.
③ (×) 스마트폰을 손에 가지고 있는 것과 다름없는지 여부는 K 자신의 인지 능력이라고 볼 수 있는지와 직접적인 관련이 없다.
④ (×) 두뇌 속에서 작동하게 하는 것과 두뇌 밖에서 작동하게 하는 것의 비교는 K 자신의 인지 능력이라고 볼 수 있는지와 직접적인 관련이 없다.

정답 ①

05 다음 글의 ㉠에 대한 비판으로 가장 적절한 것은?

2019년 민간경력자 채용 17번 변형

> "프랑스 수도가 어디지?"라는 가영의 물음에 나정이 "프랑스 수도는 로마지."라고 대답했다고 하자. 나정이 가영에게 제공한 것을 정보라고 할 수 있을까? 정보의 일반적 정의는 '올바른 문법 형식을 갖추어 의미를 갖는 자료'다. 이 정의에 따르면 나정의 대답은 정보를 담고 있다. 다음 진술은 이런 관점을 대변하는 진리 중립성 논제를 표현한다. "정보를 준다는 것이 반드시 그 내용이 참이라는 것을 의미하지는 않는다." 이 논제의 관점에서 보자면, 올바른 문법 형식을 갖추어 의미를 해석할 수 있는 자료는 모두 정보의 자격을 갖는다. 그 내용이 어떤 사태를 표상하든, 참을 말하든, 거짓을 말하든 상관없다.
>
> 그러나 이 조건만으로는 불충분하다는 지적이 있다. 철학자 플로리디는 전달된 자료를 정보라고 하려면 그 내용이 참이어야 한다고 주장한다. 즉, 정보란 올바른 문법 형식을 갖춘, 의미 있고 참인 자료라는 것이다. 이를 ㉠ 진리성 논제라고 한다. 그라이스는 이렇게 말한다. "거짓 '정보'는 저급한 종류의 정보가 아니다. 그것은 아예 정보가 아니기 때문이다." 이 점에서 그 역시 이 논제를 받아들이고 있다.
>
> 이런 논쟁은 용어법에 관한 시시한 언쟁처럼 보일 수도 있지만, 두 진영 간에는 정보 개념이 어떤 역할을 해야 하는가에 대한 근본적인 견해 차이가 있다. 진리성 논제를 비판하는 사람들은 틀린 '정보'도 정보로 인정되어야 한다고 말한다. 자료의 내용이 그것을 이해하는 주체의 인지 행위에서 분명한 역할을 수행한다는 이유에서다. '프랑스 수도가 로마'라는 말을 토대로 가영은 이런저런 행동을 할 수 있다. 가령, 프랑스어를 배우기 위해 로마로 떠날 수도 있고, 프랑스 수도를 묻는 퀴즈에서 오답을 낼 수도 있다.

① '정보'라는 표현이 일상적으로 사용되는 사례가 모두 적절한 것은 아니다.
② 올바른 문법 형식을 갖추지 못한 자료는 정보라는 지위에 도달할 수 없다.
③ 사실과 다른 내용의 자료를 숙지하고 있는 사람은 정보를 안다고 볼 수 없다.
④ 거짓으로 밝혀질 자료도 그것을 믿는 사람의 인지 행위에서 분명한 역할을 한다면 정보라고 볼 수 있다.

06 다음 글의 ㉠과 ㉡에 대한 반박으로 적절한 것만을 <보기>에서 모두 고르면?

2021년 국가직 7급 14번 변형

연역과 귀납, 이 두 종류의 방법은 지적 작업에서 사용될 수 있는 모든 추론을 포괄한다. 철학과 과학을 비롯한 모든 지적 작업에 연역적 방법이 필수적이라는 것을 부정하는 사람은 아무도 없다. 그러나 귀납적 방법은 두 가지 견해로 나뉜다.

㉠ 귀납적 방법이 철학이라는 지적 작업에서 불필요하다는 견해는 독단적인 철학관에 근거한다. 이런 견해에 따르면 철학적 주장의 정당성은 선험적인 것으로, 경험적 지식을 확장하기 위해 사용되는 귀납적 방법에 의존할 수 없다. 그러나 이런 견해는 철학적 주장이 경험적 가설에 의존해서는 안 된다는 부당하게 편협한 철학관과 '귀납적 방법'의 모호성을 딛고 서 있다. 실제로 철학사에 나타나는 목적론적 신 존재 증명이나 외부 세계의 존재에 관한 형이상학적 논증 가운데는 귀납적 방법인 유비 논증과 귀추법을 교묘히 적용하고 있는 것도 있다.

㉡ 모든 지적 작업에서 귀납적 방법의 필요성을 부정하는 견해는 중요한 철학적 성과를 낳기도 하였다. 포퍼의 철학이 그런 사례 가운데 하나이다. 포퍼는 귀납적 방법의 정당화 가능성에 관한 회의적 결론을 받아들이고, 과학의 탐구가 귀납적 방법으로 진행된다는 견해는 근거가 없음을 보인다. 그에 따르면, 과학의 탐구 과정은 연역 논리 법칙에 따라 전개되는 추측과 반박의 작업으로 이루어진다. 이런 포퍼의 이론은 귀납적 방법의 필요성에 대한 전면적인 부정이 낳을 수 있는 흥미로운 결과 가운데 하나라고 할 수 있다.

보기
ㄱ. 과학의 탐구가 귀납적 방법에 의해 진행된다는 주장은 ㉠을 반박한다.
ㄴ. 철학의 일부 논증에서 귀추법의 사용이 불가피하다는 주장은 ㉡을 반박한다.
ㄷ. 연역 논리와 경험적 가설 모두에 의존하는 지적 작업이 있다는 주장은 ㉠과 ㉡을 모두 반박한다.

① ㄴ
② ㄷ
③ ㄱ, ㄴ
④ ㄴ, ㄷ

핵심 포인트 난이도 ★★★★☆

평가의 대상인 ㉠과 ㉡의 내용을 파악하고 그 차이점에 집중한다. 특히 ㉠에서 언급하고 있는 '철학'보다 ㉡에서 언급하고 있는 '모든 지적 작업'의 범주가 넓다는 사실에 주목한다.

오답 분석

ㄱ. (×) 과학의 탐구가 귀납적 방법에 의해 진행된다는 주장을 부정하는 것이 포퍼의 철학인데, 포퍼의 철학은 ㉡의 사례 중 하나이다. 따라서 과학의 탐구가 귀납적 방법에 의해 진행된다는 주장은 ㉠이 아니라 ㉡을 반박한다.

ㄴ. (○) 첫 번째 단락에서 철학은 지적 작업 중 하나에 해당하고, 두 번째 단락에서 귀추법은 귀납적 방법에 해당한다는 것을 알 수 있다. 따라서 철학의 일부 논증에서 귀추법의 사용이 불가피하다는 것은 지적 작업에서 귀납적 방법이 필요하다는 의미이므로 모든 지적 작업에서 귀납적 방법의 필요성을 부정하는 ㉡을 반박한다.

ㄷ. (×) 연역 논리와 경험적 가설 모두에 의존하는 지적 작업이 있다는 주장은 모든 지적 작업에서 귀납적 방법의 필요성을 부정하는 ㉡을 반박하지만, 철학에 귀납적 방법이 불필요하다는 ㉠과는 관련이 없다.

정답 ①

07 다음 글의 '도덕적 딜레마 논증'에 대한 비판으로 적절한 것만을 <보기>에서 모두 고르면?

2014년 민간경력자 채용 24번 변형

> 1890년대에 이르러 어린이를 의료 실험 대상에서 배제시켜야 한다는 주장이 대두되었다. 그 주장의 핵심적인 근거는 어린이가 의료 실험과 관련하여 제한적인 동의능력만을 가지고 있다는 것이었다. 여기서 동의능력이란, 충분히 자율적인 존재가 제안된 실험의 특성이나 위험성 등에 대한 적절한 정보를 인식하고 그것에 기초하여 그 실험을 자발적으로 받아들일 수 있는 능력을 일컫는다. 1968년 미국의 소아 약물학자 셔키는 다음과 같은 '도덕적 딜레마 논증'을 제시하였다. 어린이를 실험 대상에서 배제시키면, 어린이 환자 집단에 대해 충분한 실험을 하지 않은 약품들로 어린이를 치료하게 되어 어린이를 더욱 커다란 위험에 몰아넣게 된다. 따라서 어린이를 실험 대상에서 배제시키는 것은 도덕적으로 올바르지 않다. 반면, 어린이를 실험 대상에서 배제시키지 않으면, 제한적인 동의능력만을 가진 존재를 실험 대상에 포함시키게 된다. 제한된 동의능력만을 가진 이를 실험 대상에 포함시키는 것은 도덕적으로 올바르지 않다. 따라서 어린이를 실험 대상에 포함시키는 것은 도덕적으로 올바르지 않다. 우리의 선택지는 어린이를 실험 대상에서 배제시키거나 배제시키지 않는 것 뿐이다. 결국 어떠한 선택을 하든 도덕적인 잘못을 저지를 수밖에 없다.

보기
ㄱ. 어린이를 실험 대상으로 하는 연구는 그 위험성의 여부와는 상관없이 모두 거부되어야 한다. 왜냐하면 적합한 사전 동의 없이 행해지는 어떠한 실험도 도덕적 잘못이기 때문이다.
ㄴ. 동물실험이나 성인에 대한 임상 실험을 통해서도 어린이 환자를 위한 안전한 약물을 만들어낼 수 있다. 따라서 어린이를 실험 대상에 포함시키지 않더라도 어린이 환자가 안전하게 치료받지 못하는 위험에 빠지지 않을 수 있다.
ㄷ. 부모나 법정 대리인을 통해 어린이의 동의능력을 적합하게 보완할 수 있다. 어린이의 동의능력이 부모나 법정 대리인에 의해 적합하게 보완된다면 어린이를 실험 대상에 포함시켜도 도덕적 잘못이 아닐 수 있다.

① ㄱ   ② ㄴ   ③ ㄱ, ㄷ   ④ ㄴ, ㄷ

난이도 ★★★★☆

핵심 포인트

비판의 대상이 '도덕적 딜레마 논증'이므로 지문에 제시된 '도덕적 딜레마 논증'의 전제와 결론을 확인하여 <보기>의 내용이 그에 대한 공격인지 판단한다.

오답 분석

ㄱ. (×) '도덕적 딜레마 논증'은 어린이를 실험 대상에 포함시키면 도덕적으로 잘못이라고 주장한다. 따라서 적합한 사전 동의 없이 행해지는 어떠한 실험도 도덕적 잘못이기 때문에 어린이를 실험 대상으로 하는 연구는 그 위험성의 여부와는 상관없이 모두 거부되어야 한다는 것은 도덕적 딜레마 논증에 대한 비판이 아니라 오히려 도덕적 딜레마 논증과 같은 방향의 진술일 수 있다.
ㄴ. (○) '도덕적 딜레마 논증'은 어린이를 실험 대상에서 배제시키면, 어린이 환자 집단에 대해 충분한 실험을 하지 않은 약품들로 어린이를 치료하게 되어 어린이를 더욱 커다란 위험에 몰아넣게 된다는 점을 들어 어린이를 실험 대상에서 배제시키는 것은 도덕적으로 올바르지 않다고 주장한다. 그러나 동물실험이나 성인에 대한 임상 실험을 통해서도 어린이 환자를 위한 안전한 약물을 만들어낼 수 있다는 것은 이에 대한 반대 방향의 진술이 될 수 있다. 따라서 어린이를 실험 대상에 포함시키지 않더라도 어린이 환자가 안전하게 치료받지 못하는 위험에 빠지지 않을 수 있다는 것은 도덕적 딜레마 논증에 대한 비판으로 적절하다.
ㄷ. (○) '도덕적 딜레마 논증'은 어린이를 실험 대상에서 배제시키지 않으면, 제한적인 동의능력만을 가진 존재를 실험 대상에 포함시키게 된다는 점을 들어 제한된 동의능력만을 가진 이를 실험 대상에 포함시키는 것은 도덕적으로 올바르지 않다고 주장한다. 그러나 부모나 법정 대리인을 통해 어린이의 동의능력을 적합하게 보완할 수 있다는 것은 이에 대한 반대 방향의 진술이 될 수 있다. 따라서 어린이의 동의능력이 부모나 법정 대리인에 의해 적합하게 보완된다면 어린이를 실험 대상에 포함시켜도 도덕적 잘못이 아닐 수 있다는 것은 도덕적 딜레마 논증에 대한 비판으로 적절하다.

정답 ④

08 다음 글의 주장에 대한 비판으로 적절한 것만을 <보기>에서 모두 고르면? 2014년 5급 공채 17번 변형

> 유클리드 기하학에서 공리들은 직관적으로 자명하여 증명을 필요로 하지 않는다. 그리고 공리들로부터 연역적으로 증명된 정리는 감각 경험의 지지를 필요로 하지 않는다. 그러므로 유클리드 기하학의 지식은 철저하게 선험적이다. 플라톤은 이에 관해 탁월한 논의를 전개했다. 그는 기하학적 진리에 관한 우리의 지식이 감각 경험으로부터 얻은 증거에 근거할 수 없다고 주장했다. 감각 경험을 통해서는 기하학적 도형인 점, 직선 또는 정삼각형을 접할 수 없기 때문이다. 점이란 위치만 있고 면적이 없기에 보이지 않는다. 또한 직선이란 폭이 없고 절대적으로 곧아야 하는데 우리가 종이 위에서 보는 직선은 언제나 어느 정도 폭이 있고 또 항상 조금은 구부러져 있다. 마찬가지로 종이 위의 정삼각형도 아무리 뛰어난 제도사가 그려 놓아도 세 변의 길이가 완전히 동등하지는 않다.

보기

ㄱ. 유클리드 기하학과 비(非)유클리드 기하학은 전혀 다른 공리 체계에 기초하고 있지만 각각 자체적으로 정합적인 지식을 구성한다. 이러한 사실은 기하학이 실재 세계를 반영할 이유가 없음을 보여준다.

ㄴ. 대다수의 사람들이 유클리드 기하학의 공리는 직관적으로 자명하므로 증명 없이 받아들이는데, 그러한 직관이 인간의 경험에 영향을 받는다는 사실은 유클리드 기하학이 경험에 의지하고 있다는 것을 드러낸다.

ㄷ. '1 + 1 = 2'는 감각 경험과 무관하게 얻어지는 지식이지만 일상생활에서 활용이 가능하다. 실재 세계에 적용된다고 해서 경험적인 지식은 아니다.

① ㄴ   ② ㄷ   ③ ㄱ, ㄴ   ④ ㄴ, ㄷ

핵심 포인트 난이도 ★★☆☆☆

비판의 대상이 글의 주장이므로 글의 주장을 찾는 데 주목한다.

오답 분석

ㄱ. (×) 유클리드 기하학과 비(非)유클리드 기하학은 전혀 다른 공리 체계에 기초하고 있지만 각각 자체적으로 정합적인 지식을 구성하고, 이러한 사실은 기하학이 실재 세계를 반영할 이유가 없음을 보여준다는 것은 유클리드 기하학의 지식은 철저하게 선험적이라는 글의 주장과 직접적인 관련성이 없다. 따라서 이는 글의 주장에 대한 비판으로 적절하지 않다.

ㄴ. (○) 글의 주장은 유클리드 기하학의 지식은 철저하게 선험적이라는 것이다. 따라서 대다수의 사람들이 유클리드 기하학의 공리는 직관적으로 자명하므로 증명 없이 받아들이는데, 그러한 직관이 인간의 경험에 영향을 받는다는 사실은 유클리드 기하학이 경험에 의지하고 있다는 것을 드러낸다는 것은 유클리드 기하학의 지식이 선험적이 아닐 수도 있음을 보여준다. 이는 글의 주장과 반대 방향의 진술이므로 글의 주장에 대한 비판으로 적절하다.

ㄷ. (×) '1 + 1 = 2'는 감각 경험과 무관하게 얻어지는 지식이지만 일상생활에서 활용이 가능하며, 실재 세계에 적용된다고 해서 경험적인 지식은 아니라는 것은 유클리드 기하학의 지식은 철저하게 선험적이라는 글의 주장과 직접적인 관련성이 없다. 따라서 이는 글의 주장에 대한 비판으로 적절하지 않다.

정답 ①

09 다음 논증을 비판하는 방안으로 적절하지 않은 것은?

2006년 5급 공채 19번 변형

> 사이버공간은 관계의 네트워크이다. 사이버공간은 광섬유와 통신위성 등에 의해 서로 연결된 컴퓨터들이 물리적인 네트워크로 구성되어 있다. 그러나 사이버공간이 물리적인 연결만으로 이루어지는 것은 아니다. 사이버공간을 구성하는 많은 관계들은 오직 소프트웨어를 통해서만 실현되는 순전히 논리적인 연결이기 때문이다. 양쪽 차원 모두에서 사이버공간의 본질은 관계적이다.
>
> 인간 공동체 역시 관계의 네트워크에 의해 결정된다. 가족끼리의 혈연적인 네트워크, 친구들 간의 사교적인 네트워크, 직장 동료들 간의 직업적인 네트워크 등과 같이 인간 공동체는 여러 관계들에 의해 중첩적으로 연결되어 있다.
>
> 사이버공간과 마찬가지로 인간의 네트워크도 물리적인 요소와 소프트웨어적인 요소를 모두 가지고 있다. 예컨대 건강관리 네트워크는 병원 건물들의 물리적인 집합으로 구성되어 있지만, 도시에 환자를 추천해주는 전문가와 의사들 간의 비물질적인 네트워크에 크게 의존한다.
>
> 사이버공간을 유지하려면 네트워크 간의 믿을 만한 연결을 유지하는 것이 결정적으로 중요하다. 다시 말해, 사이버공간 전체의 힘은 다양한 접속점들 간의 연결을 얼마나 잘 유지하느냐에 달려 있다. 이것은 인간 공동체의 힘 역시 접속점, 즉 개인과 개인, 다양한 집단과 집단 간의 견고한 관계 유지에 달려 있다는 점을 보여준다. 사이버공간과 마찬가지로 인간의 사회 공간도 공동체를 구성하는 네트워크의 힘과 신뢰도에 결정적으로 의존한다.

① 사이버공간의 익명성이 인간 공동체에 위협이 될 수도 있음을 지적한다.
② 유의미한 비교를 하기에는 양자 간의 차이가 너무 크다는 것을 보여준다.
③ '네트워크'의 개념이 양자의 비교 근거가 될 만큼 명확하지 않다는 것을 보여준다.
④ 사이버공간과 인간 공동체 간에 있다고 주장된 유사성이 실제로는 없음을 보인다.

난이도 ★★★☆☆

핵심 포인트

비판의 대상인 논증이 사이버공간과 인간 공동체와의 유사점을 강조하고 있다는 점에 주목한다.

오답 분석

① (×) 글의 논증은 사이버공간과 인간 공동체의 유사점을 강조하고 있다. 따라서 사이버공간의 익명성이 인간 공동체에 위협이 될 수도 있음을 지적하는 것은 사이버공간과 인간 공동체의 유사성을 주장하는 글의 논증과 직접적인 관련이 없으므로 논증을 비판하는 방안으로 적절하지 않다.
② (○) 유의미한 비교를 하기에는 양자 간의 차이가 너무 크다는 것을 보여주는 것은 사이버공간과 인간 공동체의 유사성을 주장하는 논증과 반대 방향의 진술이 될 수 있으므로 논증을 비판하는 방안으로 적절하다.
③ (○) '네트워크'의 개념이 양자의 비교 근거가 될 만큼 명확하지 않다는 것을 보여주는 것은 사이버공간과 인간 공동체의 유사성을 주장하는 논증과 반대 방향의 진술이 될 수 있으므로 논증을 비판하는 방안으로 적절하다.
④ (○) 사이버공간과 인간 공동체 간에 있다고 주장된 유사성이 실제로는 없음을 보이는 것은 사이버공간과 인간 공동체의 유사성을 주장하는 논증과 반대 방향의 진술이 될 수 있으므로 논증을 비판하는 방안으로 적절하다.

정답 ①

10 다음 글에 나오는 논증을 반박하는 것이 아닌 것은?

2007년 5급 공채 35번 변형

> 윤리와 관련하여 가장 광범위하게 받아들여진 사실 가운데 하나는 옳은 것과 그른 것에 대한 광범위한 불일치가 과거부터 현재까지 항상 있어 왔고, 아마도 앞으로도 계속 있을 것이라는 점이다. 가령 육식이 올바른지 여부를 두고 한 문화에 속해 있는 사람들의 판단은 다른 문화에 속해 있는 사람들의 판단과 굉장히 다르다. 뿐만 아니라 한 문화에 속한 사람들의 판단은 시대마다 아주 다르기도 하다. 심지어 우리는 동일한 문화와 시대 안에서도 하나의 행위에 대해 서로 다른 윤리적 판단을 하는 경우를 볼 수 있다. 이러한 사실이 의미하는 바는 사람들의 윤리적 기준이 시간과 장소 그리고 그들이 살고 있는 상황에 따라 달라진다는 것이다. 그러므로 올바른 윤리적 기준은 그것을 적용하는 사람에 따라 상대적이다. 이것이 바로 윤리적 상대주의의 핵심 논지이다. 따라서 우리는 윤리적 상대주의가 참이라는 결론을 내려야 한다.

① 사람들의 윤리적 판단은 그들이 사는 지역에 따라 크게 다르지 않다.
② 윤리적 판단이 다르다고 해서 윤리적 기준도 반드시 달라지는 것은 아니다.
③ 윤리적 상대주의가 옳다고 해서 사람들의 윤리적 판단이 항상 서로 다른 것은 아니다.
④ 인류학자들에 따르면 문화에 따른 판단의 차이에도 불구하고 일부 윤리적 기준은 보편적으로 신봉되고 있다.

핵심 포인트

난이도 ★★★☆☆

반박의 대상인 논증에서 전제와 결론을 찾고, 선택지의 내용이 이를 공격하는 것인지를 판단한다.

오답 분석

① (○) 글의 논증에서는 사람들의 윤리적 기준이 시간과 장소 그리고 그들이 살고 있는 상황에 따라 달라진다는 것을 전제로 들고 있다. 따라서 사람들의 윤리적 판단은 그들이 사는 지역에 따라 크게 다르지 않다는 것은 이러한 전제에 대한 반대 방향의 진술이므로 논증에 대한 반박이 된다.
② (○) 글의 논증에서는 문화에 따라, 시대에 따라, 혹은 동일한 문화와 시대 안에서도 윤리적 판단이 다르다는 전제를 바탕으로 윤리적 기준이 상대적이라는 결론을 내리고 있다. 따라서 전제에 제시된 '윤리적 판단'이 다르다고 해서 결론에 제시된 '윤리적 기준'도 반드시 달라지는 것은 아니라는 것은 논증에 대한 반박이 된다.
③ (×) 글의 논증에서는 사람들의 윤리적 기준이 시간과 장소 그리고 그들이 살고 있는 상황에 따라 달라지기 때문에 올바른 윤리적 기준은 그것을 적용하는 사람에 따라 상대적이라고 결론 내리고 있다. 그러나 윤리적 상대주의가 옳다고 해서 사람들의 윤리적 판단이 항상 서로 다른 것은 아니라는 것은 반박의 대상인 결론을 받아들인 상태에서 전제가 옳지 않을 수 있다고 말하는 것이므로 글의 논증에 대한 반박이 될 수 없다.
④ (○) 글의 논증에서는 올바른 윤리적 기준은 그것을 적용하는 사람에 따라 상대적이라고 결론 내리고 있다. 따라서 인류학자들에 따르면 문화에 따른 판단의 차이에도 불구하고 일부 윤리적 기준은 보편적으로 신봉되고 있다는 것은 이와 반대 방향의 진술이므로 논증에 대한 반박이 된다.

정답 ③

공무원 시험 전문 해커스공무원
gosi.Hackers.com

대표유형 04 강화와 약화

유형 정복 필승전략

유형 소개
지문으로 주어진 귀납 논증의 결론을 더 강하게 지지하는 전제(강화하는 진술)를 찾거나, 반대로 논증의 결론이 참이 될 가능성을 낮추는 전제(약화하는 진술)를 찾는 문제 유형이다.

유형 특징
① 전제와 결론으로 구성된 2~3단락 정도의 '논증'이 지문으로 제시된다.
② 지문에 제시된 전제 외에 선택지나 <보기>에 제시된 전제가 추가되었을 때, 지문에 제시된 논증의 결론이 참이 될 확률이 더 높아지는지 혹은 더 낮아지는지를 묻는다.
③ 선택지나 <보기>는 논증을 지지 또는 반박하거나 논증과 직접적인 관련성이 없는 사례로 구성된다.

풀이 전략
① 발문에서 강화·약화나 평가의 대상이 무엇인지 찾고, 지문에서 그 내용을 확인한다.
② 선택지나 <보기>의 강화·약화나 평가의 대상이 되는 내용과 비교하여 어떤 '방향성'을 갖는지 파악한다.
③ '강화하는 진술'이나 '지지하는 진술'을 찾아야 하는 경우, 논증의 전제나 결론과 방향성이 같은지를 확인하고, '약화하는 진술'을 찾아야 하는 경우, 논증의 전제나 결론과 방향성이 반대인지를 확인한다.

01 다음 글의 논지를 강화하는 것으로 가장 적절한 것은?

2025년 국가직 9급 18번

> A국은 도시 이외 지역의 초중고 교사가 부족하다. 이 상황을 심각하게 받아들인 A국 정부는 도시 이외 지역의 교사 충원율을 높이기 위해, 도시 이외 지역의 교사 연봉을 10% 인상하고 교사 양성 프로그램을 확대하는 정책을 제시했다. 하지만 이 정책은 근본적인 해결책이 되기 어렵다. 문제를 해결하기 위해서는, 단기간에 교사의 수를 늘리거나 교사의 연봉을 인상하기보다는 도시 이외의 지역에서 근무할 수 있는 충분한 교육 환경과 사회 기반 시설을 확보하는 것이 급선무이다. 현직 교사들뿐 아니라 교사를 지망하는 대학 졸업 예정자들 다수는 교육 환경과 사회 기반 시설이 열악한 도시 이외의 지역에서 일하기를 꺼리기 때문이다.

① A국은 정부의 교육 예산이 풍부해서 도시 이외 지역의 교육 환경과 도시의 교육 환경에 별 차이가 없다는 것이 밝혀졌다.
② A국에서 도시 이외의 지역에 근무하던 사회 초년생들이 연봉을 낮추어서라도 도시로 이직한 주된 이유는 교통 시설의 부족으로 밝혀졌다.
③ A국과 유사한 상황이었던 B국에서는 교사 연봉을 5% 인상한 후, 도시 이외 지역의 학생 1인당 교사 비율이 크게 증가했다.
④ A국과 유사한 상황이었던 C국에서는 교사 양성 프로그램을 확대한 이후에 도시뿐 아니라 도시 이외의 지역에서 교사의 수가 크게 증가했다.

난이도 ★★☆☆☆

핵심 포인트

강화의 대상인 논지를 찾고, 선택지 중 논지를 뒷받침할 수 있는 내용을 찾는다.

오답 분석

① (×) 'A국은 정부의 교육 예산이 풍부해서 도시 이외 지역의 교육 환경과 도시의 교육 환경에 별 차이가 없다는 것이 밝혀졌다.'는 것은 지문의 문제제기 자체를 부정하는 내용이 되므로 글의 논지를 강화하지 않는다.
② (○) 지문의 논지는 '도시 이외 지역의 교사 충원율을 높이기 위해서는 충분한 교육 환경과 사회 기반 시설을 확보하는 것이 급선무이다.'이다. A국에서 도시 이외의 지역에 근무하던 사회 초년생들이 연봉을 낮추어서라도 도시로 이직한 주된 이유는 교통 시설의 부족으로 밝혀졌다는 것은 사회 기반 시설을 확보하는 것이 급선무라는 논지를 지지하는 사례가 될 수 있다. 따라서 논지를 강화하는 것으로 적절하다.
③ (×) 'A국과 유사한 상황이었던 B국에서는 교사 연봉을 5% 인상한 후, 도시 이외 지역의 학생 1인당 교사 비율이 크게 증가했다.'는 것은 교사 연봉 인상이 문제의 해결책이 된 것이므로 글의 논지를 강화하지 않는다.
④ (×) 'A국과 유사한 상황이었던 C국에서는 교사 양성 프로그램을 확대한 이후에 도시뿐 아니라 도시 이외의 지역에서 교사의 수가 크게 증가했다.'는 것은 교사 양성 프로그램을 확대하는 정책이 문제의 해결책이 된 것이므로 글의 논지를 강화하지 않는다.

정답 ②

02 다음 글의 (가)를 강화하는 것으로 가장 적절한 것은?

2025년 국가직 9급 19번

> 쿤은 자연과학과 사회과학 모두를 포함하는 과학의 발전 단계를 세 시기로 구분한다. 패러다임을 한 번도 정립하지 못한 전정상과학 시기, 하나의 패러다임이 지배하는 정상과학 시기, 기존 패러다임이 새 패러다임으로 교체되는 과학혁명 시기가 그것이다. 패러다임은 모든 과학자에게 동일한 연구 방향 및 평가 기준을 따르게 하여, 연구의 효율성을 높이고 과학의 발전 단계를 성숙한 수준으로 올려놓는다. 한 번도 패러다임을 정립하지 못해 전정상과학 시기에 머물러 있는 과학 분야는 과학자 모두가 제각기 연구 활동을 한다. 과학의 발전 단계상 성숙한 수준에 도달하지 못한 것이다. 어떤 과학 분야라도 패러다임을 정립하면 정상과학 시기에 들어서게 되는데, 그 뒤에 다시 전정상과학 시기로 되돌아갈 수는 없다. 정상과학 시기는 언제나 과학혁명 시기로 이어지고, 과학혁명 시기는 언제나 정상과학 시기로 이어지기 때문이다. 정상과학 시기의 과학자는 동일한 패러다임에 따라, 과학혁명 시기의 과학자는 기존 패러다임 혹은 새 패러다임에 따라 과학 활동을 하기에 그 두 시기에 있는 과학 분야는 모두 성숙한 수준에 도달해 있는 것이다. 이 구분에 따를 때, (가) 일부 사회과학 분야는 과학의 발전 단계상 아직도 성숙한 수준에 도달하지 못했다는 것이 쿤의 진단이다.

① 패러다임이 교체된 적이 있지만 과학자들의 연구 방향 및 평가 기준이 동일한 사회과학 분야가 있다.
② 패러다임이 교체되는 중이고 과학자들의 연구 방향 및 평가 기준이 서로 다른 사회과학 분야가 있다.
③ 패러다임이 정립된 적이 있지만 과학자들의 연구 방향 및 평가 기준이 서로 다른 사회과학 분야가 있다.
④ 패러다임이 정립된 적이 없고 과학자들의 연구 방향 및 평가 기준이 서로 다른 사회과학 분야가 있다.

핵심 포인트 난이도 ★★★☆☆

강화의 대상이 되는 (가)의 내용을 파악하고, 선택지 중 이를 뒷받침할 수 있는 내용을 찾는다.

오답 분석

① (×) '패러다임이 교체된 적이 있지만 과학자들의 연구 방향 및 평가 기준이 동일한 사회과학 분야가 있다.'는 것은 과학혁명 시기와 정상과학 시기의 사회과학 분야가 있다는 의미이므로 (가)를 강화하지 않는다.
② (×) '패러다임이 교체되는 중이고 과학자들의 연구 방향 및 평가 기준이 서로 다른 사회과학 분야가 있다.'는 것은 전정상과학 시기를 의미하지 않으므로 (가)를 강화하지 않는다.
③ (×) '패러다임이 정립된 적이 있지만 과학자들의 연구 방향 및 평가 기준이 서로 다른 사회과학 분야가 있다.'는 것은 전정상과학 시기를 의미하지 않으므로 (가)를 강화하지 않는다.
④ (○) (가)의 내용은 '일부 사회과학 분야는 과학의 발전 단계상 아직도 성숙한 수준에 도달하지 못했다'는 것이고, 이는 사회과학 분야 중 전정상과학 시기에 있는 것이 있다는 의미이다. 전정상과학 시기는 패러다임이 정립된 적이 없고 과학자 모두가 제각기 연구 활동을 한다. 따라서 '패러다임이 정립된 적이 없고 과학자들의 연구 방향 및 평가 기준이 서로 다른 사회과학 분야가 있다.'는 것은 (가)를 강화한다.

정답 ④

03 다음 대화에 대한 평가로 적절한 것만을 <보기>에서 모두 고르면?

2025년 지방직 9급 18번

> 갑: 친구에게 보내는 감사 메일에 건강하기를 기원하는 의미로 "건강해라."라고 적었는데, 다른 친구가 그건 잘못된 표현이니까 쓰면 안 된다고 하더라고. 널리 쓰이는 표현인데 왜 쓰면 안 된다는 거야?
> 을: 문법 규범에 어긋난 표현이 자주 쓰인다는 이유로 문법 규범으로 인정되어서는 안 돼. 문맥상 "건강해라."는 상대방에게 명령하는 의미를 지니는데 건강한 상태를 명령할 수는 없잖아? 그래서 형용사의 명령형은 문법 규범에 어긋난 거니까 사용하면 안 돼. 마찬가지로 어휘도 사람들이 자주 쓴다고 해서 비표준어가 표준어가 되는 것은 아니잖아.
> 갑: 문법 규범에 맞게 쓰거나 표준어를 사용하는 것이 권장되어야 하는 것은 옳지만, 문법 규범에 맞지 않거나 비표준어라고 해서 사용하지 말아야 하는 것은 아니라고 생각해. 문법 규범이나 표준어는 공통의 언어 사용을 유도하기 위한 정책으로 제시된 것일 뿐이거든. "건강해라."는 언중에게 널리 쓰인다는 점에서 사용에 문제가 없어.

보기

ㄱ. '쓰여지다', '잊혀지다'와 같은 이중 피동은 사람들에게 널리 쓰이는 표현이지만 문법 규범에 맞지 않으니까 사용하지 말아야 한다는 주장은 갑과 을의 입장을 모두 강화한다.
ㄴ. 명령문 "행복해라."가 문법 규범에 맞지 않지만 상대방이 행복하기를 바라는 기원의 의미로 널리 쓰이기 때문에 써도 된다는 주장은 갑의 입장을 약화한다.
ㄷ. 언중이 비표준어이던 '맨날'을 자주 사용하는 현실에 따라 표준어 '만날'과 함께 '맨날'도 표준어로 인정되었다는 사실은 을의 입장을 약화한다.

① ㄷ   ② ㄱ, ㄴ   ③ ㄱ, ㄷ   ④ ㄱ, ㄴ, ㄷ

난이도 ★★☆☆☆

핵심 포인트

갑과 을의 입장이 평가의 대상이므로 갑과 을의 입장 차이에 주목한다.

오답 분석

ㄱ. (×) 갑의 입장은 문법 규범에 맞지 않거나 비표준어라고 해서 사용하지 말아야 하는 것은 아니라는 것이고, 을의 입장은 문법 규범에 어긋난 표현이 자주 쓰인다는 이유로 문법 규범으로 인정되어서는 안 된다는 것이다. '쓰여지다', '잊혀지다'와 같은 이중 피동은 사람들에게 널리 쓰이는 표현이지만 문법 규범에 맞지 않으니까 사용하지 말아야 한다는 주장은 을의 입장과 같은 사례이다. 따라서 갑과 을의 입장을 모두 강화한다는 것은 옳지 않은 평가이다.
ㄴ. (×) 갑의 입장은 문법 규범에 맞지 않거나 비표준어라고 해서 사용하지 말아야 하는 것은 아니라는 것이다. 명령문 "행복해라."가 문법 규범에 맞지 않지만 상대방이 행복하기를 바라는 기원의 의미로 널리 쓰이기 때문에 써도 된다는 주장은 갑의 입장과 같은 사례이므로 갑의 입장을 강화한다.
ㄷ. (○) 을의 입장은 문법 규범에 어긋난 표현이 자주 쓰인다는 이유로 문법 규범으로 인정되어서는 안 된다는 것이다. 언중이 비표준어이던 '맨날'을 자주 사용하는 현실에 따라 표준어 '만날'과 함께 '맨날'도 표준어로 인정되었다는 사실은 을의 입장과 반대되는 사례이므로 을의 입장을 약화한다.

정답 ①

04 다음 글의 논지를 약화하는 것으로 가장 적절한 것은?

2025년 지방직 9급 20번

> 인간이 지닌 대부분의 지적 능력을 상회하는 기능을 발휘하는 인공지능 컴퓨터 프로그램이나 이 프로그램을 사용해 작동하는 기계 장치를 '인공일반지능'이라고 부른다. 이론적으로 인공일반지능은 현재까지 개발된 모든 인공지능 프로그램의 기능을 전부 갖게 될 것이다. 인공일반지능의 등장이 인간의 본질적 가치를 훼손할 것이라고 우려하는 사람들이 있다. 그렇다면 인공일반지능의 개발은 허용되어야 하는가?
>
> 인공일반지능의 개발이 허용된다면 머지않아 인공일반지능은 개발된다. 이로 인해, 인공일반지능은 대부분의 직업 영역에서 인간을 대신해 업무를 수행할 것이고 많은 사람들이 직업을 잃고 소외감을 느낌으로써 인간의 본질적 가치가 훼손된다. 또한 인공일반지능이 개발된다면 인간은 더 이상 지구상에서 특별하고 우월한 존재가 아니게 된다. 이는 인간이 지닌 특별하고 우월한 존재론적 지위, 즉 인간의 본질적 가치가 훼손된다는 것이다. 인간의 본질적 가치는 어떠한 경우에도 훼손되어서는 안 되므로 인공일반지능의 개발은 허용될 수 없다.

① 인공일반지능의 수준에 미치지 못하는 특정 분야에 특화된 인공지능 프로그램만으로도 많은 사람이 일자리를 잃고 소외감을 느끼고 있다.
② 인공지능 연구로 노벨 물리학상을 받은 H는 인공지능 기술이 인간의 존재론적 지위에 위협이 될 것이라며 인공지능 개발 연구를 멈춰야 한다고 주장한다.
③ 현재 상용화되어 있는 대화형 인공지능은 마음의 상처를 입은 사람들에게 위안을 주어 사람들이 본질적 가치를 회복하는 데 도움을 주고 있음이 입증되었다.
④ 유관 학회 전문가들을 대상으로 한 설문에서, 인공일반지능의 개발이 인간의 본질적 가치를 훼손할 가능성이 높아 개발을 허용해서는 안 된다고 응답한 사람들이 그렇지 않은 사람들보다 압도적으로 많았다.

난이도 ★★★☆☆

핵심 포인트
약화의 대상이 되는 글의 논지를 파악하고, 선택지 중 이와 반대 방향으로 가고 있는 내용을 찾는다.

오답 분석
① (×) '인공일반지능의 수준에 미치지 못하는 특정 분야에 특화된 인공지능 프로그램만으로도 많은 사람이 일자리를 잃고 소외감을 느끼고 있다.'는 것은 인공일반지능이 아닌 다른 인공지능의 사례이므로 지문의 논지를 약화한다고 볼 수 없다.
② (×) '인공지능 연구로 노벨 물리학상을 받은 H는 인공지능 기술이 인간의 존재론적 지위에 위협이 될 것이라며 인공지능 개발 연구를 멈춰야 한다고 주장한다.'는 것은 지문의 논지와 같은 내용의 주장이므로 논지를 강화하는 것이다.
③ (○) 지문의 논지는 '인간의 본질적 가치는 어떠한 경우에도 훼손되어서는 안 되므로 인공일반지능의 개발은 허용될 수 없다.'이다. 현재 상용화되어 있는 대화형 인공지능은 마음의 상처를 입은 사람들에게 위안을 주어 사람들이 본질적 가치를 회복하는 데 도움을 주고 있음이 입증되었다는 것은 인공일반지능이 인간의 본질적 가치를 훼손시키는 것이 아니라 오히려 회복할 수 있는 사례이다. 따라서 이는 지문의 논지를 약화한다.
④ (×) '유관 학회 전문가들을 대상으로 한 설문에서, 인공일반지능의 개발이 인간의 본질적 가치를 훼손할 가능성이 높아 개발을 허용해서는 안 된다고 응답한 사람들이 그렇지 않은 사람들보다 압도적으로 많았다.'는 것은 지문의 논지를 뒷받침할 수 있는 내용이므로 논지를 강화하는 것이다.

정답 ③

05 다음 글의 밑줄 친 주장을 강화하는 사례로 가장 적절한 것은?

2011년 민간경력직 채용 8번 변형

> 어떤 집단의 특성을 드러내고, 집단들 사이의 특성을 비교하기 위해 흔히 사용되고 있는 것이 평균값이다. 이는 우리가 일상적으로 '평균 연령', '평균 신장', '평균 점수' 등의 용어를 자주 사용하고 있는 데에서 잘 드러난다. 예를 들어 우리는 어떤 지역 사람들의 평균 수명이 다른 지역 사람들의 평균 수명보다 월등하게 높다는 것을 이유로 '장수마을'이라는 명칭을 붙이기도 하고, 이 지역 사람들은 대체로 오래 살 것이라 생각한다. 이렇게 평균값을 사용하여 어떤 집단의 특성을 드러내는 것은 편리하고 유용한 방식이라고 할 수 있다. 그러나 <u>어떤 속성에 대한 평균값만으로 그 속성에 관한 집단의 실상을 드러내는 데에는 한계가 있다.</u>

① A지역 사람들은 대학진학률이 높지만, B지역 사람들은 취업률이 높다.
② C지역의 평균 소득은 매우 높지만, 그 지역 사람들 대부분은 빈곤하다.
③ D지역 사람들의 평균 신장은 크지만, 그 지역 사람들 대부분은 뚱뚱하지 않다.
④ E지역 사람들의 평균 수명은 짧지만, F지역 사람들의 평균 수명은 그렇지 않다.

난이도 ★★☆☆☆

핵심 포인트

강화의 대상인 밑줄 친 주장을 확인하고 이를 기준으로 선택지에 제시된 사례의 강화 약화 여부를 판단한다.

오답 분석

① (×) A지역 사람들은 대학진학률이 높지만, B지역 사람들은 취업률이 높다는 것은 서로 다른 지역의 서로 다른 속성을 비교한 것이므로 밑줄 친 주장의 내용을 강화하는 사례가 될 수 없다.
② (○) C지역의 평균 소득이 높아도 그 지역 사람들 대부분이 빈곤할 수 있다는 것은 평균 소득이 빈곤의 정도를 나타낼 수 없다는 의미이다. 따라서 어떤 속성에 대한 평균값만으로 그 속성에 관한 집단의 실상을 완벽히 드러낼 수 없다는 밑줄 친 주장을 강화하는 사례이다.
③ (×) D지역 사람들의 평균 신장은 크지만, 그 지역 사람들 대부분은 뚱뚱하지 않다는 것은 어떤 속성에 대한 평균값과 그 속성에 관한 집단의 실상에 대한 내용이 아니므로 밑줄 친 주장의 내용을 강화하는 사례가 될 수 없다.
④ (×) E지역 사람들의 평균 수명은 짧지만, F지역 사람들의 평균 수명은 그렇지 않다는 것은 서로 다른 지역의 서로 다른 속성을 비교한 것이므로 밑줄 친 주장의 내용을 강화하는 사례가 될 수 없다.

정답 ②

06 다음 글의 밑줄 친 원리를 지지하는 진술을 <보기>에서 모두 고르면?

2012년 민간경력직 채용 19번 변형

배리 반스와 데이빗 블로어 등이 주도한 강한 프로그램의 원리를 과학의 영역에 적용하면, 자연과학자들의 활동과 인문학자나 사회과학자들의 활동이 동일한 방식으로 설명되어야 한다. 그리고 자연과학과 인문·사회과학의 영역에서 동일한 설명방식을 사용하기 위해 수정해야 할 부분은 사회과학의 탐구에 대한 견해가 아니라 자연과학의 탐구에 대한 견해이다. 즉 강한 프로그램의 원리에 의하면, 우리는 자연과학이 제공하는 믿음이 특정 전문가 집단의 공동체적 활동에 의해 생산된다는 점에 유의해야 한다. 이런 공동체들은 저마다 특수한 역사와 사회적 특성을 갖고 있으며 또 그렇게 형성된 집단 내부의 의사결정 구조를 가지고 있다. 어떤 문제가 우선적으로 탐구되어야 할 중요한 문제인지, 그 문제를 어떤 방식으로 풀어야 옳은지 등에 대한 판단도 역시 이런 사회적 맥락 속에서 이루어진다. 그렇다면 주어진 문제에 대한 답으로 제안되는 이론들 가운데 어떤 것이 채택되고 당대의 정설로 자리 잡게 되는지도 마찬가지라는 것을 알 수 있다.

보기
ㄱ. 자연과학자들의 탐구조차도 과학자들의 공동체에서 이루어지는 활동의 산물이다.
ㄴ. 어떤 연구 주제가 중요한지, 어떤 이론을 선택할지 등은 사회적 맥락 속에서 결정된다.
ㄷ. 자연과학 이론은 사회과학 이론보다 더 객관적 사실에 근거하여 형성된다.

① ㄱ   ② ㄴ   ③ ㄱ, ㄴ   ④ ㄱ, ㄴ, ㄷ

핵심 포인트   난이도 ★★★☆☆

지지의 대상이 밑줄 친 원리인 '강한 프로그램의 원리'이므로 그 구체적인 특성을 찾아 <보기>의 진술이 그 특성과 일치하는지 여부를 판단한다.

오답 분석

ㄱ. (O) '자연과학자들의 탐구조차도 과학자들의 공동체에서 이루어지는 활동의 산물'이라는 표현이 강한 프로그램의 원리의 특성인 '특정 전문가 집단의 공동체적 활동'이라는 표현과 연결되므로 강한 프로그램의 원리를 지지한다.

ㄴ. (O) '어떤 연구 주제가 중요한지, 어떤 이론을 선택할지 등은 사회적 맥락 속에서 결정된다'는 표현이 강한 프로그램의 원리의 특성인 '사회적 맥락 속에서 이루어진다'는 표현과 연결되므로 강한 프로그램의 원리를 지지한다.

ㄷ. (×) 자연과학 이론은 사회과학 이론보다 더 객관적 사실에 근거하여 형성된다는 것은 강한 프로그램의 원리를 적용하면 자연과학자들의 활동과 인문학자나 사회과학자들의 활동이 동일한 방식으로 설명되어야 한다는 것과 일치하지 않으므로 강한 프로그램의 원리를 지지한다고 볼 수 없다.

정답 ③

07 (가)와 (나)에 대한 평가로 적절한 것만을 <보기>에서 모두 고르면?

2013년 민간경력직 채용 23번 변형

(가) 단풍은 "나무가 겨울을 나려고 잎을 떨어뜨리다 보니 생기는 부수적인 현상"이다. 보통 때는 초록빛을 내는 색소인 엽록소가 카로틴, 크산토필 같은 색소를 가리므로 우리는 잎에서 다른 빛깔을 보지 못한다. 가을이 오면, 잎을 떨어뜨리고자 잎자루 끝에 떨켜가 생기면서 가지와 잎 사이의 물질 이동이 중단된다. 이에 따라 엽록소가 파괴되면서 감춰졌던 다른 색소들이 자연스럽게 드러나서 잎이 노랗거나 주홍빛을 띠게 된다. 요컨대 단풍은 나무가 월동 준비 과정에서 우연히 생기는 부산물이다.

(나) 타는 듯한 가을 단풍은 나무가 해충에 보내는 경계 신호라고 볼 수 있다. 진딧물처럼 겨울을 나기 위해 가을에 적당한 나무를 골라서 알을 낳는 곤충들을 향해 나무가 자신의 경계 태세가 얼마나 철저한지 알려 주는 신호가 가을 단풍이라는 것이다. 단풍의 색소를 만드는 데는 적지 않은 비용이 따르므로, 오직 건강한 나무만이 진하고 뚜렷한 가을 빛깔을 낼 수 있다. 진딧물은 이러한 신호들에 반응해서 가장 형편없이 단풍이 든 나무에 내려앉는다. 휘황찬란한 단풍은 나무와 곤충이 진화하면서 만들어 낸 적응의 결과물이다.

보기

ㄱ. 단풍이 드는 나무 중에서 떨켜를 만들지 않는 종이 있다는 연구 결과는 (가)의 주장을 강화한다.
ㄴ. 식물의 잎에서 주홍빛을 내는 색소가 가을에 새롭게 만들어진다는 연구 결과는 (가)의 주장을 강화한다.
ㄷ. 가을에 인위적으로 어떤 나무의 단풍색을 더 진하게 만들었더니 그 나무에 알을 낳는 진딧물의 수가 줄었다는 연구 결과는 (나)의 주장을 강화한다.

① ㄴ ② ㄷ ③ ㄱ, ㄴ ④ ㄴ, ㄷ

난이도 ★★★☆☆

핵심 포인트
지문에 단풍이 드는 원인에 대한 (가)와 (나)의 주장이 대조되어 있으므로 각 주장의 차이점에 주목한다.

오답 분석
ㄱ. (×) 단풍이 드는 나무 중에서 떨켜를 만들지 않는 종이 있다는 연구 결과는 떨켜가 생기면서 감춰졌던 색소들이 드러나는 것이 단풍이라고 보는 (가)의 주장과 다르므로 (가)의 주장을 약화한다.
ㄴ. (×) 식물의 잎에서 주홍빛을 내는 색소가 가을에 새롭게 만들어진다는 연구 결과는 감춰졌던 색소들이 드러나는 것이 단풍이라고 보는 (가)의 주장과 다르므로 (가)의 주장을 약화한다.
ㄷ. (○) 가을에 인위적으로 어떤 나무의 단풍색을 더 진하게 만들었더니 그 나무에 알을 낳는 진딧물의 수가 줄었다는 연구 결과는 타는 듯한 단풍은 나무에 알을 낳으려는 곤충에게 보내는 나무의 경계신호라는 (나)의 주장과 일치하므로 (나)의 주장을 강화한다.

정답 ②

08 다음 글의 핵심 주장을 강화하는 진술로 가장 적절한 것은?

2013년 민간경력직 채용 21번 변형

> 뉴턴의 역학 이론은 아인슈타인의 상대성 이론으로부터 도출되는가? 상대성 이론의 핵심 법칙들을 나타내고 있는 진술들 $E_1, E_2, ...E_i, ...E_n$의 집합을 생각해보자. 이 진술들은 공간적 위치, 시간, 질량 등을 나타내는 변수들을 포함하고 있다. 그리고 이 집합으로부터 관찰에 의해서 확인할 수 있는 것들을 포함하여 상대성 이론의 다양한 진술들을 도출할 수 있다. 그리고 변수들의 범위를 제약하는 진술들을 이용하면 상대성 이론이 어떤 특수한 경우에 적용될 때 성립하는 법칙들도 도출할 수 있다. 가령, 물체의 속도가 광속에 비하여 현저하게 느린 경우에는 계산을 통하여 뉴턴의 운동 법칙, 만유인력 법칙 등과 형태가 같은 진술들 $N_1, N_2, ...N_i, ...N_m$을 도출할 수 있다.
> 이런 점에서 몇몇 제약 조건을 붙임으로써 뉴턴의 역학은 아인슈타인의 상대성 이론으로부터 도출되는 것으로 보인다. 그렇지만 N_i는 상대성 이론의 특수 경우에 해당하는 법칙일 뿐이지 뉴턴 역학의 법칙들이 아니다. E_i에서 공간적 위치, 시간, 질량 등을 나타냈던 변수들이 N_i에서도 나타난다. 여기서 우리는 N_i에 있는 변수들이 가리키는 것은 뉴턴 이론의 공간적 위치, 시간, 질량 등이 아니라 아인슈타인 이론의 공간적 위치, 시간, 질량 등이라는 것을 주의해야 한다. 같은 이름을 가지고 있지만, 아인슈타인의 이론 속에서 변수들이 가리키는 물리적 대상이 뉴턴 이론 속에서 변수들이 가리키는 물리적 대상과 같은 것은 아니다. 따라서 N_i에 등장하는 변수들에 대한 정의를 바꾸지 않는다면, N_i는 뉴턴의 법칙에 속할 수 없다. 그것은 단지 아인슈타인 상대성 이론의 특수 사례일 뿐이다.

① 뉴턴 역학보다 상대성 이론에 의해 태양계 행성들의 공전 궤도를 더 정확히 계산할 수 있다.
② 어떤 물체의 속도가 광속보다 훨씬 느릴 때 그 물체의 운동의 기술에서 뉴턴 역학과 상대성 이론은 서로 양립 가능하다.
③ 일상적으로 만나는 물체들의 운동을 상대성 이론을 써서 기술하면 뉴턴 역학이 내놓는 것과 동일한 결론에 도달한다.
④ 뉴턴 역학에 등장하는 질량은 속도와 무관하지만 상대성 이론에 등장하는 질량은 에너지의 일종이므로 속도에 의존하여 변할 수 있다.

난이도 ★★★★☆

핵심 포인트

지문에 뉴턴의 역학 이론은 아인슈타인의 상대성 이론으로부터 도출되는지에 대한 주장이 제시되어 있으므로 이를 기준으로 선택지의 진술이 주장을 강화하는지 여부를 판단한다.

오답 분석

① (×) 뉴턴 역학보다 상대성 이론에 의해 태양계 행성들의 공전 궤도를 더 정확히 계산할 수 있다는 것은 글의 핵심 주장과 직접적인 관련이 없는 진술이므로 글의 핵심 주장을 강화하는 진술이라고 볼 수 없다.
② (×) 어떤 물체의 속도가 광속보다 훨씬 느릴 때 그 물체의 운동의 기술에서 뉴턴 역학과 상대성 이론은 서로 양립 가능하다는 것은 글의 핵심 주장을 강화하는 진술이라고 볼 수 없다.
③ (×) 일상적으로 만나는 물체들의 운동을 상대성 이론을 써서 기술하면 뉴턴 역학이 내놓는 것과 동일한 결론에 도달한다는 것은 글의 핵심 주장을 강화하는 진술이라고 볼 수 없다.
④ (○) 뉴턴 역학에 등장하는 질량은 속도와 무관하지만 상대성 이론에 등장하는 질량은 에너지의 일종이므로 속도에 의존하여 변할 수 있다는 것은 아인슈타인의 이론 속에서 변수들이 가리키는 물리적 대상이 뉴턴 이론 속에서 변수들이 가리키는 물리적 대상과 같은 것은 아니라는 글의 핵심 주장을 강화하는 진술이다.

정답 ④

09 다음 A~C의 주장에 대한 평가로 적절한 것만을 <보기>에서 모두 고르면?

2015년 민간경력직 채용 23번 변형

A: 정당에 대한 충성도와 공헌도를 공직자 임용 기준으로 삼아야 한다. 이는 전쟁에서 전리품은 승자에게 속한다는 국제법의 규정에 비유할 수 있다. 즉 주기적으로 실시되는 대통령 선거에서 승리한 정당이 공직자 임용의 권한을 가져야 한다. 이러한 임용 방식은 공무원에 대한 정치 지도자의 지배력을 강화시켜 지도자가 구상한 정책 실현을 용이하게 할 수 있다.

B: 공직자 임용 기준은 개인의 능력·자격·적성에 두어야 하며 공개경쟁 시험을 통해 공무원을 선발하는 것이 좋다. 그러면 신규 채용 과정에서 공개와 경쟁의 원칙이 준수되기 때문에 정실 개입의 여지가 줄어든다. 공개경쟁 시험은 무엇보다 공직자 임용에서 기회균등을 보장하여 우수한 인재를 임용함으로써 행정의 능률을 높일 수 있고 공무원의 정치적 중립을 통하여 행정의 공정성이 확보될 수 있다는 장점을 가지고 있다. 또한 공무원의 신분보장으로 행정의 연속성과 직업적 안정성도 강화될 수 있다.

C: 사회를 구성하는 모든 지역 및 계층으로부터 인구 비례에 따라 공무원을 선발하고, 그들을 정부 조직 내의 각 직급에 비례적으로 배치함으로써 정부 조직이 사회의 모든 지역과 계층에 가능한 한 공평하게 대응하도록 구성되어야 한다. 공무원들은 가치중립적인 존재가 아니다. 그들은 자신의 출신 집단의 영향을 받은 가치관과 신념을 가지고 정책 결정과 정책 집행에 깊숙이 개입하고 있으며, 이 과정에서 자신의 견해나 가치를 반영하고자 노력한다.

보기
ㄱ. 공직자 임용의 정치적 중립성을 보장할 필요성이 대두된다면, A의 주장은 설득력을 얻는다.
ㄴ. 공직자 임용과정의 공정성을 높일 필요성이 부각된다면, B의 주장은 설득력을 얻는다.
ㄷ. 인구의 절반을 차지하는 비수도권 출신 공무원의 비율이 1/4에 그쳐 지역 편향성을 완화할 필요성이 제기된다면, C의 주장은 설득력을 얻는다.

① ㄴ　　　② ㄷ　　　③ ㄱ, ㄷ　　　④ ㄴ, ㄷ

핵심 포인트　　　　　　　　　　　　　　　　　　　　　　　　난이도 ★★★☆☆

지문이 A, B, C 형태로 구성되어 있으므로 A~C 각각의 주장을 찾는 데 주목한다.

오답 분석

ㄱ. (×) A는 정당에 대한 충성도와 공헌도를 공직자 임용 기준으로 삼아야 한다고 본다. 따라서 공직자 임용의 정치적 중립성을 보장할 필요성이 대두된다면, A의 주장은 설득력을 얻지 못한다.
ㄴ. (○) B는 공개경쟁 시험을 통해 공무원을 선발하는 것이 좋으며, 이를 통해 행정의 공정성이 확보될 수 있다고 본다. 따라서 공직자 임용과정의 공정성을 높일 필요성이 부각된다면, B의 주장은 설득력을 얻는다.
ㄷ. (○) C는 사회를 구성하는 모든 지역 및 계층으로부터 인구 비례에 따라 공무원을 선발하고, 그들을 정부 조직 내의 각 직급에 비례적으로 배치함으로써 정부 조직이 사회의 모든 지역과 계층에 가능한 한 공평하게 대응하도록 구성되어야 한다고 본다. 따라서 인구의 절반을 차지하는 비수도권 출신 공무원의 비율이 1/4에 그쳐 지역 편향성을 완화할 필요성이 제기된다면, C의 주장은 설득력을 얻는다.

정답 ④

10 다음 글의 <가설>을 강화하는 사례가 아닌 것만을 <보기>에서 모두 고르면?

2016년 민간경력직 채용 8번 변형

> **가설**
>
> 파충류의 성 결정은 물질 B를 필요로 한다. 물질 B는 단백질 '가'에 의해 물질 A로, 단백질 '나'에 의해 물질 C로 바뀐다. 이때 물질 A와 물질 C의 비율은 단백질 '가'와 단백질 '나'의 비율과 동일하다. 파충류의 알은 단백질 '가'와 '나' 모두를 가지고 있지만 온도에 따라 각각의 양이 달라진다. 암컷을 생산하는 온도에서 배양된 알에서는 물질 A의 농도가 더 높고, 수컷을 생산하는 온도에서 배양된 알에서는 물질 C의 농도가 더 높다. 온도의 차에 의해 알의 내부에 물질 A와 C의 상대적 농도 차이가 발생하고, 이것이 파충류의 성을 결정하는 것이다.

> **보기**
>
> ㄱ. 수컷만 생산하는 온도에서 부화되고 있는 알은 단백질 '가'보다 훨씬 많은 양의 단백질 '나'를 가지고 있다.
> ㄴ. 물질 B의 농도는 수컷만 생산하는 온도에서 부화되고 있는 알보다 암컷만 생산하는 온도에서 부화되고 있는 알에서 더 높다.
> ㄷ. 수컷만 생산하는 온도에서 부화되고 있는 알에 고농도의 물질 A를 투여하여 물질 C보다 그 농도를 높였더니 암컷이 생산되었다.

① ㄴ   ② ㄷ   ③ ㄱ, ㄷ   ④ ㄴ, ㄷ

핵심 포인트   난이도 ★★★☆☆

지문에서 강화의 대상인 <가설>의 내용을 확인하고, <보기>에 제시된 사례 중 <가설>을 참으로 만들 수 있는 것이 아닌 것을 판단한다.

오답 분석

ㄱ. (O) <가설>에서 물질 A와 물질 C의 비율은 단백질 '가'와 단백질 '나'의 비율과 동일하다고 하였으므로 단백질 '나'가 많다는 것은 물질 C가 많다는 것과 동일한 의미이다. 수컷의 경우 물질 C가 물질 A보다 많다는 것이 가설의 내용이므로, 수컷만 생산하는 온도에서 부화되고 있는 알은 단백질 '가'보다 훨씬 많은 양의 단백질 '나'를 가지고 있다는 것은 가설을 강화하는 사례이다.

ㄴ. (×) 물질 B의 농도는 파충류의 성별 결정에 영향을 미치지 않으며 관련도 없다. 따라서 물질 B의 농도는 수컷만 생산하는 온도에서 부화되고 있는 알보다 암컷만 생산하는 온도에서 부화되고 있는 알에서 더 높다는 것은 가설을 강화하는 사례라고 볼 수 없다.

ㄷ. (O) 수컷만 생산하는 온도에서 부화되고 있는 알에 고농도의 물질 A를 투여하여 물질 C보다 그 농도를 높였더니 암컷이 생산되었다는 것은 물질 A가 많을 경우 암컷이 된다는 의미이므로 가설을 강화하는 사례이다.

정답 ①

11 다음 논증에 대한 평가로 적절한 것만을 <보기>에서 모두 고르면?

2016년 민간경력직 채용 19번 변형

집단 내지 국가의 청렴도를 평가하는 잣대로 종종 공공 물품을 사적으로 사용하는 정도가 활용된다. 이와 관련하여 M시의 경우 회사원들이 사내용 물품을 개인적인 용도로 사용하는 정도가 꽤 높은 것으로 밝혀졌다. 이는 M시의 대표적 회사 A에서 직원 200명을 대상으로 회사물품을 사적인 용도로 사용한 적이 있는지를 설문조사해 본 결과에 따른 것이다. 조사 결과 '늘 그랬다'는 직원은 5%, '종종 그랬다'는 직원은 15%, '가끔 그랬다'는 직원은 35%, '어쩌다 한두 번 그랬다'는 직원은 25%, '전혀 그런 적이 없다'는 직원은 10%, 응답을 거부한 직원은 10%였다. 설문조사에 응한 직원들 중에서 가끔이라도 사용한 적이 있다고 답한 직원의 비율이 절반을 넘었다. 따라서 M시의 회사원들은 낮은 청렴도를 가졌다고 평가할 수 있다.

보기

ㄱ. 설문조사에 응한 회사 A의 직원들 중 회사물품에 대한 사적 사용 정도를 실제보다 축소하여 답한 직원들이 많다는 사실은 위 논증의 결론을 강화한다.

ㄴ. M시에 있는 또 다른 대표적 회사 B에서 동일한 설문조사를 했는데 회사 A에서와 거의 비슷한 결과가 나왔다는 사실은 위 논증의 결론을 강화한다.

ㄷ. M시에 있는 대부분의 회사들에 비해 회사 A의 직원들이 회사물품을 사적으로 사용한 정도가 심했던 것으로 밝혀졌다는 사실은 위 논증의 결론을 약화한다.

① ㄱ   ② ㄱ, ㄴ   ③ ㄴ, ㄷ   ④ ㄱ, ㄴ, ㄷ

난이도 ★★★☆☆

핵심 포인트

지문에서 평가의 대상인 논증의 결론을 확인하고, <보기>에 제시된 사실들이 결론이 참이 될 확률을 높이는지, 낮추는지 여부를 판단한다.

오답 분석

ㄱ. (O) 설문조사에 응한 회사 A의 직원들 중 회사물품에 대한 사적 사용 정도를 실제보다 축소하여 답한 직원들이 많다는 사실은 더 많은 직원들이 공공 물품을 사적으로 사용했다는 의미이므로 위 논증의 결론을 강화한다.

ㄴ. (O) M시에 있는 또 다른 대표적 회사 B에서 동일한 설문조사를 했는데 회사 A에서와 거의 비슷한 결과가 나왔다는 사실은 A회사의 결과가 대표성이 있다는 의미이므로 위 논증의 결론을 강화한다.

ㄷ. (O) M시에 있는 대부분의 회사들에 비해 회사 A의 직원들이 회사물품을 사적으로 사용한 정도가 심했던 것으로 밝혀졌다는 사실은 A회사의 결과가 대표성이 없다는 의미이므로 위 논증의 결론을 약화한다.

정답 ④

12 다음 글의 가설 A, B에 대한 평가로 가장 적절한 것은?

2014년 민간경력직 채용 23번 변형

> 진화론에서는 인류 진화 계통의 초기인 약 700만 년 전에 인간에게 털이 거의 없어졌다고 보고 있다. 털이 없어진 이유에 대해서 학자들은 해부학적, 생리학적, 행태학적 정보들을 이용하는 한편 다양한 상상력까지 동원해서 이와 관련된 진화론적 시나리오들을 제안해 왔다.
>
> 가설 A는 단순하게 고안되어 1970년대 당시 많은 사람들이 고개를 끄덕였던 설명으로, 현대적 인간의 출현을 무자비한 폭력과 투쟁의 산물로 설명하던 당시의 모든 가설을 대체할 수 있을 정도로 매력적으로 보였다. 이 가설에 따르면 인간은 진화 초기에 수상생활을 시작하였다. 인간 선조들은 수영을 하고 물속에서 아기를 키우는 등 즐거운 활동을 하기 위해서 수상생활을 하였다. 오랜 물속 생활로 인해 고대 초기 인류들은 몸의 털이 거의 없어졌다. 그 대신 피부 아래에 지방층이 생겨났다.
>
> 그 이후에 나타난 가설 B는 인간의 피부에 털이 없으면 털에 사는 기생충들이 감염시키는 질병이 줄어들기 때문에 생존과 생식에 유리하다고 주장하였다. 털은 따뜻하여 이나 벼룩처럼 질병을 일으키는 체외 기생충들이 살기에 적당하기 때문에 신체에 털이 없으면 그러한 병원체들이 자리 잡기 어렵다는 것이다. 이 가설에 따르면 인간이 자신을 더 효과적으로 보호할 수 있는 의복이나 다른 수단들을 활용할 수 있었을 때 비로소 털이 없어지는 진화가 가능하다. 옷이 기생충에 감염되면 벗어서 씻어 내면 간단한데, 굳이 영구적인 털로 몸을 덮을 필요가 있겠는가?

① 털 없는 신체나 피하 지방 같은 현대 인류의 해부학적 특징들을 고래나 돌고래 같은 수생 포유류들도 가지고 있다는 사실은 가설 A를 약화한다.

② 호수나 강에는 인간의 생존을 위협하는 수인성 바이러스가 광범위하게 퍼져 있었으며 인간의 피부에 그에 대한 방어력이 없다는 사실은 가설 A를 약화한다.

③ 열대 아프리카 지역에서 고대로부터 내려온 전통 생활을 유지하고 있는 주민들이 옷을 거의 입지 않는다는 사실은 가설 B를 강화한다.

④ 피부를 보호할 수 있는 옷이나 다른 수단을 만들 수 있는 인공물들이 사용된 시기는 인류 진화의 마지막 단계에 한정된다는 사실은 가설 B를 강화한다.

핵심 포인트   난이도 ★★★☆☆

평가의 대상이 가설 A, B이므로 지문에서 가설 A와 B의 구체적인 내용에 주목한다.

오답 분석

① (×) 털 없는 신체나 피하 지방 같은 현대 인류의 해부학적 특징들을 고래나 돌고래 같은 수생 포유류들도 가지고 있다는 사실은, 인간이 오랜 물속 생활을 했다는 가설 A의 내용을 지지한다고 볼 수 있으므로 가설 A를 약화한다고 볼 수 없다.

② (○) 호수나 강에는 인간의 생존을 위협하는 수인성 바이러스가 광범위하게 퍼져 있었으며 인간의 피부에 그에 대한 방어력이 없다는 사실은, 인간이 오랜 물속 생활을 했다는 가설 A의 내용에 대한 공격이 될 수 있으므로 가설 A를 약화한다.

③ (×) 열대 아프리카 지역에서 고대로부터 내려온 전통 생활을 유지하고 있는 주민들이 옷을 거의 입지 않는다는 사실은, 인간이 자신을 더 효과적으로 보호할 수 있는 의복이나 다른 수단들을 활용할 수 있었을 때 비로소 털이 없어지는 진화가 가능하다는 가설 B의 내용을 지지한다고 볼 수 없으므로 가설 B를 강화한다고 볼 수 없다.

④ (×) 피부를 보호할 수 있는 옷이나 다른 수단을 만들 수 있는 인공물들이 사용된 시기는 인류 진화의 마지막 단계에 한정된다는 사실은, 인류 진화 계통의 초기인 약 700만 년 전에 인간에게 털이 거의 없어졌다고 보고 있는 지문의 내용과 다르므로 가설 B를 강화한다고 볼 수 없다.

정답 ②

13 다음 글의 ㉠을 지지하는 것만을 <보기>에서 모두 고르면?

2017년 민간경력직 채용 18번 변형

카나리아의 수컷과 암컷은 해부학적으로 동일한 구조의 발성기관을 가지고 있다. 또 새끼 때 모든 카나리아는 종 특유의 지저귀는 소리를 들으며 자란다. 그러나 성체가 되면 수컷만이 종 특유의 소리로 지저귄다.

아비의 울음소리를 들으며 자라던 어린 카나리아는 둥지를 떠나 서식지를 이동하면서 다른 종의 새들과도 만나게 된다. 둥지를 떠난 후에도 어린 카나리아는 한동안 그들 종 특유의 울음소리를 내지 못할 뿐만 아니라 지저귀지도 않는다. 그러나 이듬해 봄이 가까워 오고 낮이 차츰 길어지면서 어린 수컷 카나리아의 몸에서는 수컷에만 있는 기관 A가 발달해 커지기 시작하고, 기관 A에서 분비되는 물질 B의 분비량도 증가한다. 이로 인해 수컷의 몸에서 물질 B의 혈중 농도가 높아지고, 그에 따라 수컷은 지저귀는 소리를 내려고 하기 시작한다. 수컷 카나리아가 처음 내는 소리는 종 특유의 울음소리가 아니다. 그러나 다른 수컷들에게서 그 소리를 배울 수 없는 상황에서도 수컷 카나리아가 내는 소리는 종 특유의 소리에 점점 가까워지고 결국 종 특유의 소리가 된다.

과학자들은 왜 카나리아의 수컷만 종 특유의 소리로 지저귀는지를 연구하였다. 그리고 ㉠ <u>그 이유가 수컷의 몸에서만 분비되는 물질 B가 종 특유의 소리를 내는 데 필요한 뇌의 특정 부분을 발달시키기 때문이라는 것</u>을 알아냈다.

보기
ㄱ. 봄이 시작될 무렵부터 조금씩 양을 늘려가면서 어린 암컷 카나리아에게 물질 B를 주사하였더니 결국 종 특유의 소리로 지저귀게 되었다.
ㄴ. 어린 수컷 카나리아의 뇌에 물질 B의 효과를 억제하는 성분의 약물을 꾸준히 투여하였더니 성체가 되어도 종 특유의 울음소리를 내지 못하였다.
ㄷ. 둥지를 떠나기 직전에 어린 수컷 카나리아의 기관 A를 제거하였지만 다음 봄에는 종 특유의 소리로 지저귈 수 있었다.

① ㄱ   ② ㄱ, ㄴ   ③ ㄴ, ㄷ   ④ ㄱ, ㄴ, ㄷ

난이도 ★★★☆☆

핵심 포인트
지문에서 지지의 대상인 ㉠의 내용을 확인하고, <보기>의 진술 중 ㉠을 뒷받침하는 내용이 무엇인지 판단한다.

오답 분석
ㄱ. (O) 봄이 시작될 무렵부터 조금씩 양을 늘려가면서 어린 암컷 카나리아에게 물질 B를 주사하였더니 결국 종 특유의 소리로 지저귀게 되었다는 것은, 결국 카나리아의 수컷만 종 특유의 소리로 지저귀는 이유가 수컷의 몸에서만 분비되는 물질 B 때문이라는 것이다. 따라서 ㉠을 지지한다.
ㄴ. (O) 어린 수컷 카나리아의 뇌에 물질 B의 효과를 억제하는 성분의 약물을 꾸준히 투여하였더니 성체가 되어도 종 특유의 울음소리를 내지 못하였다는 것은, 물질 B 때문에 카나리아의 수컷만 종 특유의 소리로 지저귀는 것이라는 의미가 된다. 따라서 ㉠을 지지한다.
ㄷ. (×) 물질 B는 기관 A에서 분비되는 것이므로, 둥지를 떠나기 직전에 어린 수컷 카나리아의 기관 A를 제거하였으면 물질 B가 분비되지 못한다. 하지만 다음 봄에 종 특유의 소리로 지저귈 수 있었다는 것은, 카나리아의 수컷만 종 특유의 소리로 지저귀는 이유가 물질 B 때문이 아니라는 의미가 된다. 따라서 ㉠을 지지하지 않는다.

정답 ②

14. 다음 글의 A의 가설을 약화하는 것만을 <보기>에서 모두 고르면?

2017년 민간경력직 채용 25번 변형

얼룩말의 얼룩무늬가 어떻게 생겨났는지는 과학계의 오랜 논쟁거리다. 이와 관련해 A는 실험을 토대로 새로운 가설을 제시했다. 그는 얼룩말과 같은 속(屬)에 속하는 검은 말, 갈색 말, 흰 말을 대상으로 몸통에서 반사되는 빛의 특성을 살펴보았다. 검정이나 갈색처럼 짙은 색 몸통에서 반사되는 빛은 수평 편광으로 나타났다. 수평 편광은 물 표면에서 반사되는 빛의 특성이기도 한데, 물에서 짝짓기를 하고 알을 낳는 말파리가 아주 좋아하는 빛이다. 편광이 없는 빛을 반사하는 흰색 몸통에는 말파리가 훨씬 덜 꼬였다. A는 몸통 색과 말파리의 행태 간에 상관관계가 있다고 생각하고, 말처럼 생긴 일정 크기의 모형에 검은색, 흰색, 갈색, 얼룩무늬를 입힌 뒤 끈끈이를 발라 각각에 말파리가 얼마나 꼬이는지를 조사했다. 이틀간의 실험 결과 검은색 말 모형에는 562마리, 갈색에는 334마리, 흰색에 22마리의 말파리가 붙은 데 비해 얼룩무늬를 가진 모형에는 8마리가 붙었을 뿐이었다. 이것은 실제 얼룩말의 무늬와 유사한 얼룩무늬가 말파리를 가장 덜 유인한다는 결과였다. A는 이를 바탕으로 얼룩말의 얼룩무늬가 말의 피를 빠는 말파리를 피하는 방향으로 진행된 진화의 결과라는 가설을 제시했다.

보기
ㄱ. 실제 말에 대한 말파리의 행동반응이 말 모형에 대한 말파리의 행동반응과 다르다는 연구결과
ㄴ. 말파리가 실제로 흡혈한 피의 99% 이상이 검은색이나 진한 갈색 몸통을 가진 말의 것이라는 연구결과
ㄷ. 얼룩말 고유의 무늬 때문에 초원 위의 얼룩말이 사자 같은 포식자 눈에 잘 띈다는 연구결과

① ㄱ   ② ㄷ   ③ ㄱ, ㄴ   ④ ㄱ, ㄴ, ㄷ

핵심 포인트   난이도 ★★★☆☆

지문에서 약화의 대상인 A의 가설의 내용을 확인하고, <보기>에 제시된 사례 중 A의 가설을 거짓으로 만들 수 있는 것이 무엇인지 판단한다.

오답 분석

ㄱ. (○) 실제 말에 대한 말파리의 행동반응이 말 모형에 대한 말파리의 행동반응과 다르다는 연구결과는, 말 모형으로 실험한 A의 실험을 부정하는 것이므로 A의 가설과 반대 방향의 내용이 된다. 따라서 A의 가설을 약화하는 내용이 될 수 있다.

ㄴ. (×) 말파리가 실제로 흡혈한 피의 99% 이상이 검은색이나 진한 갈색 몸통을 가진 말의 것이라는 연구결과는 A의 가설을 지지하는 내용이 될 수 있다.

ㄷ. (×) 얼룩말 고유의 무늬 때문에 초원 위의 얼룩말이 사자 같은 포식자 눈에 잘 띈다는 연구결과는 말파리의 행동과 얼룩무늬 간의 관련성에 대한 A의 가설을 약화하는 것이 아니다.

정답 ①

15 다음 (가) ~ (다)에 대한 평가로 적절한 것만을 <보기>에서 모두 고르면?

2018년 민간경력직 채용 15번 변형

> (가) 기술의 발전 덕분에 더 풍요로운 세계를 만들 수 있다. 원료, 자본, 노동 같은 생산요소의 투입량을 줄이면서 산출량은 더 늘릴 수 있는 세계 말이다. 디지털 기술의 발전은 경외감을 불러일으키는 개선과 풍요의 엔진이 된다. 반면 그것은 시간이 흐를수록 부, 소득, 생활수준, 발전 기회 등에서 점점 더 큰 격차를 만드는 엔진이기도 하다. 즉 기술의 발전은 경제적 풍요와 격차를 모두 가져온다.
> (나) 기술의 발전에 따른 풍요가 더 중요한 현상이며, 격차도 풍요라는 기반 위에 있기 때문에 모든 사람의 삶이 풍요로워지는 데 초점을 맞추어야 한다. 고도로 숙련된 노동자와 나머지 사람들과의 격차가 벌어지고 있다는 것을 인정하지만, 모든 사람들의 경제적 삶이 나아지고 있기에 누군가의 삶이 다른 사람보다 더 많이 나아지고 있다는 사실에 관심을 둘 필요가 없다.
> (다) 중산층들이 과거에 비해 경제적으로 더 취약해졌기 때문에 기술의 발전에 따른 풍요보다 격차에 초점을 맞추어야 한다. 실제로 주택, 보건, 의료 등과 같이 그들의 삶에서 중요한 항목에 들어가는 비용의 증가율은 시간이 흐르면서 가계 소득의 증가율에 비해 훨씬 더 높아지고 있다. 설상가상으로 소득 분포의 밑바닥에 속한 가정에서 태어난 아이가 상층으로 이동할 기회는 점점 더 줄어들고 있다.

> **보기**
> ㄱ. 현재의 정보기술은 덜 숙련된 노동자보다 숙련된 노동자를 선호하고, 노동자보다 자본가에게 돌아가는 수익을 늘린다는 사실은 (가)의 논지를 약화한다.
> ㄴ. 기술의 발전이 전 세계의 가난한 사람들에게도 도움을 주며, 휴대전화와 같은 혁신사례들이 모든 사람들의 소득과 기타 행복의 수준을 개선한다는 연구결과는 (나)의 논지를 강화한다.
> ㄷ. 기술의 발전이 가져온 경제적 풍요가 엄청나게 벌어진 격차를 보상할 만큼은 아니라는 것을 보여주는 자료는 (다)의 논지를 약화한다.

① ㄴ   ② ㄷ   ③ ㄱ, ㄷ   ④ ㄴ, ㄷ

난이도 ★★★☆☆

핵심 포인트

지문에서 (가), (나), (다)의 논지가 무엇인지 확인하여 <보기>에 제시된 사실들이 각 논지를 강화하는지 약화하는지 판단한다.

오답 분석

ㄱ. (×) 현재의 정보기술은 덜 숙련된 노동자보다 숙련된 노동자를 선호하고, 노동자보다 자본가에게 돌아가는 수익을 늘린다는 사실은 기술의 발전이 경제적 격차를 가져온다는 내용이므로 (가)의 논지를 약화하지 않는다.

ㄴ. (○) 기술의 발전이 전 세계의 가난한 사람들에게도 도움을 주며, 휴대전화와 같은 혁신사례들이 모든 사람들의 소득과 기타 행복의 수준을 개선한다는 연구결과는, 기술의 발전에 따른 풍요의 사례이다. 따라서 기술의 발전에 따른 풍요가 더 중요한 현상이라는 (나)의 논지와 같은 방향의 사례이므로 (나)의 논지를 강화한다.

ㄷ. (×) 기술의 발전이 가져온 경제적 풍요가 엄청나게 벌어진 격차를 보상할 만큼은 아니라는 것을 보여주는 자료는 기술의 발전에 따른 격차에 초점을 맞추어야 한다는 (다)의 논지를 약화하지 않는다.

정답 ①

PART 2

논리

공무원 시험 전문 해커스공무원
gosi.Hackers.com

대표유형 05 논증의 타당성 판단
대표유형 06 논리 퀴즈
대표유형 07 독해형 논리
대표유형 08 추가해야 할 전제 찾기

대표유형 05 논증의 타당성 판단

유형 정복 필승전략

유형 소개
지문이나 선택지에서 논증이 주어지고, 이 논증이 전제가 참일 때 결론이 반드시 참이 되는지 여부를 판단하는 유형이다.

유형 특징
① 전제와 결론으로 구성된 논증이 지문이나 선택지에 제시된다.
② 논증의 타당성 여부는 논증의 내용이 아니라 논증의 형식을 기준으로 판단하므로 논증의 내용은 추상적이고 난해하게 구성되는 경우가 많다.

풀이 전략
① 논증은 전제와 결론으로 이루어져 있으므로 논증의 전제가 되는 문장과 결론인 문장을 구별하여 간단히 기호화한다.
② 논증 규칙이나 논리적 오류를 적용하여 기호화한 전제가 참일 때, 결론이 반드시 참이 되는지 확인한다.
③ 전제가 참일 때 결론이 반드시 참으로 도출되면 타당한 논증이고, 전제가 참일 때 결론이 반드시 참으로 도출되지 않으면 타당하지 않은 논증이다.

01 (가) ~ (다)를 전제로 할 때 빈칸에 들어갈 결론으로 가장 적절한 것은?

2025년 국가직 9급 16번

> (가) 인공일반지능이 만들어지거나 인공지능 산업이 쇠퇴한다.
> (나) 인공일반지능이 만들어지면, 인간의 생활이 편리해지는 동시에 많은 사람이 직장을 잃는다.
> (다) 인공지능 산업이 쇠퇴하면, 많은 사람이 직장을 잃는 동시에 세계 경제가 침체된다.
> 따라서 _____.

① 세계 경제가 침체된다
② 인간의 생활이 편리해진다
③ 많은 사람이 직장을 잃는다
④ 인간의 생활이 편리해지고 세계 경제가 침체된다

난이도 ★★★☆☆

핵심 포인트

빈칸에 들어갈 내용은 논증의 결론이므로 지문에 제시된 논증을 기호화하여 전제로부터 도출될 수 있는 결론을 찾는다.

오답 분석

논증의 전제를 정리하면 다음과 같다.
(가): 인공일반지능 or 산업 쇠퇴
(나): 인공일반지능 → 편리 & 직장 잃음
(다): 산업 쇠퇴 → 직장 잃음 & 경제 침체

① (×) '세계 경제가 침체된다'는 것은 산업 쇠퇴가 일어날 경우에만 결론이 되므로 빈칸에 들어갈 결론으로 적절하지 않다.
② (×) '인간의 생활이 편리해진다'는 것은 인공일반지능이 만들어질 경우에만 결론이 되므로 빈칸에 들어갈 결론으로 적절하지 않다.
③ (○) (가)에 따르면 '인공일반지능'이나 '산업 쇠퇴' 중 적어도 하나는 만족한다. (나)에 따르면 '인공일반지능'을 만족하는 경우 '편리'와 동시에 '직장 잃음'이라는 결론이 도출되고, (다)에 따르면 '산업 쇠퇴'를 만족하면 '직장 잃음'과 '경제 침체'라는 결론이 모두 도출된다. 결국 어떤 경우든 '직장 잃음'이라는 결론은 도출된다. 따라서 (가) ~ (다)를 전제로 할 때 빈칸에 들어갈 결론으로 가장 적절한 것은 '많은 사람이 직장을 잃는다'는 것이다.
④ (×) '인간의 생활이 편리해지고 세계 경제가 침체된다'는 것은 산업 쇠퇴가 일어나고 동시에 인공일반지능이 만들어질 경우에만 결론이 되므로 빈칸에 들어갈 결론으로 적절하지 않다.

정답 ③

02 다음 (가)~(마) 각각의 논증에서 전제가 모두 참일 때, 결론이 반드시 참인 것을 모두 고르면?

2012년 민간경력자 채용 8번 변형

> (가) 삼촌은 우리를 어린이대공원에 데리고 간다고 약속했다. 삼촌이 이 약속을 지킨다면, 우리는 어린이대공원에 갈 것이다. 우리는 어린이대공원에 갔다. 따라서 삼촌이 이 약속을 지킨 것은 확실하다.
> (나) 내일 비가 오면, 우리는 박물관에 갈 것이다. 내일 날씨가 좋으면, 우리는 소풍을 갈 것이다. 내일 비가 오거나 날씨가 좋을 것이다. 따라서 우리는 박물관에 가거나 소풍을 갈 것이다.
> (다) 영희는 학생이다. 그녀는 철학도이거나 과학도임이 틀림없다. 그녀는 과학도가 아니라는 것이 밝혀졌다. 따라서 그녀는 철학도이다.
> (라) 그가 나를 싫어하지 않는다면, 나를 데리러 올 것이다. 그는 나를 싫어한다. 따라서 그는 나를 데리러 오지 않을 것이다.
> (마) 그가 유학을 간다면, 그는 군대에 갈 수 없다. 그가 군대에 갈 수 없다면, 결혼을 미루어야 한다. 그가 결혼을 미룬다면, 그녀와 헤어지게 될 것이다. 따라서 그녀와 헤어지지 않으려면, 그는 군대에 가서는 안 된다.

① (가), (나) ② (가), (라) ③ (나), (다) ④ (다), (마)

핵심 포인트

난이도 ★★★☆☆

지문에 제시된 논증을 기호화하여 전제로부터 결론이 연결될 수 있는지를 파악한다.

오답 분석

지문에 제시된 논증을 기호화하여 정리하면 다음과 같다.

(가) 약속
   약속 → 대공원
   대공원
   ∴ 약속
   전제가 모두 참이라고 해도 결론이 반드시 참이 되지 않는다.

(나) 비 → 박물관
   좋음 → 소풍
   비 or 좋음
   ∴ 박물관 or 소풍
   전제가 모두 참일 때, 결론이 반드시 참이 된다.

(다) 철학도 or 과학도
   ~과학도
   ∴ 철학도
   전제가 모두 참일 때, 결론이 반드시 참이 된다.

(라) ~싫어 → 데리러
   싫어
   ∴ ~데리러
   전제가 모두 참이라고 해도 결론이 반드시 참이 되지 않는다.

(마) 유학 → ~군대
   ~군대 → ~결혼
   ~결혼 → 헤어짐
   ∴ ~헤어짐 → ~군대
   전제가 모두 참이라고 해도 결론이 반드시 참이 되지 않는다.

정답 ③

03 다음 글의 ㉠~㉤ 사이의 관계를 바르게 기술한 것은?

2014년 민간경력자 채용 10번 변형

> ㉠ 지구에서 유전자가 자연발생할 확률은 $1/10^{100}$보다 작지만, 지구 외부 우주에서 유전자가 자연발생할 확률은 $1/10^{50}$보다 크다. 유전자가 자연발생하지 않았다면 생명체도 자연발생할 수 없다. 그런데 생명체가 자연발생하였다는 것이 밝혀졌다. 따라서 ㉡ 유전자는 자연발생했다. ㉢ 지구에서 유전자가 자연발생할 확률이 지구 외부 우주에서 유전자가 자연발생할 확률보다 작으며 유전자가 자연발생하였다면, 유전자가 우주에서 지구로 유입되었을 가능성이 크다. 이를 볼 때, ㉣ 유전자는 우주에서 지구로 유입되었을 가능성이 크다고 판단할 수 있다. 왜냐하면 ㉤ 지구에서 유전자가 자연발생할 확률은 지구 외부 우주에서 유전자가 자연발생할 확률보다 훨씬 작다는 것이 참이기 때문이다.

① ㉡이 참이면, ㉤은 반드시 참이다.
② ㉠, ㉡이 모두 참이면, ㉢은 반드시 참이다.
③ ㉡, ㉣이 모두 참이면, ㉤은 반드시 참이다.
④ ㉠, ㉡, ㉢이 모두 참이면, ㉣은 반드시 참이다.

핵심 포인트

난이도 ★★★★★

지문에 밑줄 친 문장들 중 일부가 참일 경우 다른 문장이 반드시 참이 되는지 판단하기 위해 밑줄 친 문장들의 논리 구조에 주목한다.

오답 분석

① (×) 유전자는 자연발생했다는 것이 참이라고 해서, 지구에서 유전자가 자연발생할 확률은 지구 외부 우주에서 유전자가 자연발생할 확률보다 훨씬 작다는 것이 반드시 참이 되지는 않는다. 따라서 ㉡이 참이면, ㉤은 반드시 참이라는 것은 옳지 않다.
② (×) 지구에서 유전자가 자연발생할 확률은 $1/10^{100}$보다 작지만, 지구 외부 우주에서 유전자가 자연발생할 확률은 $1/10^{50}$보다 크다는 것과 유전자는 자연발생했다는 것이 모두 참이면, ㉢의 전건만이 참이 된다. 따라서 ㉠, ㉡이 모두 참이면, ㉢은 반드시 참이라는 것은 옳지 않다.
③ (×) 유전자는 자연발생했다는 것과 유전자는 우주에서 지구로 유입되었을 가능성이 크다는 것이 모두 참이라고 해도 지구에서 유전자가 자연발생할 확률은 지구 외부 우주에서 유전자가 자연발생할 확률보다 훨씬 작다는 것이 반드시 참이 되지는 않는다. 따라서 ㉡, ㉣이 모두 참이면, ㉤은 반드시 참이라는 것은 옳지 않다.
④ (○) ㉠, ㉡이 참이면 ㉢의 전건이 참이고, ㉢이 참이면 ㉢의 후건도 참이 되므로 '유전자가 우주에서 지구로 유입되었을 가능성이 크다.'가 참이다. 이는 ㉣의 내용과 동일하다. 따라서 ㉠, ㉡, ㉢이 모두 참이면, ㉣은 반드시 참이 된다는 것을 알 수 있다.

정답 ④

04 다음 논증에 대한 평가로 적절한 것은?

2015년 민간경력자 채용 18번 변형

> ○ 전제1: 절대빈곤은 모두 나쁘다.
> ○ 전제2: 비슷하게 중요한 다른 일을 소홀히 하지 않고도 우리가 막을 수 있는 절대빈곤이 존재한다.
> ○ 전제3: 우리가 비슷하게 중요한 다른 일을 소홀히 하지 않고도 나쁜 일을 막을 수 있다면, 우리는 그 일을 막아야 한다.
> ○ 결론: 우리가 막아야 하는 절대빈곤이 존재한다.

① 모든 전제가 참이라고 할지라도 결론은 참이 아닐 수 있다.
② 전제1을 논증에서 뺀다고 하더라도, 전제2와 전제3만으로 결론이 도출될 수 있다.
③ 비슷하게 중요한 다른 일을 소홀히 해도 막을 수 없는 절대빈곤이 있다면, 결론은 도출되지 않는다.
④ 비슷하게 중요한 다른 일을 소홀히 하지 않고도 막을 수 있는 나쁜 일이 존재한다는 것을 전제로 추가하지 않아도, 주어진 전제만으로 결론은 도출될 수 있다.

핵심 포인트 난이도 ★★★★☆

지문에 제시된 논증의 논리적 구조를 파악하여 타당한 논증인지 여부를 판단한다.

오답 분석

주어진 논증을 간단히 정리하면 다음과 같다.

- 전제1: 절대빈곤 → 나쁜 일
- 전제2: ~소홀히 & 막을 수 있는 절대빈곤 존재
- 전제3: (~소홀히 & 막을 수 있는 나쁜 일 존재) → 막아야
- 결론: 막아야 하는 절대빈곤 존재

① (×) 이 논증은 전제1, 2, 3이 참이면 결론 역시 참이 되는 구조의 타당한 연역논증이다.
② (×) 모든 전제가 참일 때 결론이 반드시 참이 되는 구조이므로, 전제1을 논증에서 빼면 전제2와 전제3만으로는 결론이 도출될 수 없다.
③ (×) 논증에서는 비슷하게 중요한 다른 일을 소홀히 하지 않고도 막을 수 있는 절대빈곤이 존재함을 전제로 하므로, 비슷하게 중요한 다른 일을 소홀히 해도 막을 수 없는 절대빈곤이 있다고 해서 결론이 도출되지 않는다고 볼 수 없다.
④ (○) 이 논증은 전제1, 2, 3이 참이면 결론 역시 참이 되는 구조의 타당한 연역논증이다. 따라서 다른 전제를 추가하지 않아도 주어진 전제만으로 결론은 타당하게 도출될 수 있다.

정답 ④

05 다음 논증에 대한 평가로 적절한 것만을 <보기>에서 모두 고르면?

2016년 민간경력자 채용 10번 변형

> 합리적 판단과 윤리적 판단의 관계는 무엇일까? 나는 합리적 판단만이 윤리적 판단이라고 생각한다. 즉, 어떤 판단이 합리적인 것이 아닐 경우 그 판단은 윤리적인 것도 아니라는 것이다. 그 이유는 다음과 같다. 일단 ㉠ 보편적으로 수용될 수 있는 판단만이 윤리적 판단이다. 즉 개인이나 사회의 특성에 따라 수용 여부에서 차이가 나는 판단은 윤리적 판단이 아니라는 것이다. 그리고 ㉡ 모든 이성적 판단은 보편적으로 수용될 수 있는 판단이다. 예를 들어, "모든 사람은 죽는다."와 "소크라테스는 사람이다."라는 전제들로부터 "소크라테스는 죽는다."라는 결론으로 나아가는 이성적인 판단은 보편적으로 수용될 수 있는 것이다. 이러한 판단이 나에게는 타당하면서, 너에게 타당하지 않을 수는 없다. 이것은 이성적 판단이 갖는 일반적 특징이다. 따라서 ㉢ 보편적으로 수용될 수 있는 판단만이 합리적 판단이다. ㉣ 모든 합리적 판단은 이성적 판단이다라는 것은 부정할 수 없기 때문이다. 결국 우리는 ㉤ 합리적 판단만이 윤리적 판단이다라는 결론에 도달할 수 있다.

보기
ㄱ. ㉠은 받아들일 수 없는 것이다. '1 + 1 = 2'와 같은 수학적 판단은 보편적으로 수용될 수 있는 것이지만, 수학적 판단이 윤리적 판단은 아니기 때문이다.
ㄴ. ㉡과 ㉣이 참일 경우 ㉢은 반드시 참이 된다.
ㄷ. ㉠과 ㉢이 참이라고 할지라도 ㉤이 반드시 참이 되는 것은 아니다.

① ㄴ ② ㄱ, ㄷ ③ ㄴ, ㄷ ④ ㄱ, ㄴ, ㄷ

난이도 ★★★★★

핵심 포인트
지문에 밑줄 친 문장을 기호화하여 연결고리를 파악하고, 각 문장이 참일 경우 다른 문장이 참으로 도출될 수 있는지 판단한다.

오답 분석
밑줄 친 문장을 기호화하여 정리하면 다음과 같다.
㉠ 윤리 → 보편
㉡ 이성 → 보편
㉢ 합리 → 보편
㉣ 합리 → 이성
㉤ 윤리 → 합리

ㄱ. (×) '1 + 1 = 2'와 같은 수학적 판단은 보편적으로 수용될 수 있는 것이지만 수학적 판단이 윤리적 판단은 아니라는 것은 보편적으로 수용될 수 있는 판단이라고 해서 윤리적 판단이라고 볼 수 없다는 것이다. 이는 '보편 → 윤리'에 대한 비판이 될 수 있을 뿐, ㉠ '윤리 → 보편'의 비판이 되지 않는다. 따라서 ㉠을 받아들일 수 없다는 이유가 될 수 없다.
ㄴ. (○) ㉡과 ㉣이 참이면, ㉣과 ㉡을 연결하여 '합리 → 이성 → 보편'이 되므로 ㉢ '합리 → 보편'이 참이 된다. 따라서 ㉡과 ㉣이 참일 경우 ㉢은 반드시 참이 된다는 것은 옳다.
ㄷ. (○) ㉠과 ㉢이 참이라고 해도 ㉠과 ㉢은 연결되지 않으므로 ㉤ '윤리 → 합리'가 반드시 참이라고 볼 수 없다. 따라서 ㉠과 ㉢이 참이라고 할지라도 ㉤이 반드시 참이 되는 것은 아니라는 것은 옳다.

정답 ③

06 다음 글에 대한 분석으로 적절한 것만을 <보기>에서 모두 고르면?

2021년 국가직 7급 12번 변형

논증
(1) 전통적 인식론은 적어도 다음의 두 가지 목표를 가진다. 첫째, 세계에 관한 믿음을 정당화하는 것이고, 둘째, 세계에 관한 믿음을 나타내는 문장을 감각 경험을 나타내는 문장으로 번역하는 것이다.
(2) 전통적 인식론은 첫째 목표도 달성할 수 없고 둘째 목표도 달성할 수 없다.
(3) 만약 전통적 인식론이 이 두 가지 목표 중 어느 하나라도 달성할 수가 없다면, 전통적 인식론은 폐기되어야 한다.
(4) 전통적 인식론은 폐기되어야 한다.
(5) 만약 전통적 인식론이 폐기되어야 한다면, 인식론자는 전통적 인식론 대신 심리학을 연구해야 한다.
(6) 인식론자는 전통적 인식론 대신 심리학을 연구해야 한다.

보기
ㄱ. 전통적 인식론의 목표에 (1)의 '두 가지 목표' 외에 "세계에 관한 믿음이 형성되는 과정을 규명하는 것"이 추가된다면, 위 논증에서 (6)은 도출되지 않는다.
ㄴ. (2)를 "전통적 인식론은 첫째 목표를 달성할 수 없거나 둘째 목표를 달성할 수 없다."로 바꾸어도 위 논증에서 (6)이 도출된다.
ㄷ. (4)는 논증 안의 어떤 진술들로부터 나오는 결론일 뿐만 아니라 논증 안의 다른 진술의 전제이기도 하다.

① ㄱ　　② ㄷ　　③ ㄱ, ㄴ　　④ ㄴ, ㄷ

핵심 포인트   난이도 ★★★★☆

<보기>를 보면 지문에 제시된 <논증>의 전제를 추가하거나 바꾸었을 때 결론이 도출될 수 있는지를 묻는 문제이므로 논증의 타당성을 판단하는 것에 초점을 둔다.

오답 분석

지문의 <논증>을 간단히 기호화하면 다음과 같다.
(1) 첫째 or 둘째
(2) ~첫째 & ~둘째
(3) ~첫째 & ~둘째 → ~인식론
(4) ~인식론
(5) ~인식론 → 심리학
(6) 심리학

ㄱ. (×) 지문의 논증은 전통적 인식론의 목표 중 (1)의 '두 가지 목표'를 달성할 수 없을 때를 전제로 결론인 (6)을 도출하고 있다. 따라서 전통적 인식론의 목표에 (1)의 '두 가지 목표' 외에 "세계에 관한 믿음이 형성되는 과정을 규명하는 것"이 추가되어도 논증에 영향을 미치지 못하므로 위 논증에서 (6)은 도출된다.

ㄴ. (○) 원래의 (2)인 "전통적 인식론은 첫째 목표도 달성할 수 없고 둘째 목표도 달성할 수 없다."는 '~첫째 & ~둘째'로 기호화되고, 바뀐 (2)인 "전통적 인식론은 첫째 목표를 달성할 수 없거나 둘째 목표를 달성할 수 없다."는 '~첫째 or ~둘째'로 기호화 되므로, 원래의 (2)가 참일 때 바뀐 (2)도 참이 된다. 따라서 (2)를 "전통적 인식론은 첫째 목표를 달성할 수 없거나 둘째 목표를 달성할 수 없다."로 바꾸어도 위 논증에서 (6)은 도출된다.

ㄷ. (○) (4)는 (2)와 (3)을 전제로 할 때 도출되는 결론이고, (5)와 함께 (6)을 도출하는 전제이기도 하다. 따라서 (4)는 논증 안의 어떤 진술들로부터 나오는 결론일 뿐만 아니라 논증 안의 다른 진술의 전제이기도 하다.

정답 ④

07 다음에서 전제가 참일 때 결론이 반드시 참이 되지 않는 논증을 모두 고르면?

2006년 견습 29번

ㄱ. 사형 제도 때문에 살인범이 없어질 경우에만 그 제도는 정당화될 수 있을 거야. 사형 제도가 있는데도 살인범이 없어지지는 않는 것을 보니 사형 제도는 정당화될 수 없어.
ㄴ. 간편하게 들고 다니지 못하는 것은 어떤 것도 유용하지 않아. 그런데 100킬로그램이 넘는 것은 어떤 것도 간편하게 들고 다닐 수가 없거든. 그러므로 유용한 것은 모두 100킬로그램 이하의 것이지.
ㄷ. 담배를 피우지 않는 사람은 모두 완전한 건강 상태를 유지하고 있어. 그런데 몇몇 운동선수는 건강 상태가 완전해. 그렇다면 운동선수 중에는 담배를 피우지 않는 사람이 있어.
ㄹ. 민수의 증언이 사실이라면 철수의 증언도 사실이야. 민수가 한 증언이 사실이라면 영희가 한 증언도 사실이고, 철수가 한 증언이 사실이라면 영희가 한 증언도 사실이기 때문이지.

① ㄱ, ㄴ   ② ㄱ, ㄷ   ③ ㄴ, ㄹ   ④ ㄷ, ㄹ

난이도 ★★★★☆

핵심 포인트
지문에 제시된 논증을 기호화하여 전제로부터 결론이 연결될 수 있는지를 파악한다.

오답 분석
지문에 제시된 논증을 기호화하여 정리하면 다음과 같다.
ㄱ. 전제1: 정당화 → ~살인범
　　전제2: 살인범
　　결론: ~정당화
　　전제가 참일 때, '살인범 → ~정당화'이므로 결론도 반드시 참이다.
ㄴ. 전제1: ~간편 → ~유용
　　전제2: 100↑ → ~간편
　　결론: 유용 → ~100↑
　　전제가 참일 때, '유용 → 간편 → ~100↑'이므로 결론도 반드시 참이다.
ㄷ. 전제1: ~담배 → 건강
　　전제2: 운동선수 & 건강
　　결론: 운동선수 & ~담배
　　전제가 참이라 해도, '운동선수 & ~담배'가 반드시 참이라 할 수 없다.
ㄹ. 전제: 민수 → 영희
　　　　철수 → 영희
　　결론: 민수 → 철수
　　전제가 참이라 해도 '민수 → 철수'는 도출되지 않으므로 결론은 반드시 참이라 할 수 없다.

정답 ④

08 다음 논증 중 전제에서 결론이 도출되지 않는 것은?

2005년 5급 공채 40번 변형

① 영호는 주식 투자에서 이득을 보았는데, 주식 투자에서는 손해를 보는 사람이 있어야 이득을 보는 사람도 있다. 따라서 누군가는 주식 투자에서 손해를 보았다.

② 오직 고온에서 저온으로 열의 이동이 발생할 때에만 열에서 동력을 얻을 수 있다. 따라서 열에서 동력을 얻을 수 있었다면 고온에서 저온으로 열의 이동이 발생한 것이다.

③ 마이클 조던이 최고의 농구 선수라면 공중에 3초 이상 떠 있을 수 있어야 한다. 하지만 마이클 조던은 2.5초밖에 공중에 떠 있지 못한다. 그러므로 마이클 조던을 최고의 농구 선수라고 할 수 없다.

④ 도덕적 판단이 객관성을 지닌다면 도덕적 판단은 경험적 근거를 가지며 유전적 요인과는 무관할 것이다. 사람들이 히틀러의 유태인 학살 행위를 잘못이라고 판단하는 것으로 볼 때, 도덕적 판단은 경험적 근거를 가진다. 따라서 도덕적 판단이 유전적 요인과 무관하다면 도덕적 판단은 객관성을 지닌다.

핵심 포인트

난이도 ★★★★☆

전제에서 결론이 도출되지 않는 논증을 고르는 문제이므로 전제와 결론을 기호화하여 전제에서 결론으로 이어지는 여부를 판단한다.

오답 분석

각 논증을 기호화하여 타당성 여부를 판단하면 다음과 같다.

① 이득
  이득 → 손해
  ∴ 손해
  ⇒ '전건 긍정법'에 따라 타당한 논증이다.

② 동력 → 열의 이동
  ∴ 동력 → 열의 이동
  ⇒ '전건 긍정법'에 따라 타당한 논증이다.

③ 최고의 농구 선수 → 공중에 3초 이상
  ~공중에 3초 이상
  ∴ ~최고의 농구 선수
  ⇒ '후건 부정법'에 따라 타당한 논증이다.

④ 객관성 → 경험적 근거 & ~유전적 요인
  경험적 근거
  ∴ ~유전적 요인 → 객관성
  ⇒ '경험적 근거 & ~유전적 요인 → 객관성'이라고 판단하는 것은 '후건 긍정의 오류'에 해당하므로 전제로부터 결론이 타당하게 도출된다고 볼 수 없다.

정답 ④

공무원 시험 전문 해커스공무원

gosi.Hackers.com

대표유형 06 논리 퀴즈

유형 정복 필승전략

유형 소개
지문에 논리 명제를 제시하고, 그 명제의 참과 거짓 여부, 혹은 명제의 연결에 의해 어떠한 정보가 반드시 참인지 거짓인지를 판단하는 유형이다.

유형 특징
① '모든 A는 B이다.', '어떤 A는 B이다.', 'A라면 B이다.'와 같은 형식을 갖춘 논리 명제가 3~6개 정도 제시된다.
② 지문에 제시된 논리 명제를 조건에 따라 참 또는 거짓이라고 가정하고, 그 조건 하에서 선택지에 제시된 명제의 진위 여부를 판단한다.

풀이 전략
① 지문에 제시된 논리 명제를 간단히 기호화한다.
② 선택지나 <보기>의 문장도 지문과 동일한 방식으로 기호화한다.
③ 지문에서 기호화한 명제를 연결하여 선택지에 제시된 논리 명제가 참으로 도출될 수 있는지 판단한다.

01 다음 진술이 모두 참일 때 반드시 참인 것은?

2025년 국가직 9급 17번

> ○ 갑이 제주도 출장을 가면, 을은 제주도 출장을 가지 않는다.
> ○ 을이 제주도 출장을 가지 않으면, 병은 휴가를 내지 않는다.
> ○ 병이 휴가를 낸다.

① 갑이 제주도 출장을 가지 않는다.
② 을이 제주도 출장을 가지 않는다.
③ 갑이 제주도 출장을 가고 병은 휴가를 낸다.
④ 을이 제주도 출장을 가고 병은 휴가를 내지 않는다.

난이도 ★★☆☆☆

핵심 포인트

지문에 제시된 조건 명제를 기호화하여 연결고리를 파악하고, 선택지에 제시된 정보의 참 거짓 여부를 판단한다.

오답 분석

지문에 제시된 조건을 정리하면 다음과 같다.
- 명제1: 갑 출장 → ~을 출장
- 명제2: ~을 출장 → ~병 휴가
- 명제3: 병 휴가

① (○) 명제3이 확정적인 정보이므로 이로부터 명제2와 명제1을 연결하면 '병 휴가 → 을 출장 → ~갑 출장'이 도출된다. 따라서 반드시 참인 것은 '갑이 제주도 출장을 가지 않는다.'이다.
② (×) '을이 제주도 출장을 가지 않는다.'는 거짓이다.
③ (×) 갑은 제주도 출장을 가지 않으므로 '갑이 제주도 출장을 가고 병은 휴가를 낸다.'는 거짓이다.
④ (×) 병은 휴가를 내므로 '을이 제주도 출장을 가고 병은 휴가를 내지 않는다.'는 거짓이다.

정답 ①

02 다음 진술이 모두 참일 때 반드시 참인 것은?

2025년 지방직 9급 9번

> ○ 영희가 친구 혹은 선생님을 만났다면, 영희는 커피를 마셨다.
> ○ 영희는 친구 혹은 선배를 만났다.
> ○ 영희는 커피를 마신 적이 없다.

① 영희는 선배를 만났다.
② 영희는 친구를 만났다.
③ 영희는 선생님을 만났다.
④ 영희는 선배와 선생님을 모두 만났다.

핵심 포인트 난이도 ★★☆☆☆

지문에 제시된 조건 명제를 기호화하여 연결고리를 파악하고, 선택지에 제시된 정보의 참 거짓 여부를 판단한다.

오답 분석

지문에 제시된 조건을 정리하면 다음과 같다.
- 명제1: 친구 or 선생님 → 커피
- 명제2: 친구 or 선배
- 명제3: ~커피

① (○) 명제3이 확정적인 정보이므로 이로부터 명제1을 '~커피 → ~친구 & ~선생님'이 도출된다. 이를 명제2와 연결하면 '선배'가 도출된다. 따라서 반드시 참인 것은 '영희는 선배를 만났다.'이다.
② (×) '영희는 친구를 만났다.'는 거짓이다.
③ (×) '영희는 선생님을 만났다.'는 거짓이다.
④ (×) 영희는 선배는 만났지만 선생님은 만나지 않았으므로 '영희는 선배와 선생님을 모두 만났다.'는 거짓이다.

정답 ①

03
사무관 A, B, C, D, E는 다음 조건에 따라 회의에 참석할 예정이다. 반드시 참이라고는 할 수 없는 것은?

2012년 민간경력자 채용 18번 변형

> ○ A가 회의에 참석하면, B도 참석한다.
> ○ A가 참석하면 E도 참석하고, C가 참석하면 E도 참석한다.
> ○ D가 참석하면, B도 참석한다.
> ○ C가 참석하지 않으면, B도 참석하지 않는다.

① A가 참석하면, C도 참석한다.
② A가 참석하면, D도 참석한다.
③ C가 참석하지 않으면, D도 참석하지 않는다.
④ E가 참석하지 않으면, B도 참석하지 않는다.

난이도 ★★★☆☆

핵심 포인트

지문에 제시된 조건 명제를 기호화하여 연결고리를 파악하고, 선택지에 제시된 정보의 참 거짓 여부를 판단한다.

오답 분석

지문에 제시된 조건을 기호화하면 다음과 같다.
- 명제1: A → B
- 명제2: A → E
       C → E
- 명제3: D → B
- 명제4: ~C → ~B

① (○) 명제1과 명제4에 의해 A가 참석하면 C도 참석한다는 것은 반드시 참이다.
② (×) A가 참석하면 D도 참석한다는 것은 반드시 참이라고 할 수 없다.
③ (○) 명제3과 명제4에 의해 C가 참석하지 않으면 D도 참석하지 않는다는 것은 반드시 참이다.
④ (○) 명제2와 명제4에 의해 E가 참석하지 않으면 B도 참석하지 않는다는 것은 반드시 참이다.

정답 ②

04 다음을 참이라고 가정할 때, 반드시 참인 것만을 <보기>에서 모두 고르면?

2014년 민간경력자 채용 8번 변형

○ A, B, C, D 중 한 명의 근무지는 서울이다.
○ A, B, C, D는 각기 다른 한 도시에서 근무한다.
○ 갑, 을, 병 각각의 두 진술 중 하나는 참이고 다른 하나는 거짓이다.
○ 갑은 "A의 근무지는 광주이다."와 "D의 근무지는 서울이다."라고 진술했다.
○ 을은 "B의 근무지는 광주이다."와 "C의 근무지는 세종이다."라고 진술했다.
○ 병은 "C의 근무지는 광주이다."와 "D의 근무지는 부산이다."라고 진술했다.

보기
ㄱ. A의 근무지는 광주이다.
ㄴ. B의 근무지는 서울이다.
ㄷ. C의 근무지는 세종이다.

① ㄱ   ② ㄱ, ㄴ   ③ ㄴ, ㄷ   ④ ㄱ, ㄴ, ㄷ

핵심 포인트   난이도 ★★★★☆

갑~병의 각각의 두 진술 중 하나는 참이고 하나는 거짓이라는 조건이 제시되어 있으므로 갑~병의 진술을 참일 때와 거짓일 때를 기준으로 경우의 수를 나눈다.

오답 분석

갑을 기준으로 경우의 수를 나누면 다음과 같다.
1) 갑의 처음 진술이 참인 경우: 을의 첫 번째 진술이 거짓이 되고 두 번째 진술은 참이 된다. 따라서 병의 첫 번째 진술은 거짓이 되고 두 번째 진술은 참이 된다. 이에 따라 A, B, C, D의 근무지는 다음과 같이 확정된다.

A	B	C	D
광주	서울	세종	부산

2) 갑의 두 번째 진술이 참인 경우: 병의 두 번째 진술이 거짓이 되고 첫 번째 진술이 참이 된다. 따라서 을의 두 번째 진술이 거짓이 되고 첫 번째 진술이 참이 되어야 하는데, 병의 첫 번째 진술이 참이므로 을의 첫 번째 진술은 참이 될 수 없다. 따라서 이 경우의 수는 타당하지 않다.

ㄱ. (O) A의 근무지는 광주이다.
ㄴ. (O) B의 근무지는 서울이다.
ㄷ. (O) C의 근무지는 세종이다.

정답 ④

05 다음 글의 내용이 참일 때, A부처의 공무원으로 채용될 수 있는 지원자들의 최대 인원은?

2015년 민간경력자 채용 8번 변형

> 금년도 공무원 채용 시 A부처에서 요구되는 자질은 자유민주주의 가치확립, 건전한 국가관, 헌법가치 인식, 나라 사랑이다. A부처는 이 네 가지 자질 중 적어도 세 가지 자질을 지닌 사람을 채용할 것이다. 지원자는 갑, 을, 병, 정이다. 이 네 사람이 지닌 자질을 평가했고 다음과 같은 정보가 주어졌다.
>
> ○ 갑이 지닌 자질과 정이 지닌 자질 중 적어도 두 개는 일치한다.
> ○ 헌법가치 인식은 병만 가진 자질이다.
> ○ 만약 지원자가 건전한 국가관의 자질을 지녔다면, 그는 헌법가치 인식의 자질도 지닌다.
> ○ 건전한 국가관의 자질을 지닌 지원자는 한 명이다.
> ○ 갑, 병, 정은 자유민주주의 가치확립이라는 자질을 지니고 있다.

① 1명   ② 2명   ③ 3명   ④ 4명

난이도 ★★★★☆

핵심 포인트

지문에 제시된 정보를 조합하여 확정적인 정보를 도출해냄으로써 A부처 공무원으로 채용될 수 있는 지원자들의 최대 인원을 판단한다.

오답 분석

주어진 정보를 정리하면 다음과 같다.

	자유 민주주의	건전한 국가관	헌법가치 인식	나라 사랑
갑	○	×	×	○
을		×	×	
병	○	○	○	
정	○	×	×	○

표의 빈칸은 주어진 조건으로 확정될 수 없는 부분이다. 지문에 따르면 A부처는 네 가지 자질 중 적어도 세 가지 자질을 지닌 사람을 채용할 것이므로 A부처의 공무원으로 채용될 수 있는 사람은 '병' 뿐이다. 따라서 A부처의 공무원으로 채용될 수 있는 지원자들의 최대 인원은 1명이다.

정답 ①

06 다음을 참이라고 가정할 때, 회의를 반드시 개최해야 하는 날의 수는?
2016년 민간경력자 채용 6번 변형

○ 회의는 다음 주에 개최한다.
○ 월요일에는 회의를 개최하지 않는다.
○ 화요일과 목요일에 회의를 개최하거나 월요일에 회의를 개최한다.
○ 금요일에 회의를 개최하지 않으면, 화요일에도 회의를 개최하지 않고 수요일에도 개최하지 않는다.

① 1　　　　② 2　　　　③ 3　　　　④ 4

핵심 포인트　　　　　　　　　　　　　　　　　　　　　　난이도 ★★★☆☆

지문에 제시된 명제를 기호화하여 연결고리를 파악하고, 회의를 반드시 개최해야 하는 날의 수를 구한다.

오답 분석

주어진 명제를 기호화하면 다음과 같다.
- 명제1: 다음 주
- 명제2: ~월
- 명제3: (화 & 목) or 월
- 명제4: ~금 → (~화 & ~수)

명제2에 의해 월요일에 회의를 개최하지 않는 것이 확정된다. 따라서 명제3에 의해 화요일과 목요일에는 회의를 개최해야 한다. 화요일에 회의를 개최하는 것이 확정되었으므로 명제4에서 금요일에도 회의가 개최되는 것이 확정된다. 결국 회의를 반드시 개최하는 날의 수는 화요일, 목요일, 금요일 총 3일이다.

정답 ③

07 다음 세 진술이 모두 거짓일 때, 유물 A~D 중에서 전시되는 유물의 총 개수는? 2017년 민간경력자 채용 24번 변형

○ A와 B 가운데 어느 하나만 전시되거나, 둘 중 어느 것도 전시되지 않는다.
○ B와 C 중 적어도 하나가 전시되면, D도 전시된다.
○ C와 D 어느 것도 전시되지 않는다.

① 1개 ② 2개 ③ 3개 ④ 4개

난이도 ★★★★☆

핵심 포인트

지문에 제시된 명제를 기호화하여 연결고리를 파악하고, 모든 명제를 거짓이라고 가정하고 있는 것에 주목한다.

오답 분석

주어진 명제를 기호화하면 다음과 같다.
- 명제1: (A → ~B) or (~A & ~B)
- 명제2: (B or C) → D
- 명제3: ~C & ~D

명제1이 거짓이므로 A와 B는 모두 전시되고, 명제2가 거짓이므로 D는 전시되지 않는 것이 확정된다. 명제3이 거짓이므로 C는 반드시 전시된다. 따라서 A~D 중 전시되는 유물의 총 개수는 A, B, C 3개이다.

정답 ③

08 다음 글의 내용이 참일 때, 반드시 참인 것만을 <보기>에서 모두 고르면? 2017년 민간경력자 채용 6번 변형

> 교수 갑 ~ 정 중에서 적어도 한 명을 국가공무원 5급 및 7급 민간경력자 일괄채용 면접위원으로 위촉한다. 위촉 조건은 아래와 같다.
>
> ○ 갑과 을 모두 위촉되면, 병도 위촉된다.
> ○ 병이 위촉되면, 정도 위촉된다.
> ○ 정은 위촉되지 않는다.

> 보기
> ㄱ. 갑과 병 모두 위촉된다.
> ㄴ. 정과 을 누구도 위촉되지 않는다.
> ㄷ. 갑이 위촉되지 않으면, 을이 위촉된다.

① ㄱ   ② ㄷ   ③ ㄱ, ㄴ   ④ ㄴ, ㄷ

핵심 포인트 난이도 ★★★☆☆

지문에 제시된 조건 명제를 기호화하여 연결고리를 파악하고, 정보들을 조합하여 면접위원으로 위촉되는 사람을 판단할 수 있는 확정적인 정보를 도출한다.

오답 분석

지문에 제시된 문장을 기호화하면 다음과 같다.
- 명제1: 갑 & 을 → 병
- 명제2: 병 → 정
- 명제3: ~정

명제3에서 정이 위촉되지 않는 것이 확정된다. 명제2에 의해 정이 위촉되지 않으면 병도 위촉되지 않는 것이 확정된다. 명제1에 의해 병이 위촉되지 않으면 갑이 위촉되지 않거나 을이 위촉되지 않아야 한다.

ㄱ. (×) 병은 위촉되지 않으므로 갑과 병 모두 위촉된다는 것은 참이 아니다.
ㄴ. (×) 을이 위촉되지 않는지는 알 수 없으므로 정과 을 누구도 위촉되지 않는다는 것은 참이 아니다.
ㄷ. (○) 갑~정 중 적어도 한 명은 위촉되어야 하고, 병과 정은 위촉되지 않으므로 갑이 위촉되지 않으면 을은 반드시 위촉되어야 한다.

정답 ②

09 다음 글의 내용이 참일 때, 반드시 참인 것은?

2020년 민간경력자 채용 20번 변형

> 도시발전계획의 하나로 관할 지역 안에 문화특화지역과 경제특화지역을 지정하여 활성화하는 정책을 추진하고 있는 A시와 관련하여 다음 사항이 알려졌다.
>
> ○ A시의 관할 지역은 동구와 서구로 나뉘어 있고 갑, 을, 병, 정은 이 시에 거주하는 주민이다.
> ○ A시는 문화특화지역과 경제특화지역을 곳곳에 지정하였으나, 두 지역이 서로 겹치는 경우는 없다.
> ○ 문화특화지역으로 지정된 곳에서는 모두 유물이 발견되었다.
> ○ 동구에서 경제특화지역으로 지정된 곳의 주민은 모두 부유하다.
> ○ 서구에 거주하는 주민은 모두 아파트에 산다.

① 갑이 유물이 발견된 지역에 거주한다면, 그는 부유하지 않다.
② 을이 부유하다면, 그는 경제특화지역에 거주하고 있다.
③ 병이 아파트에 살지는 않지만 경제특화지역에 거주한다면, 그는 부유하다.
④ 정이 아파트에 살지 않는다면, 그는 유물이 발견되지 않은 지역에 거주한다.

핵심 포인트   난이도 ★★★★☆

지문에 주어진 조건을 서로 연결하여 갑, 을, 병, 정과 관련된 확정적인 정보를 끌어내는 것이 핵심이다.

오답 분석

① (×) 갑이 유물이 발견된 지역에 거주한다면 서구에 사는 것이고, 서구에 산다고 부유하지 않다고 볼 수는 없다. 따라서 갑이 유물이 발견된 지역에 거주한다면, 그는 부유하지 않다는 것은 반드시 참이라고 할 수 없다.
② (×) 을이 동구의 경제특화지역에 거주하면 부유하다고 볼 수 있지만, 을이 부유하다면 경제특화지역에 거주하고 있는지는 알 수 없다. 따라서 을이 부유하다면, 그는 경제특화지역에 거주하고 있다는 것은 반드시 참이라고 할 수 없다.
③ (○) 병이 아파트에 살지는 않으면 동구에 사는 것이고, 동구의 경제특화지역에 거주한다면, 그는 부유하다. 따라서 병이 아파트에 살지는 않지만 경제특화지역에 거주한다면, 그는 부유하다는 것은 반드시 참이다.
④ (×) 정이 아파트에 살지 않는다면 동구에 사는 것이지만, 동구에 산다고 유물이 발견되지 않은 지역에 거주한다고 볼 수는 없다. 따라서 정이 아파트에 살지 않는다면, 그는 유물이 발견되지 않은 지역에 거주한다는 것은 반드시 참이라고 할 수 없다.

정답 ③

10 다음 글의 내용이 참일 때, 반드시 참인 것은?

2020년 7급 모의평가 15번 변형

> 갑돌과 정순은 매일 커피를 마시는 흡연자이다. 을순과 병돌은 매년 치석을 없앤다. 그리고 치아의 색깔에 관한 다음의 사실이 알려져 있다.
>
> ○ 치석을 매년 없애지 않고 매일 커피를 마시는 사람의 경우, 그의 이가 노랄 확률은 60% 이상이다.
> ○ 치석을 매년 없애지 않는 흡연자의 경우, 그의 이가 노랄 확률은 80% 이상이다.
> ○ 치석을 매년 없애지 않고 매일 커피를 마시는 흡연자의 경우, 그의 이가 노랄 확률은 90% 이상이다.
> ○ 치석을 매년 없애는 사람의 경우, 그의 이가 노랄 확률은 그의 커피 섭취 및 흡연 여부와 무관하게 20% 미만이다.

① 갑돌의 이가 노랄 확률은 80%이상이다.
② 을순의 이가 노랗지 않을 확률은 80% 미만이다.
③ 병돌이 흡연자라면, 그의 이가 노랄 확률은 20% 이상이다.
④ 정순이 치석을 매년 없애지 않는다면, 그의 이가 노랄 확률은 90% 이상이다.

난이도 ★★★★☆

핵심 포인트

지문에 제시된 문장이 모두 가언명제이므로 간단히 기호화한다. 기호화한 문장들을 연결하면 선택지의 정보에 대해 참, 거짓 여부를 판별할 수 있다.

오답 분석

제시된 명제를 기호화하면 다음과 같다.
- 명제1: 치석 & 커피 → 60% 이상
- 명제2: 치석 & 흡연자 → 80% 이상
- 명제3: 치석 & 커피 & 흡연자 → 90% 이상
- 명제4: ~치석 → 20% 미만

① (×) 갑돌은 매일 커피를 마시는 흡연자이지만, 이 정보만으로 갑돌의 이가 노랄 확률은 80% 이상인지는 알 수 없다.
② (×) 을순은 매년 치석을 없앤다. 따라서 명제4에 따르면 을순의 이가 노랗지 않을 확률은 80% 이상(= 노랄 확률은 20% 미만)이다.
③ (×) 병돌은 매년 치석을 없앤다. 따라서 명제4에 따르면 병돌이 흡연자라면, 그의 이가 노랄 확률은 20% 미만이다.
④ (○) 정순은 매일 커피를 마시는 흡연자이다. 따라서 명제3에 따르면 정순이 치석을 매년 없애지 않는다면, 그의 이가 노랄 확률은 90% 이상이라는 것은 반드시 참이다.

정답 ④

11 다음 글의 내용이 참일 때, 반드시 참인 것만을 <보기>에서 모두 고르면?

2020년 7급 모의평가 16번 변형

인접한 지방자치단체인 ○○군을 △△시에 통합하는 안건은 △△시의 5개 구인 A, B, C, D, E 중 3개 구 이상의 찬성으로 승인된다. 안건에 관한 입장은 찬성하거나 찬성하지 않거나 둘 중 하나이다. 각 구의 입장은 다음과 같다.

○ A가 찬성한다면 B와 C도 찬성한다.
○ C는 찬성하지 않는다.
○ D가 찬성한다면 A와 E 중 한 개 이상의 구는 찬성한다.

보기
ㄱ. B가 찬성하지 않는다면, 안건은 승인되지 않는다.
ㄴ. B가 찬성하는 경우 E도 찬성한다면, 안건은 승인된다.
ㄷ. E가 찬성하지 않는다면, D도 찬성하지 않는다.

① ㄱ ② ㄴ ③ ㄱ, ㄷ ④ ㄴ, ㄷ

난이도 ★★★☆☆

핵심 포인트
지문에 제시된 가언명제를 간단히 기호화하고 기호화한 문장들을 연결하여 <보기>에 제시된 문장의 참, 거짓 여부를 판별한다.

오답 분석
지문에 제시된 명제를 기호화하면 다음과 같다.
• 명제1: A → B & C
• 명제2: ~C
• 명제3: D → A or E

ㄱ. (O) 안건은 3개 구 이상의 찬성으로 승인되는데, 명제2와 명제1에 의해 C와 A는 찬성하지 않으므로 B가 찬성하지 않는다면 3개 구 이상 찬성할 수 없게 된다. 따라서 B가 찬성하지 않는다면 안건은 승인되지 않는다는 것은 반드시 참이다.
ㄴ. (×) 안건은 3개 구 이상의 찬성으로 승인되는데, B가 찬성하는 경우 E도 찬성한다고 해도 D가 찬성하는지는 알 수 없다. 따라서 B가 찬성하는 경우 E도 찬성한다면 안건은 승인된다는 것은 반드시 참이라고 할 수 없다.
ㄷ. (O) 명제2와 명제1에 의해 A는 찬성하지 않는다. 이때 E가 찬성하지 않는다면 명제3에 의해 D도 찬성하지 않으므로 E가 찬성하지 않는다면 D도 찬성하지 않는다는 것은 반드시 참이다.

정답 ③

12 다음 글의 내용이 참일 때, 반드시 참인 것만을 <보기>에서 모두 고르면?

2020년 7급 모의평가 17번 변형

일반행정 직렬 주무관으로 새로 채용된 갑진, 을현, 병천은 행정안전부, 고용노동부, 보건복지부에 한 명씩 배치되는 것으로 정해졌다. 가인, 나운, 다은, 라연은 배치 결과를 궁금해 하며 다음과 같이 예측했는데, 이 중 한 명의 예측만 틀렸음이 밝혀졌다.

○ 가인: 을현은 행정안전부에, 병천은 보건복지부에 배치될 거야.
○ 나운: 을현이 행정안전부에 배치되면, 갑진은 고용노동부에 배치될 거야.
○ 다은: 을현이 행정안전부에 배치되지 않으면, 병천이 행정안전부에 배치될 거야.
○ 라연: 갑진은 고용노동부에, 병천은 행정안전부에 배치될 거야.

보기
ㄱ. 갑진은 고용노동부에 배치된다.
ㄴ. 을현은 행정안전부에 배치된다.
ㄷ. 라연의 예측은 틀렸다.

① ㄱ   ② ㄱ, ㄷ   ③ ㄴ, ㄷ   ④ ㄱ, ㄴ, ㄷ

난이도 ★★★★★

핵심 포인트
지문에 제시된 명제를 간단히 기호화하고, 명제가 참인지 거짓인지 여부로 경우의 수를 나누어 판단한다.

오답 분석
지문에 제시된 명제를 기호화하면 다음과 같다.
- 가인: 을현-행정안전부 & 병천-보건복지부
- 나운: 을현-행정안전부 → 갑진-고용노동부
- 다은: ~을현-행정안전부 → 병천-행정안전부
- 라연: 갑진-고용노동부 & 병천-행정안전부

가인의 예측과 라연의 예측은 행정안전부에 배치되는 사람을 다르게 예측하고 있으므로 동시에 참일 수 없다. 따라서 가인과 라연 중 한 명의 예측이 틀린 것이 되고, 나운과 다은의 예측은 참인 것으로 확정된다.

1) 가인의 예측이 틀린 경우: 라연의 예측에 따라 갑진은 고용노동부에, 병천은 행정안전부에 배치되고, 을현은 나머지 보건복지부에 배치된다. 이때 모순되는 부분 없이 각자의 부서가 배치되므로 이 경우는 타당한 경우이다.
2) 라연의 예측이 틀린 경우: 가인의 예측에 따라 을현은 행정안전부에, 병천은 보건복지부에 배치되고, 갑진은 나머지 고용노동부에 배치된다. 이때 모순되는 부분 없이 각자의 부서가 배치되므로 이 경우 역시 타당한 경우이다.
ㄱ. (○) 두 경우 모두 갑진은 고용노동부에 배치되므로 반드시 참이다.
ㄴ. (×) 2)의 경우 을현은 행정안전부에 배치되지만, 1)의 경우는 보건복지부에 배치되므로 반드시 참이라고 볼 수 없다.
ㄷ. (×) 1)의 경우에는 라연의 예측이 옳았으므로 반드시 참이라고 볼 수 없다.

정답 ①

13 다음 글의 내용이 참일 때, 갑이 반드시 수강해야 할 과목은?

2022년 국가직 7급 17번 변형

> 갑은 A ~ E 과목에 대해 수강신청을 준비하고 있다. 갑이 수강하기 위해 충족해야 하는 조건은 다음과 같다.
>
> ○ A를 수강하면 B를 수강하지 않고, B를 수강하지 않으면 C를 수강하지 않는다.
> ○ D를 수강하지 않으면 C를 수강하고, A를 수강하지 않으면 E를 수강하지 않는다.
> ○ E를 수강하지 않으면 C를 수강하지 않는다.

① A　　　　② B　　　　③ C　　　　④ D

핵심 포인트　　　　　　　　　　　　　　　　　　　　　　　　　난이도 ★★★★☆

지문을 보면 가언명제가 조건으로 제시되어 있는 '명제 연결형 퀴즈'임을 알 수 있다. 따라서 주어진 명제를 기호화하여 연결고리를 파악하고 반드시 수강하게 되는 과목을 판단한다.

오답 분석

지문에 제시된 조건을 기호화하면 다음과 같다.
- 명제1: A → ~B
  　　　~B → ~C
- 명제2: ~D → C
  　　　~A → ~E
- 명제3: ~E → ~C

기호화한 명제를 연결하면 다음과 같다.

C → E → A → ~B → ~C → D

연결된 명제에서 'C'의 모순이 발생하므로 'C'는 수강할 수 없다. 따라서 '~C'가 확정되므로 반드시 수강해야 할 과목은 'D'이다.

정답 ④

14 다음 글의 내용이 참일 때 반드시 참인 것은?

2024년 국가직 7급 12번 변형

> A부서에서는 새로 시작된 프로젝트에 다섯 명의 주무관 가은, 나은, 다은, 라은, 마은의 참여 여부를 점검하고 있다. 주무관들의 업무 전문성을 고려할 때, 다음과 같은 예측을 할 수 있었고 그 예측들은 모두 옳은 것으로 밝혀졌다.
>
> ○ 가은이 프로젝트에 참여하면 나은과 다은도 프로젝트에 참여한다.
> ○ 나은이 프로젝트에 참여하지 않으면 라은이 프로젝트에 참여한다.
> ○ 가은이 프로젝트에 참여하거나 마은이 프로젝트에 참여한다.

① 가은이 프로젝트에 참여하지 않으면 나은이 프로젝트에 참여한다.
② 다은이 프로젝트에 참여하면 마은이 프로젝트에 참여한다.
③ 다은이 프로젝트에 참여하거나 마은이 프로젝트에 참여한다.
④ 라은이 프로젝트에 참여하면 마은이 프로젝트에 참여한다.

난이도 ★★★★★

핵심 포인트

지문에 제시된 가언명제를 간단히 기호화하고 기호화한 문장들을 연결하여 <보기>에 제시된 문장의 참, 거짓 여부를 판별한다.

오답 분석

지문에 제시된 명제를 기호화하면 다음과 같다.
- 명제1: 가은 → 나은 & 다은
- 명제2: ~나은 → 라은
- 명제3: 가은 or 마은

① (×) 명제1에 따르면 나은이 프로젝트에 참여하지 않으면 가은이 프로젝트에 참여하지 않는다. 따라서 가은이 프로젝트에 참여하지 않으면 나은이 프로젝트에 참여한다는 것은 반드시 참이 아니다.
② (×) 다은이 프로젝트에 참여하면 마은이 프로젝트에 참여하는지는 알 수 없다.
③ (○) 명제1에 따르면 다은이 프로젝트에 참여하지 않으면 가은은 프로젝트에 참여하지 않고, 명제3에 따르면 가은이 프로젝트에 참여하지 않으면 마은이 프로젝트에 참여한다. 따라서 다은이 프로젝트에 참여하거나 마은이 프로젝트에 참여한다는 것은 반드시 참이다.
④ (×) 라은이 프로젝트에 참여하면 마은이 프로젝트에 참여하는지는 알 수 없다.

정답 ③

15 다음 글의 내용이 참일 때 반드시 참인 것은?

2025년 국가직 7급 16번 변형

> △△부에서는 10월에 신설되는 ○○위원회에 파견할 인원을 선발하는 중이다. 박 주무관, 이 주무관, 선 주무관, 남 주무관, 오 주무관이 파견 대상 후보인데, 이와 관련하여 다음과 같은 사실이 알려졌다.
>
> ○ 박 주무관이 선발되면, 오 주무관도 선발된다.
> ○ 이 주무관이 선발되면, 남 주무관도 선발된다.
> ○ 선 주무관이 선발되면, 박 주무관도 선발된다.
> ○ 선 주무관이 선발되거나 이 주무관이 선발된다.

① 이 주무관과 선 주무관이 둘 다 선발된다.
② 박 주무관이 선발되거나 선 주무관이 선발된다.
③ 오 주무관이 선발되지 않으면 박 주무관은 선발된다.
④ 남 주무관과 오 주무관 중 적어도 한 사람은 선발된다.

난이도 ★★★★☆

핵심 포인트

지문에 제시된 가언명제를 간단히 기호화하고 기호화한 명제들을 연결하여 <보기>에 제시된 명제의 참, 거짓 여부를 판별한다.

오답 분석

지문에 제시된 명제를 기호화하면 다음과 같다.
- 명제1: 박 → 오
- 명제2: 이 → 남
- 명제3: 선 → 박
- 명제4: 선 or 이

① (×) 명제4에 따라 이 주무관과 선 주무관 중 적어도 한 명은 선발되지만, 이 주무관과 선 주무관이 둘 다 선발된다는 것은 반드시 참이라고 할 수 없다.
② (×) 명제3에 따라 선 주무관이 선발되면 박 주무관도 선발되지만, 박 주무관이 선발되거나 선 주무관이 선발된다는 것은 반드시 참이라고 할 수 없다.
③ (×) 명제1에 따라 오 주무관이 선발되지 않으면 박 주무관은 선발되지 않지만, 오 주무관이 선발되지 않으면 박 주무관은 선발된다는 것은 반드시 참이라고 할 수 없다.
④ (○) 명제4에 따르면, 선 주무관이 선발될 경우 명제3과 명제1에 따라 오 주무관이 선발되고, 이 주무관이 선발될 경우 명제2에 따라 남 주무관이 선발된다. 선 주무관이 선발되거나 이 주무관이 선발된다는 것은 참이므로, 남 주무관과 오 주무관 중 적어도 한 사람은 선발된다는 것은 반드시 참이다.

정답 ④

대표유형 07 독해형 논리

유형 정복 필승전략

유형 소개

독해 지문과 비슷한 형태의 글이 지문으로 주어지고, 이 글의 내용이 모두 참일 때 선택지나 <보기>에 주어진 정보가 반드시 참이 되는지 여부를 판단하는 유형이다.

유형 특징

① 1~2단락 정도 길이의 지문이 제시되어 독해 문제와 유사한 형태를 보이지만, 지문의 내용이 참임을 가정하므로 논리적인 접근이 필요하다.
② 지문의 내용이 참임을 가정한 상태에서 선택지나 <보기>의 정보가 반드시 참 또는 거짓인지를 판단하는 문제로 출제된다.

풀이 전략

① 줄글 형태의 지문에서 정언 명제나 가언 명제 등의 기호화가 필요한 논리 명제를 찾아 기호화한다.
② 선택지나 <보기>의 문장도 지문과 동일한 방식으로 기호화한다.
③ 지문에서 기호화한 문장을 연결하여 선택지나 <보기>를 기호화한 문장이 도출되는지 판별한다.

01
다음 글의 내용이 참일 때, 반드시 참인 것만을 <보기>에서 모두 고르면?

2015년 민간경력자 채용 16번 변형

지혜로운 사람은 정열을 갖지 않는다. 정열을 가진 사람은 고통을 피할 수 없다. 정열은 고통을 수반하기 때문이다. 그런데 사랑을 원하는 사람은 정열을 가진 사람이다. 정열을 가진 사람은 행복하지 않다. 지혜롭지 않은 사람은 사랑을 원하면서 동시에 고통을 피하고자 한다. 그러나 지혜로운 사람만이 고통을 피할 수 있다.

보기
ㄱ. 지혜로운 사람은 행복하다.
ㄴ. 사랑을 원하는 사람은 행복하지 않다.
ㄷ. 지혜로운 사람은 사랑을 원하지 않는다.

① ㄱ ② ㄱ, ㄷ ③ ㄴ, ㄷ ④ ㄱ, ㄴ, ㄷ

난이도 ★★★☆☆

핵심 포인트
지문에 제시된 문장을 정리하여 연결고리를 잡고, 이를 바탕으로 <보기>에 제시된 문장이 도출되는지 여부를 판단한다.

오답 분석
주어진 문장을 간단히 정리하면 다음과 같다.
1) 지혜 → ~정열
2) 정열 → 고통
3) 사랑 → 정열
4) 정열 → ~행복
5) ~지혜 → (사랑 & ~고통)
6) ~고통 → 지혜

ㄱ. (×) 지혜로운 사람은 행복하다는 것이 반드시 참인지는 알 수 없다.
ㄴ. (○) 3)과 4)를 연결하면, 사랑을 원하는 사람은 행복하지 않다는 것은 반드시 참이다.
ㄷ. (○) 1)과 3)을 연결하면, 지혜로운 사람은 사랑을 원하지 않는다는 것은 반드시 참이다.

정답 ③

02 다음 글의 내용이 참일 때, 반드시 참인 것은?

2016년 5급 공채 8번 변형

> 만일 A 정책이 효과적이라면, 부동산 수요가 조절되거나 공급이 조절된다. 만일 부동산 가격이 적정 수준에서 조절된다면, A 정책이 효과적이라고 할 수 있다. 그리고 만일 부동산 가격이 적정 수준에서 조절된다면, 물가 상승이 없다는 전제 하에서 서민들의 삶이 개선된다. 부동산 가격은 적정 수준에서 조절된다. 그러나 물가가 상승한다면, 부동산 수요가 조절되지 않고 서민들의 삶도 개선되지 않는다. 물론 물가가 상승한다는 것은 분명하다.

① 서민들의 삶이 개선된다.
② 부동산 공급이 조절된다.
③ A 정책이 효과적이라면, 물가가 상승하지 않는다.
④ A 정책이 효과적이라면, 부동산 수요가 조절된다.

핵심 포인트

난이도 ★★★★☆

지문에 제시된 문장을 기호화하고 확정적인 정보로부터 명제의 연결고리를 잡는다.

오답 분석

주어진 문장을 기호화하여 정리하면 다음과 같다.

- 명제1: A → (수요 or 공급)
- 명제2: 가격 → A
- 명제3: (가격 & ~물가) → 개선
- 명제4: 가격
- 명제5: 물가 → (~수요 & ~개선)
- 명제6: 물가

① (×) 명제5와 6에 따라 '~개선'이 참이므로 서민들의 삶이 개선된다는 것은 거짓이다.
② (○) 명제4에 따라 '가격'이 참으로 확정되므로 명제2에서 'A' 역시 참으로 확정된다. 또한 명제6에 따라 '물가'가 참으로 확정되므로 '~수요'와 '~개선' 역시 참으로 확정된다. 'A'가 참이고, '~수요'가 참이므로 명제1에서 '공급'이 참으로 확정된다. 따라서 부동산 공급이 조절된다는 것은 반드시 참이다.
③ (×) A 정책이 효과적인 것이 참이고, 물가가 상승하지 않는다는 것이 거짓이므로 A 정책이 효과적이라면, 물가가 상승하지 않는다는 것은 거짓이다.
④ (×) A 정책이 효과적인 것이 참이고, 부동산 수요가 조절된다는 것이 거짓이므로 A 정책이 효과적이라면, 부동산 수요가 조절된다는 것은 거짓이다.

정답 ②

03 다음 글의 내용이 참일 때, 반드시 참인 것만을 <보기>에서 모두 고르면?

2022년 국가직 7급 19번 변형

신입사원을 대상으로 민원, 홍보, 인사, 기획 업무에 대한 선호를 조사하였다. 조사 결과 민원 업무를 선호하는 신입사원은 모두 홍보 업무를 선호하였지만, 그 역은 성립하지 않았다. 모든 업무 중 인사 업무만을 선호하는 신입사원은 있었지만, 민원 업무와 인사 업무를 모두 선호하는 신입사원은 없었다. 그리고 넷 중 세 개 이상의 업무를 선호하는 신입사원도 없었다. 신입사원 갑이 선호하는 업무에는 기획 업무가 포함되어 있었으며, 신입사원 을이 선호하는 업무에는 민원 업무가 포함되어 있었다.

보기
ㄱ. 어떤 업무는 갑도 을도 선호하지 않는다.
ㄴ. 적어도 두 명 이상의 신입사원이 홍보 업무를 선호한다.
ㄷ. 조사 대상이 된 업무 중에, 어떤 신입사원도 선호하지 않는 업무는 없다.

① ㄱ   ② ㄷ   ③ ㄱ, ㄴ   ④ ㄴ, ㄷ

핵심 포인트   난이도 ★★★★★

지문이 줄글 형태로 제시된 '독해형 논리' 유형이므로 지문에서 기호화할 필요가 있는 문장을 골라 빠르게 기호화하여 선택지의 참과 거짓 여부를 판별한다.

오답 분석

지문에서 기호화가 필요한 문장을 정리하면 다음과 같다.
- 민원 → 홍보
- 인사만 선호
- ~민원 & ~인사
- ~세 개 이상 선호
- 갑: 기획
- 을: 민원

ㄱ. (×) 민원, 홍보, 인사, 기획 업무 중 갑은 기획 업무를 선호하고, 을은 민원 업무를 선호하므로 갑도 을도 선호하지 않을 수 있는 업무는 홍보나 인사이다. 첫 번째 명제에 따르면 을은 홍보 업무도 선호하므로 갑도 을도 선호하지 않는 어떤 업무는 인사가 될 수 있다. 그런데 세 번째 명제에 따라 을이 인사 업무를 선호하지 않는 것은 확인되지만, 갑이 인사 업무를 선호하지 않는지는 주어진 조건만으로는 알 수 없다. 따라서 어떤 업무는 갑도 을도 선호하지 않는다는 것이 반드시 참이라고 할 수 없다.

ㄴ. (○) 첫 번째 명제와 여섯 번째 명제에 따라 을은 홍보 업무를 선호한다. 또한 첫 번째 명제에서 '그 역은 성립하지 않는다'고 했으므로 민원 업무는 선호하지 않고 홍보 업무만 선호하는 사람이 적어도 한 명이 있다. 따라서 적어도 두 명 이상의 신입사원이 홍보 업무를 선호한다는 것은 반드시 참이다.

ㄷ. (○) 민원, 홍보, 인사, 기획 업무 중 갑은 기획 업무를 선호하고, 을은 민원 업무와 홍보 업무를 선호한다. 또한 두 번째 명제에 따라 인사 업무만 선호하는 사원이 있다. 따라서 조사 대상이 된 업무 중에, 어떤 신입사원도 선호하지 않는 업무는 없다는 것은 반드시 참이다.

정답 ④

04 다음 글의 내용이 참일 때, 반드시 참인 것만을 <보기>에서 모두 고르면? 2023년 국가직 7급 14번 변형

갑은 <공직 자세 교육과정>, <리더십 교육과정>, <글로벌 교육과정>, <직무 교육과정>, <전문성 교육과정>의 다섯 개 과정으로 이루어진 공직자 교육 프로그램에 참여할 것을 고려하고 있다. 갑이 <공직 자세 교육과정>을 이수한다면 <리더십 교육과정>도 이수한다. 또한 갑이 <글로벌 교육과정>을 이수한다면 <직무 교육과정>과 <전문성 교육과정>도 모두 이수한다. 그런데 갑은 <리더십 교육과정>을 이수하지 않거나 <전문성 교육과정>을 이수하지 않는다.

보기
ㄱ. 갑은 <공직 자세 교육과정>을 이수하지 않거나 <글로벌 교육과정>을 이수하지 않는다.
ㄴ. 갑이 <직무 교육과정>을 이수하지 않는다면 <글로벌 교육과정>도 이수하지 않는다.
ㄷ. 갑은 <공직 자세 교육과정>을 이수하지 않는다.

① ㄱ   ② ㄷ   ③ ㄱ, ㄴ   ④ ㄱ, ㄴ, ㄷ

핵심 포인트 난이도 ★★★★☆

지문이 줄글 형태로 제시된 '독해형 논리' 유형이므로 지문에서 기호화할 필요가 있는 문장을 골라 빠르게 기호화하여 선택지의 참과 거짓 여부를 판별한다.

오답 분석

지문에서 기호화가 필요한 문장을 정리하면 다음과 같다.
- 공직 자세 → 리더십
- 글로벌 → 직무 & 전문성
- ~리더십 or ~전문성

ㄱ. (○) 위의 세 문장을 연결하면 '공직 자세 → ~글로벌'이 도출된다. 따라서 갑은 <공직 자세 교육과정>을 이수하지 않거나 <글로벌 교육과정>을 이수하지 않는다는 것은 반드시 참이다.
ㄴ. (○) 두 번째 명제의 대우명제는 '~직무 or ~전문성 → ~글로벌'이다. 따라서 갑이 <직무 교육과정>을 이수하지 않는다면 <글로벌 교육과정>도 이수하지 않는다는 것은 반드시 참이다.
ㄷ. (×) 갑이 <공직 자세 교육과정>을 이수하지 않는다는 것은 주어진 정보로는 알 수 없다.

정답 ③

05 다음 글의 내용이 참일 때, 반드시 참인 것만을 <보기>에서 모두 고르면?

2019년 5급 공채 34번 변형

2016년 1월 출범한 특별업무지원팀 <미래>가 업무적격성 재평가 대상에서 제외된 것은 다행한 일이다. 꼬박 일 년의 토론과 준비 끝에 출범한 <미래>의 업무가 재평가로 인해 불필요하게 흔들리는 것은 바람직하지 않다는 인식이 부처 내에 널리 퍼진 덕분이다. 물론 가용이나 나윤 둘 중 한 사람이라도 개인 평가에서 부적격 판정을 받을 경우, <미래>도 업무적격성 재평가를 피할 수 없는 상황이었다. 만일 <미래>가 첫 과제로 수행한 드론 법규 정비 작업이 성공적이지 않았다면, 나윤과 다석 둘 중 적어도 한 사람은 개인 평가에서 부적격 판정을 받았을 것이다. 아울러 <미래>의 또 다른 과제였던 나노 기술 지원 사업이 성공적이지 않았다면, 라율과 가용 두 사람 중 누구도 개인 평가에서 부적격 판정을 피할 수 없었을 것이다.

보기

ㄱ. <미래>의 또 다른 과제였던 나노 기술 지원 사업이 성공적이었다.
ㄴ. 다석이 개인 평가에서 부적격 판정을 받지 않았다면, 그것은 첫 과제로 수행한 <미래>의 드론 법규 정비 작업이 성공적이었음을 의미한다.
ㄷ. <미래>가 첫 과제로 수행한 드론 법규 정비 작업이 성공적이지 않았다면, 라율은 개인 평가에서 부적격 판정을 받았다.

① ㄱ   ② ㄱ, ㄴ   ③ ㄴ, ㄷ   ④ ㄱ, ㄴ, ㄷ

난이도 ★★★★☆

핵심 포인트

발문에 '다음 글의 내용이 참일 때'라고 되어 있으므로 줄글 형태의 지문이라도 논리 문제로 판단하고 기호화하여 접근한다.

오답 분석

주어진 문장을 기호화하여 정리하면 다음과 같다.
- 명제1: ~재평가
- 명제2: ~가용 or ~나윤 → 재평가
- 명제3: ~드론 법규 → ~나윤 or ~다석
- 명제4: ~나노 기술 → ~라율 & ~가용

ㄱ. (○) 명제1과 명제2에 따르면 '가용'과 '나윤'이 참으로 확정되고, 명제4에 따르면 '라율 or 가용 → 나노 기술'이 되므로 '나노 기술'도 참으로 확정된다. 따라서 <미래>의 또 다른 과제였던 나노 기술 지원 사업이 성공적이었다는 것은 반드시 참이다.

ㄴ. (○) 명제3에 따르면 '나윤 & 다석 → 드론 법규'가 되고, 명제1과 명제2에 의해 '나윤'이 참이므로 '다석 → 드론 법규'는 참으로 확정된다. 따라서 다석이 개인 평가에서 부적격 판정을 받지 않았다면, 그것은 첫 과제로 수행한 <미래>의 드론 법규 정비 작업이 성공적이었음을 의미한다는 것은 반드시 참이다.

ㄷ. (×) '드론 법규'와 '라율' 모두 확정적인 정보가 아니므로 '~드론 법규 → ~라율'은 진위 여부를 알 수 없다. 따라서 <미래>가 첫 과제로 수행한 드론 법규 정비 작업이 성공적이지 않았다면, 라율은 개인 평가에서 부적격 판정을 받았다는 것은 반드시 참이라 할 수 없다.

정답 ②

대표유형 08 추가해야 할 전제 찾기

유형 정복 필승전략

유형 소개
주어진 전제만으로는 결론이 타당하게 도출되지 않는 논증을 제시하고, 그 논증의 결론을 타당하게 만들기 위해 추가적으로 필요한 전제를 찾는 유형이다.

유형 특징
① 1~2단락 정도 길이의 지문에 전제와 결론으로 구성된 논증이 제시된다.
② 결론에 밑줄 처리를 하거나 전제에 빈칸을 제시하는 형태로 지문을 구성하고, 그 지문의 논증이 타당하기 위해 추가해야 할 전제를 찾는 문제로 출제된다.

풀이 전략
① 논증의 전제와 결론을 찾아 기호화한다.
② 선택지나 <보기>의 문장도 지문과 동일한 방식으로 기호화한다.
③ 지문에서 기호화한 문장을 연결했을 때 결론을 도출하는 데 부족한 부분을 찾는다.

01 다음 대화의 빈칸에 들어갈 말로 가장 적절한 것은?

2025년 국가직 9급 15번

> 갑: 설명회는 다음 달 셋째 주 목요일이나 넷째 주 목요일에 개최해야 합니다.
> 을: 설명회를 _____.
> 병: 설명회를 다음 달 셋째 주 목요일에 개최하면, 홍보 포스터 제작을 이번 주 안에 완료해야 합니다.
> 정: 여러분의 의견대로 하자면, 반드시 이번 주 안에 홍보 포스터 제작을 완료해야 하겠군요.

① 다음 달 넷째 주 목요일에 개최해야 합니다
② 다음 달 셋째 주 목요일에 개최할 수 없습니다
③ 다음 달 넷째 주 목요일에 개최할 수 없습니다
④ 다음 달 넷째 주 목요일에 개최하면, 이번 주 안에 홍보 포스터 제작을 완료하지 않아도 됩니다

난이도 ★★★☆☆

핵심 포인트

을의 말은 정의 결론을 도출하기 위해 필요한 내용이므로 각자의 문장을 기호화하여 부족한 연결고리를 파악한다.

오답 분석

대화를 정리하면 다음과 같다.
- 갑: 셋째 or 넷째
- 을: _____
- 병: 셋째 → 홍보 완료
- 정: 홍보 완료

① (×) '다음 달 넷째 주 목요일에 개최해야 합니다'가 빈칸에 들어가면 정의 결론이 도출되지 않는다.
② (×) '다음 달 셋째 주 목요일에 개최할 수 없습니다'가 빈칸에 들어가면 정의 결론이 도출되지 않는다.
③ (○) 갑, 을, 병의 진술을 토대로 정의 결론이 나오려면 병의 전건인 '셋째'를 만족해야 하고, 이를 위해서는 갑에서 '넷째'가 아니라 '셋째'가 선택되어야 한다. 따라서 을의 빈칸에 들어갈 진술로 가장 적절한 것은 '~ 넷째'이다.
④ (×) '다음 달 넷째 주 목요일에 개최하면, 이번 주 안에 홍보 포스터 제작을 완료하지 않아도 됩니다'가 빈칸에 들어가면 정의 결론이 도출되지 않는다.

정답 ③

02 다음 글의 밑줄 친 결론을 이끌어 내기 위해 추가해야 할 것은?

2025년 지방직 9급 16번

> 마라톤을 하는 사람은 모두 식단을 조절하거나 근력 운동을 한다. 근력 운동을 하는 사람은 모두 건강하다. 따라서 <u>마라톤을 하는 사람은 모두 건강하다.</u>

① 건강한 사람은 모두 식단을 조절한다.
② 식단을 조절하는 사람은 모두 건강하다.
③ 식단을 조절하는 사람 중에 근력 운동을 하는 사람은 없다.
④ 식단 조절과 근력 운동을 병행하는 사람 중에 건강하지 않은 사람은 없다.

난이도 ★★★☆☆

핵심 포인트
지문에 제시된 논증을 기호화하여 전제를 연결했을 때 밑줄 친 결론을 도출하는 데 부족한 고리를 파악한다.

오답 분석
지문에 제시된 논증의 구조를 정리하면 다음과 같다.
- 전제1: 마라톤 → 식단 조절 or 근력 운동
- 전제2: 근력 운동 → 건강
- 결론: 마라톤 → 건강

① (×) '건강한 사람은 모두 식단을 조절한다.'가 추가되어도 밑줄 친 결론이 도출되지 않는다.
② (○) 전제1과 전제2를 연결하면 '마라톤 → 식단 조절 or 건강'이 된다. 이때 '식단 조절 → 건강'이라는 전제가 추가되면 '마라톤 → 건강 or 건강'이 되므로 밑줄 친 결론인 '마라톤 → 건강'을 이끌어낼 수 있다.
③ (×) '식단을 조절하는 사람 중에 근력 운동을 하는 사람은 없다.'가 추가되어도 밑줄 친 결론이 도출되지 않는다.
④ (×) '식단 조절과 근력 운동을 병행하는 사람 중에 건강하지 않은 사람은 없다.'가 추가되어도 밑줄 친 결론이 도출되지 않는다.

정답 ②

03 다음 대화의 (가)에 들어갈 말로 적절한 것은?

> 갑: 공무원은 공직자이고 공직자는 그 직책만으로 국가나 사회에 영향을 미치는 공인이야. 모든 공무원은 공인이니까 공인으로서의 사명감을 가질 의무가 있어. 하지만 공무원이 아닌 사람이라면 그게 누구든 그런 사명감을 가질 의무는 없지.
>
> 을: 모든 사람이 죽는다고 죽는 것들이 모두 사람인 것은 아니잖아. 네가 "공무원이 아닌 모든 사람은 공인으로서의 사명감을 가질 의무가 없다."라는 주장을 하려면 " (가) "가 참이어야 해.

① 몇몇 공인은 공인으로서의 사명감을 가질 의무가 없다
② 모든 공무원은 공인으로서의 사명감을 가질 의무가 없다
③ 공인으로서의 사명감을 가질 의무가 있는 사람은 모두 공무원이다
④ 공인으로서의 사명감을 가질 의무가 없는 사람은 모두 공무원이 아니다

핵심 포인트

(가)에 들어갈 내용은 갑의 주장을 도출하기 위해 필요한 정보이므로 갑과 을의 논증의 구조를 파악하는 것이 중요하다.

오답 분석

갑과 을의 논증을 정리하면 다음과 같다.

- 갑: 공무원 → 사명감
  ∴ ~공무원 → ~사명감
- 을: (가)
  ∴ ~공무원 → ~사명감

① (×) '몇몇 공인은 공인으로서의 사명감을 가질 의무가 없다'가 (가)에 들어가면 "공무원이 아닌 모든 사람은 공인으로서의 사명감을 가질 의무가 없다."라는 주장이 성립되지 않는다.

② (×) '모든 공무원은 공인으로서의 사명감을 가질 의무가 없다'가 (가)에 들어가면 "공무원이 아닌 모든 사람은 공인으로서의 사명감을 가질 의무가 없다."라는 주장이 성립되지 않는다.

③ (○) 을은 갑의 주장이 성립하기 위해서 필요한 전제로 (가)를 제시하고 있다. 따라서 '사명감 → 공무원'이 들어가면 "공무원이 아닌 모든 사람은 공인으로서의 사명감을 가질 의무가 없다."라는 주장, 즉 '~공무원 → ~사명감'이라는 주장을 할 수 있다.

④ (×) '공인으로서의 사명감을 가질 의무가 없는 사람은 모두 공무원이 아니다'가 (가)에 들어가면 "공무원이 아닌 모든 사람은 공인으로서의 사명감을 가질 의무가 없다."라는 주장이 성립되지 않는다.

정답 ③

04 다음 조건에 따라 A, B, C, D, E, F, G 일곱 도시를 인구 순위대로 빠짐없이 배열하려고 한다. 추가로 필요한 정보는?

2011년 민간경력자 채용 9번 변형

> ○ 인구가 같은 도시는 없다.
> ○ C시의 인구는 D시의 인구보다 적다.
> ○ F시의 인구는 G시의 인구보다 적다.
> ○ C시와 F시는 인구 순위에서 바로 인접해 있다.
> ○ B시의 인구가 가장 많고, E시의 인구가 가장 적다.
> ○ C시의 인구는 A시의 인구와 F시의 인구를 합친 것보다 많다.

① A시의 인구가 F시의 인구보다 많다.
② C시와 D시는 인구 순위에서 바로 인접해 있다.
③ C시의 인구는 G시의 인구보다 적다.
④ D시의 인구는 F시의 인구보다 많고 B시의 인구보다 적다.

난이도 ★★★★☆

핵심 포인트
지문에 제시된 정보를 간단히 정리하여 연결고리를 파악하고, 일곱 도시를 인구 순위대로 배정하는 데 부족한 부분이 무엇인지 확인한다.

오답 분석
지문에 제시된 정보를 정리하면 다음과 같다.
- 정보1: 인구 같은 도시 없음
- 정보2: D > C
- 정보3: G > F
- 정보4: CF or FC
- 정보5: B 1위, E 7위
- 정보6: C > A + F

정보2와 정보6을 연결하면 'D > C > A + F'가 되고, 정보4에서 'CF' 순서가 확정된다. 정보5에 의해 B와 E의 순위는 결정되어 있으므로 이를 정리하면 가능한 순서는 'B-D-G-C-F-A-E'와 'B-G-D-C-F-A-E' 두 가지이다. 즉, 2위와 3위의 자리가 결정되면 도시를 인구 순위대로 빠짐없이 배열할 수 있으므로 선택지에서 이를 확정지을 수 있는 정보를 찾는다. 따라서 'C시와 D시는 인구 순위에서 바로 인접해 있다.'가 추가로 필요한 정보가 된다.

정답 ②

05 다음 논증이 타당하기 위해서 괄호 안에 들어갈 진술로 가장 적절한 것은? 2012년 민간경력자 채용 23번 변형

> 실천적 지혜가 있는 사람은 덕이 있는 성품을 가진 사람이다. 그런데 덕을 아는 것만으로 실천적 지혜가 있는 사람이 될 수는 없다. 실천적 지혜가 있는 사람은 덕을 알 뿐만 아니라 그것을 실행에 옮기는 사람이다. 그리고 그런 사람이 실천적 지혜가 있다고 할 수 있다. 그런데 (   ) 따라서 실천적 지혜가 있는 사람은 자제력도 있다.

① 자제력이 없는 사람은 성품이 나약한 사람이다.
② 덕이 있는 성품을 가진 사람도 자제력이 없을 수 있다.
③ 덕이 있는 성품을 가진 사람은 실천적 지혜가 있는 사람이다.
④ 자제력이 없는 사람은 아는 덕을 실행에 옮기는 사람이 아니다.

난이도 ★★★☆☆

핵심 포인트
지문에 제시된 논증을 기호화하여 전제를 연결했을 때 결론을 도출하는 데 부족한 고리를 파악한다.

오답 분석
지문에 제시된 조건을 기호화하면 다음과 같다.
- 전제1: 지혜 → 덕 & 실행
- 전제2: 덕 & 실행 → 지혜
- 결론: 지혜 → 자제력

① (×) '자제력이 없는 사람은 성품이 나약한 사람이다.'는 괄호 안에 들어가도 결론이 도출되지 않는다.
② (×) '덕이 있는 성품을 가진 사람도 자제력이 없을 수 있다.'는 괄호 안에 들어가도 결론이 도출되지 않는다.
③ (×) '덕이 있는 성품을 가진 사람은 실천적 지혜가 있는 사람이다.'는 괄호 안에 들어가도 결론이 도출되지 않는다.
④ (○) 전제1과 전제2를 연결하면 '지혜 ↔ 덕 & 실행'이다. 여기서 '지혜 → 자제력'이라는 결론이 도출되기 위해서는 '덕 & 실행 → 자제력'이라는 전제가 필요하다. 따라서 '자제력이 없는 사람은 아는 덕을 실행에 옮기는 사람이 아니다.'는 괄호 안에 들어갈 진술로 타당하다.

정답 ④

06 다음 빈칸에 들어갈 말로 가장 적절한 것은?

2014년 민간경력자 채용 20번 변형

> A국 정부는 유전 관리 부서 업무에 적합한 민간경력자 전문관을 한 명 이상 임용하려고 한다. 그런데 지원자들 중 갑은 경쟁국인 B국에 여러 번 드나든 기록이 있다. 그래서 정보 당국은 갑의 신원을 조사했다. 조사 결과 갑이 부적격 판정을 받는다면, 그는 전문관으로 임용되지 못할 것이다. 한편, A국 정부는 임용 심사에서 지역과 성별을 고려한 기준도 적용한다. 동일 지역 출신은 두 사람 이상을 임용하지 않는다. 그리고 적어도 여성 한 명을 임용해야 한다. 이번 임용 시험에 응시한 여성은 갑과 을 둘밖에 없다. 또한 지원자들 중에서 병과 을이 동일 지역 출신이므로, 만약 병이 임용된다면 을은 임용될 수 없다. 그런데 _____ 따라서 병은 전문관으로 임용되지 못할 것이다.

① 갑이 전문관으로 임용될 것이다.
② 을이 전문관으로 임용되지 못할 것이다.
③ 갑은 조사 결과 부적격 판정을 받을 것이다.
④ 병이 전문관으로 임용된다면, 갑도 전문관으로 임용될 것이다.

핵심 포인트

난이도 ★★★★☆

지문에 제시된 정보를 기호화하여 연결고리를 파악하고, 글의 결론이 도출되기 위해 빈칸에 들어갈 내용이 무엇인지를 확인한다.

오답 분석

지문에 제시된 문장을 기호화하면 다음과 같다.
- 전제1: 부적격 → ~갑
- 전제2: 병 → ~을
- 전제3: 갑 or 을
- 결론: ~병

결론이 '~병'이 나오기 위해서는 전제2에서 '을'이 충족되어야 한다. '을'이 충족되기 위해서는 전제3에서 '~갑'이 되어야 하는데, '~갑'이 되기 위해서는 전제1에서 '부적격'이 만족되어야 한다. 결국 빈칸에 들어가야 할 것은 '부적격'이 된다.

정답 ③

07 A사무관의 추론이 올바를 때, 다음 글의 빈칸에 들어갈 진술로 적절한 것만을 <보기>에서 모두 고르면?

2015년 민간경력자 채용 5번 변형

> A사무관은 인사과에서 인사고과를 담당하고 있다. 그는 올해 우수 직원을 선정하여 표창하기로 했으니 인사고과에서 우수한 평가를 받은 직원을 후보자로 추천하라는 과장의 지시를 받았다. 평가 항목은 대민봉사, 업무역량, 성실성, 청렴도이고 각 항목은 상(3점), 중(2점), 하(1점)로 평가한다. A사무관이 추천한 표창 후보자는 갑돌, 을순, 병만, 정애 네 명이며, 이들이 받은 평가는 다음과 같다.
>
> | | 대민봉사 | 업무역량 | 성실성 | 청렴도 |
> |---|---|---|---|---|
> | 갑돌 | 상 | 상 | 상 | 하 |
> | 을순 | 중 | 상 | 하 | 상 |
> | 병만 | 하 | 상 | 상 | 중 |
> | 정애 | 중 | 중 | 중 | 상 |
>
> A사무관은 네 명의 후보자에 대한 평가표를 과장에게 제출하였다. 과장은 "평가 점수 총합이 높은 순으로 선발한다. 단, 동점자 사이에서는 _____"라고 하였다. A사무관은 과장과의 면담 후 이들 중 세 명이 표창을 받게 된다고 추론하였다.

보기
ㄱ. 두 개 이상의 항목에서 상의 평가를 받은 후보자를 선발한다.
ㄴ. 청렴도에서 하의 평가를 받은 후보자를 제외한 나머지 후보자를 선발한다.
ㄷ. 하의 평가를 받은 항목이 있는 후보자를 제외한 나머지 후보자를 선발한다.

① ㄱ   ② ㄱ, ㄴ   ③ ㄱ, ㄷ   ④ ㄴ, ㄷ

난이도 ★★★★☆

핵심 포인트
빈칸에 들어갈 내용은 세 명이 표창을 받게 되는 결과를 도출하는 데 필요한 조건이므로 주어진 정보를 바탕으로 총점을 계산한다.

오답 분석
상, 중, 하에 배치된 점수대로 총점을 계산하면 다음과 같다.

	대민봉사	업무역량	성실성	청렴도	총점
갑돌	3	3	3	1	10
을순	2	3	1	3	9
병만	1	3	3	2	9
정애	2	2	2	3	9

ㄱ. (○) 평가 점수 총합이 높은 순으로 선발하므로 갑돌은 10점이어서 표창을 받는 것이 확정된다. 을순, 병만, 정애는 동점이므로 세 명 중 두 명을 추려낼 수 있는 조건을 찾아야 한다. 이때 '두 개 이상의 항목에서 상의 평가를 받은 후보자를 선발한다.'를 빈칸에 넣으면, 을순, 병만만 해당되므로 적절한 조건이 된다.
ㄴ. (×) '청렴도에서 하의 평가를 받은 후보자를 제외한 나머지 후보자를 선발한다.'를 빈칸에 넣으면, 동점자 을순, 병만, 정애 중 아무도 제외되지 않으므로 적절하지 않다.
ㄷ. (×) '하의 평가를 받은 항목이 있는 후보자를 제외한 나머지 후보자를 선발한다.'를 빈칸에 넣으면, 정애만 해당되므로 적절하지 않다.

정답 ①

08 다음 글의 내용이 참일 때, 밑줄 친 결론을 이끌어내기 위해 추가해야 할 전제로 적절한 것은?

2015년 민간경력자 채용 17번 변형

> A팀이 제작하는 운영체제를 C팀의 전산 시스템에 설치하면 C팀의 보안 시스템에 오류를 발생시킨다. B팀이 제작하는 전원 공급 장치는 5%의 결함률이 있다. 즉 B팀이 제작하는 전원 공급 장치 중 5%의 제품은 결함이 있고 나머지는 결함이 없다. C팀의 전산 시스템에는 반드시 B팀이 제작한 전원 공급 장치를 장착한다. 만일 C팀의 보안 시스템에 오류가 있거나 전원 공급 장치에 결함이 있다면, C팀의 전산 시스템에는 오류가 발생한다. 그러므로 <u>C팀의 전산 시스템에는 반드시 오류가 발생한다.</u>

① A팀이 제작하는 운영체제를 B팀의 전산 시스템에 설치한다.
② A팀이 제작하는 운영체제를 C팀의 전산 시스템에 설치하지 않는다.
③ B팀이 제작하여 C팀에 제공하는 전원 공급 장치에 결함이 있다.
④ B팀에서 제작한 결함이 없는 95%의 전원 공급 장치를 C팀의 전산 시스템에 장착한다.

핵심 포인트   난이도 ★★★★★

지문에 제시된 전제를 찾고 그 전제들로부터 밑줄 친 결론을 이끌어내는 데 부족한 연결고리가 무엇인지 확인한다.

오답 분석

주어진 문장을 간단히 정리하면 다음과 같다.
- 전제1: A 운영체제 → C팀 보안 시스템 오류
- 전제2: B 전원 공급 장치 → 5%의 결함률
- 전제3: C 전산 시스템 = B 전원 공급 장치
- 전제4: (C 보안 시스템 오류 or 전원 공급 장치 결함) → C 전산 시스템 오류
- 결론: C 전산 시스템 오류

C팀의 전산 시스템 오류가 발생하기 위해서는 C팀의 보안 시스템에 오류가 있거나 전원 공급 장치 결함이 있어야 한다. 따라서 A팀의 운영체제가 C팀의 전산 시스템에 설치되거나, B팀의 전원 공급 장치에 결함이 있어야 한다. 따라서 'B팀이 제작하여 C팀에 제공하는 전원 공급 장치에 결함이 있다.'를 추가하면 밑줄 친 결론을 이끌어낼 수 있다.

정답 ③

09 다음 대화의 ㉠과 ㉡에 들어갈 말을 가장 적절하게 나열한 것은?

2016년 민간경력자 채용 16번 변형

> 갑: A와 B 모두 회의에 참석한다면, C도 참석해.
> 을: C는 회의 기간 중 해외 출장이라 참석하지 못해.
> 갑: 그럼 A와 B 중 적어도 한 사람은 참석하지 못하겠네.
> 을: 그래도 A와 D 중 적어도 한 사람은 참석해.
> 갑: 그럼 A는 회의에 반드시 참석하겠군.
> 을: 너는 ㉠ 고 생각하고 있구나?
> 갑: 맞아. 그리고 우리 생각이 모두 참이면, E와 F 모두 참석해.
> 을: 그래. 그 까닭은 ㉡ 때문이지.

① ㉠: B와 D가 모두 불참한다
  ㉡: E와 F 모두 회의에 참석하면 B는 불참하기

② ㉠: B와 D가 모두 불참한다
  ㉡: E와 F 모두 회의에 참석하면 B도 참석하기

③ ㉠: D가 회의에 불참한다
  ㉡: B가 회의에 불참하면 E와 F 모두 참석하기

④ ㉠: D가 회의에 불참한다
  ㉡: E와 F 모두 회의에 참석하면 B도 참석하기

난이도 ★★★★★

핵심 포인트

지문에 제시된 대화의 흐름에 따라 빈칸에 들어갈 내용을 추론하기 위해 논증의 논리적인 구조를 확인하는 데 주목한다.

오답 분석

주어진 문장을 간단히 기호화하면 다음과 같다.
1) 갑: (A & B) → C
2) 을: ~C
3) 갑: ~A or ~B
4) 을: A or D
5) 갑: ∴ A
6) 을: ∵ ㉠
7) 갑: ∴ (E & F)
8) 을: ∵ ㉡

㉠: 2)가 확정적인 정보이므로 이를 1)의 대우명제와 연결하면 '~A or ~B', 즉 3)이 도출된다. ㉠에 들어갈 내용은 3)과 4)와 함께 5)의 결론을 이끌어내기 위해 필요한 전제 중 하나가 된다. 4)에서 ~D가 되면 A가 되고 3)에서 ~B가 된다. 따라서 ㉠에 들어갈 말은 '~D'나 '~B & ~D'가 모두 가능하다.

㉡: A, ~C, ~D가 확정되거나, A, ~B, ~C, ~D가 확정된 상태에서 ㉡은 7)의 결론이 나오기 위해서 필요한 전제이다. 따라서 ㉡에는 '(A or ~B or ~C or ~D) → (E & F)'가 들어가면 된다. '~B → (E & F)'가 들어가면 이를 만족하므로 적절하다.

정답 ③

10 다음 글의 결론을 이끌어내기 위해 추가해야 할 전제만을 <보기>에서 모두 고르면? 2017년 민간경력자 채용 15번 변형

> 젊고 섬세하고 유연한 자는 아름답다. 아테나는 섬세하고 유연하다. 아름다운 자가 모두 훌륭한 것은 아니다. 덕을 가진 자는 훌륭하다. 아테나는 덕을 가졌다. 아름답고 훌륭한 자는 행복하다. 따라서 아테나는 행복하다.

> **보기**
> ㄱ. 아테나는 젊다.
> ㄴ. 아테나는 훌륭하다.
> ㄷ. 아름다운 자는 행복하다.

① ㄱ   ② ㄱ, ㄴ   ③ ㄴ, ㄷ   ④ ㄱ, ㄴ, ㄷ

난이도 ★★★★★

핵심 포인트
지문에 제시된 문장을 기호화하여 연결고리를 파악하고, 글의 결론을 이끌어내는 데 필요한 연결고리가 무엇인지 파악한다.

오답 분석
주어진 문장을 기호화하여 간단히 정리하면 다음과 같다.
- 전제1: (젊음 & 섬세 & 유연) → 아름
- 전제2: 아테나 → 섬세 & 유연
- 전제3: 아름 & ~훌륭
- 전제4: 덕 → 훌륭
- 전제5: 아테나 → 덕
- 전제6: 아름 & 훌륭 → 행복
- 결론: 아테나 → 행복

전제4와 전제5에 따르면 '아테나 → 훌륭'이 된다. 전제6에 따라 아테나가 행복이려면 '아름'을 갖추는 것이 필요하다. 전제2에 따르면 아테나는 '섬세 & 유연'을 가지고 있으므로 전제1에 따라 '젊음'이 있으면 된다. 따라서 추가로 필요한 전제는 '아테나는 젊다.'이다.

정답 ①

11 복지사 A의 결론을 이끌어내기 위해 추가해야 할 두 전제를 <보기>에서 고르면?

2014년 민간경력자 채용 18번 변형

> 복지사 A는 담당 지역에서 경제적 곤란을 겪고 있는 아동을 찾아 급식 지원을 하는 역할을 담당하고 있다. 갑순, 을순, 병순, 정순이 급식 지원을 받을 후보이다. 복지사 A는 이들 중 적어도 병순은 급식 지원을 받게 된다고 결론 내렸다. 왜냐하면 갑순과 정순 중 적어도 한 명은 급식 지원을 받는데, 갑순이 받지 않으면 병순이 받기 때문이었다.

보기

ㄱ. 갑순이 급식 지원을 받는다.
ㄴ. 을순이 급식 지원을 받는다.
ㄷ. 을순이 급식 지원을 받으면, 갑순은 급식 지원을 받지 않는다.
ㄹ. 을순과 정순 둘 다 급식 지원을 받지 않으면, 병순이 급식 지원을 받는다.

① ㄱ, ㄴ   ② ㄱ, ㄹ   ③ ㄴ, ㄷ   ④ ㄴ, ㄹ

난이도 ★★★☆☆

핵심 포인트

지문에 제시된 정보를 기호화하여 연결고리를 파악하고, A의 결론이 도출되는 데 부족한 내용이 무엇인지를 확인한다.

오답 분석

지문에 제시된 문장을 기호화하면 다음과 같다.

- 전제1: 갑순 or 을순 or 병순 or 정순
- 전제2: 갑순 or 정순
- 전제3: ~갑순 → 병순
- 결론: 병순

결론이 '병순'이 나오기 위해서는 '~갑순'이 충족되어야 한다. <보기>에서 '~갑순'이라는 표현이 들어가 있는 것을 찾으면 "ㄷ. 을순이 급식 지원을 받으면, 갑순은 급식 지원을 받지 않는다."이고, 여기서 '~갑순'이 도출되기 위해서는 "ㄴ. 을순이 급식 지원을 받는다."가 필요하다.

정답 ③

12 다음 대화의 ㉠과 ㉡에 들어갈 말을 적절하게 짝지은 것은?

2020년 민간경력자 채용 11번 변형

> 갑: 신입직원 가운데 일부가 봉사활동에 지원했습니다. 그리고 ㉠
> 을: 지금 하신 말씀에 따르자면, 제 판단으로는 하계연수에 참여하지 않은 사람 중에 신입직원이 있다는 결론이 나오는군요.
> 갑: 그렇게 판단하신 게 정확히 맞습니다. 아니, 잠깐만요. 아차, 제가 앞에서 말씀드린 부분 중에 오류가 있었군요. 죄송합니다. 신입직원 가운데 일부가 봉사활동에 지원했다는 것은 맞는데, 그 다음이 틀렸습니다. 봉사활동 지원자는 전부 하계연수에도 참여했다고 말씀드렸어야 했습니다.
> 을: 알겠습니다. 그렇다면 아까와 달리 " ㉡ "라는 결론이 나오는 것이로군요.
> 갑: 바로 그렇습니다.

① ㉠: 하계연수 참여자 가운데는 봉사활동에 지원했던 사람이 없습니다.
   ㉡: 신입직원 가운데 하계연수 참여자가 있다.

② ㉠: 하계연수 참여자 가운데는 봉사활동에 지원했던 사람이 없습니다.
   ㉡: 신입직원 가운데 하계연수 참여자는 한 명도 없다.

③ ㉠: 하계연수 참여자 가운데 봉사활동에도 지원했던 사람이 있습니다.
   ㉡: 신입직원 가운데 하계연수 참여자가 있다.

④ ㉠: 하계연수 참여자 가운데 봉사활동에도 지원했던 사람이 있습니다.
   ㉡: 신입직원은 모두 하계연수 참여자이다.

핵심 포인트

난이도 ★★★★★

지문에 제시된 두 개의 빈칸이 논증의 전제와 결론 부분에 해당하므로 빈칸에 들어갈 말을 찾기 위해서는 논증의 구조를 논리적으로 정리해놓는 것이 중요하다.

오답 분석

지문에 제시된 문장을 기호화하여 정리하면 다음과 같다.

- 전제1: 신입직원 & 봉사활동
- 전제2: ㉠
- 결론: ~하계연수 & 신입직원

- 전제1: 신입직원 & 봉사활동
- 전제2: 봉사활동 → 하계연수
- 결론: ㉡

㉠ '신입직원 & 봉사활동'을 받아들인 상태에서 '~하계연수 & 신입직원'이라는 결론이 도출되려면 '봉사활동'이면서 '~하계연수'인 영역이 필요하다. 따라서 ㉠에 들어갈 말로 가장 적절한 것은 '하계연수 참여자 가운데는 봉사활동에 지원했던 사람이 없습니다.'이다.

㉡ '신입직원 & 봉사활동'과 '봉사활동 → 하계연수'를 받아들이면, '신입직원'이면서 '하계연수'인 영역이 존재하게 된다. 따라서 ㉡에 들어갈 말로 가장 적절한 것은 '신입직원 가운데 하계연수 참여자가 있다.'이다.

정답 ①

13 다음 글의 ㉠으로 적절한 것은?

2020년 민간경력자 채용 21번 변형

> 규범윤리학의 핵심 물음은 "무엇이 도덕적으로 올바른 행위인가?"이다. 이에 답하기 위해서는 '도덕 규범'이라고 불리는 도덕적 판단 기준에 대한 논의가 필요하다. 도덕적 판단 기준이 개개인의 주관적 판단에 의존한다고 여기는 사람들이 다수 있지만 이는 옳지 않은 생각이다. 도덕 규범은 그것이 무엇이든 우리의 주관적 판단에 의존하지 않는다. 이러한 주장이 반드시 참임은 다음 논증을 통해 보일 수 있다.
>
> 도덕 규범이면서 우리의 주관적 판단에 의존하는 규범이 있다고 가정하면, 문제가 생긴다. 우리는 다음 명제들을 의심의 여지없이 참이라고 받아들이기 때문이다. 첫째, 주관적 판단에 의존하는 규범은 모두 우연적 요소에 좌우된다. 둘째, 우연적 요소에 좌우되는 규범은 어느 것도 보편적으로 적용되지 않는다. 셋째, 보편적으로 적용되지 않는 규범은 그것이 무엇이든 객관성이 보장되지 않는다. 이 세 명제에 ㉠ 하나의 명제를 추가하기만 하면 주관적 판단에 의존하는 규범은 어느 것도 도덕 규범이 아니라는 것을 이끌어낼 수 있다. 이는 앞의 가정과 모순된다. 따라서 도덕 규범은 어느 것도 우리의 주관적 판단에 의존하지 않는다.

① 객관성이 보장되지 않는 규범은 어느 것도 도덕 규범이 아니다.
② 객관성이 보장되는 규범은 그것이 무엇이든 보편적으로 적용된다.
③ 보편적으로 적용되는 규범은 어느 것도 우연적 요소에 좌우되지 않는다.
④ 주관적 판단에 의존하면서 보편적으로 적용되지 않는 도덕 규범이 있다.

핵심 포인트   난이도 ★★★★☆

지문에 주어진 첫째, 둘째, 셋째 명제를 참이라고 받아들인 후 어떤 명제를 추가했을 때 주관적 판단에 의존하는 규범은 어느 것도 도덕 규범이 아니라는 결론이 도출되는지 판단하는 것이 핵심이다.

오답 분석

주어진 문장을 기호화하여 간단히 정리하면 다음과 같다.

- 전제1: 주관적 판단 → 우연적 요소
- 전제2: 우연적 요소 → ~보편적 적용
- 전제3: ~보편적 적용 → ~객관성
- 전제4: ㉠ 하나의 명제
- 결론: 주관적 판단 → ~도덕 규범

① (○) 전제1, 전제2, 전제3을 연결하면 '주관적 판단 → ~객관성'이므로 '주관적 판단 → ~도덕 규범'이라는 결론이 나오기 위해서는 '~객관성 → ~도덕 규범'이라는 연결고리가 필요하다. 따라서 ㉠으로 가장 적절한 것은 객관성이 보장되지 않는 규범은 어느 것도 도덕 규범이 아니라는 것이다.

② (×) '객관성 → 보편적 적용'이 추가되어도 '주관적 판단 → ~도덕 규범'이라는 결론이 도출되지 않는다. 따라서 객관성이 보장되는 규범은 그것이 무엇이든 보편적으로 적용된다는 것은 ㉠으로 적절하지 않다.

③ (×) '보편적 적용 → ~우연적 요소'가 추가되어도 '주관적 판단 → ~도덕 규범'이라는 결론이 도출되지 않는다. 따라서 보편적으로 적용되는 규범은 어느 것도 우연적 요소에 좌우되지 않는다는 것은 ㉠으로 적절하지 않다.

④ (×) '주관적 판단 & ~보편적 적용 & 도덕 규범'이 추가되어도 '주관적 판단 → ~도덕 규범'이라는 결론이 도출되지 않는다. 따라서 주관적 판단에 의존하면서 보편적으로 적용되지 않는 도덕 규범이 있다는 것은 ㉠으로 적절하지 않다.

정답 ①

PART 3

독해

공무원 시험 전문 해커스공무원
gosi.Hackers.com

대표유형 09 중심 내용

대표유형 10 내용 이해 및 부합

대표유형 11 2차 정보 추론

대표유형 12 적용형 추론

09 중심 내용

유형 정복 필승전략

유형 소개
주어진 지문에서 필자가 설명하고자 하는 내용 중 가장 중요한 내용, 즉 최종적으로 말하고자 하는 바를 찾는 유형이다.

유형 특징
① 2~3단락 정도의 지문이 주어지고, 논조가 뚜렷한 글이나 설명문이 제시된다.
② 선택지는 지문에서 말하고자 하는 중심 내용이나 부합하는 내용으로 구성된다.

풀이 전략
① 각 단락의 내용을 요약하듯이 빠르게 읽고, 각 단락의 내용을 정리하는 가장 중요한 문장을 체크한다.
② '그러므로, 따라서, 요컨대' 등 결과를 나타내는 접속사로 시작하는 문장과 '그러나, 하지만' 등 역접의 접속사로 시작하는 문장 뒤에는 필자가 말하고자 하는 중요 내용이 정리되어 있을 가능성이 높으므로 주목한다.
③ 지문에서 체크한 문장을 선택지와 비교하여 가장 유사한 내용을 가진 선택지를 찾는다.

01 다음 글의 중심 내용으로 가장 적절한 것은?

2025년 국가직 9급 7번

동물이 신체의 내부 온도를 정상 범위 안에서 유지하는 과정을 '체온조절'이라고 한다. 체온조절을 위하여 동물은 신체 내부의 물질대사를 통해 열을 발생시키거나 외부 환경에서부터 열을 획득한다. 조류나 포유류는 체내의 물질대사에 의하여 생성된 열로 체온을 유지하기 때문에 '내온동물'이라고 부른다. 대부분의 내온동물은 외부 온도가 변화해도 안정적으로 체온을 유지한다. 추운 환경에 노출되어도 내온동물은 충분한 열을 생성해서 주변보다 더 따뜻하게 체온을 유지할 수 있다.

이와 달리 양서류나 많은 종류의 파충류와 어류는 열을 외부에서부터 획득하기 때문에 '외온동물'이라고 부른다. 외온동물은 체온조절을 위한 충분한 열을 생성하지는 않지만 그늘을 찾거나 햇볕을 쬐는 것과 같은 행동을 통해 체온을 조절한다. 외온동물은 열을 외부에서 얻기 때문에 체내의 물질대사를 통해 큰 에너지를 생성할 필요가 없어서 동일한 크기의 내온동물보다 먹이를 적게 섭취한다.

한편 체온의 안정성을 기준으로 동물을 '항온동물'과 '변온동물'로 구분하기도 한다. 주위 환경과 관계없이 비교적 일정한 체온을 유지하는 동물을 항온동물, 주위 환경에 따라서 체온이 변하는 동물을 변온동물이라고 부른다. 한때는 내온동물과 외온동물을 각각 항온동물과 변온동물이라고 부르기도 했다.

그런데 체온조절을 위해 열을 획득하는 방식과 체온의 안정성을 유지하는 것은 별개의 문제이다. 외온동물에 속하는 많은 종류의 해양 어류는 일정한 온도가 유지되는 물에서 서식하기 때문에 체온이 크게 변하지 않는다. 반대로 어떤 내온동물은 체온의 변화가 급격하게 일어나기도 한다. 예컨대 박쥐 중에는 겨울잠을 자면서 체온을 40℃나 떨어뜨리는 종류도 있다. 내온동물과 외온동물을 구분하는 방식과 항온동물과 변온동물을 구분하는 방식 사이에는 어떠한 상관관계도 없다.

① 내온동물과 외온동물의 특징을 통해 항온동물과 변온동물의 특징을 밝힐 수 있다.
② 체온조절을 위한 열 획득 방식과 체온의 안정성은 동물을 분류하는 서로 다른 기준이다.
③ 동물을 내온동물과 외온동물로 구분하는 기준은 항온동물과 변온동물로 구분하는 기준보다 모호하다.
④ 체온조절을 위한 열 획득 방식보다 체온의 안정성을 유지하는 방식이 동물을 분류하는 더 적합한 기준이 된다.

핵심 포인트

난이도 ★★☆☆☆

글의 중심 내용은 지문에서 얘기하고자 하는 가장 중요한 내용이므로 최종적인 글의 결론에 주목한다.

오답 분석

① (×) 체온조절을 위해 열을 획득하는 방식과 체온의 안정성을 유지하는 것은 별개의 문제이므로 내온동물과 외온동물의 특징을 통해 항온동물과 변온동물의 특징을 밝힐 수 있다는 것은 글의 중심 내용이 될 수 없다.
② (○) 글의 중심 내용은 지문에서 최종적으로 말하고자 하는 가장 중요한 내용이다. 이 글의 중심 내용은 마지막 문단에 언급된 '체온조절을 위해 열을 획득하는 방식과 체온의 안정성을 유지하는 것은 별개의 문제이다.'에 잘 드러나 있다. 따라서 글의 중심 내용으로 가장 적절한 것은 '체온조절을 위한 열 획득 방식과 체온의 안정성은 동물을 분류하는 서로 다른 기준이다.'이다.
③ (×) 체온조절을 위해 열을 획득하는 방식과 체온의 안정성을 유지하는 것은 별개의 문제이므로 동물을 내온동물과 외온동물로 구분하는 기준은 항온동물과 변온동물로 구분하는 기준보다 모호하다는 것은 글의 중심 내용이 될 수 없다.
④ (×) 체온조절을 위해 열을 획득하는 방식과 체온의 안정성을 유지하는 것은 별개의 문제이므로 체온조절을 위한 열 획득 방식보다 체온의 안정성을 유지하는 방식이 동물을 분류하는 더 적합한 기준이 된다는 것은 글의 중심 내용이 될 수 없다.

정답 ②

02 다음 글의 중심 주제로 가장 적절한 것은?

2016년 민간경력자 채용 11번 변형

맹자는 다음과 같은 이야기를 전한다. 송나라의 한 농부가 밭에 나갔다 돌아오면서 처자에게 말한다. "오늘 일을 너무 많이 했다. 밭의 싹들이 빨리 자라도록 하나하나 잡아당겨줬더니 피곤하구나." 아내와 아이가 밭에 나가보았더니 싹들이 모두 말라 죽어 있었다. 이렇게 자라는 것을 억지로 돕는 일, 즉 조장(助長)을 하지 말라고 맹자는 말한다. 싹이 빨리 자라기를 바란다고 싹을 억지로 잡아 올려서는 안 된다. 목적을 이루기 위해 가장 빠른 효과를 얻고 싶겠지만 이는 도리어 효과를 놓치는 길이다. 억지로 효과를 내려고 했기 때문이다. 싹이 자라기를 바라 싹을 잡아당기는 것은 이미 시작된 과정을 거스르는 일이다. 효과가 자연스럽게 나타날 가능성을 방해하고 막는 일이기 때문이다. 당연히 싹의 성장 가능성은 땅 속의 씨앗에 들어 있는 것이다. 개입하고 힘을 쏟고자 하는 대신에 이 잠재력을 발휘할 수 있도록 하는 것이 중요하다.

피해야 할 두 개의 암초가 있다. 첫째는 싹을 잡아당겨서 직접적으로 성장을 이루려는 것이다. 이는 목적성이 있는 적극적 행동주의로서 성장의 자연스러운 과정을 존중하지 않는 것이다. 달리 말하면 효과가 숙성되도록 놔두지 않는 것이다. 둘째는 밭의 가장자리에 서서 자라는 것을 지켜보는 것이다. 싹을 잡아당겨서도 안 되고 그렇다고 단지 싹이 자라는 것을 지켜만 봐서도 안 된다. 그렇다면 무엇을 해야 하는가? 싹 밑의 잡초를 뽑고 김을 매주는 일을 해야 하는 것이다. 경작이 용이한 땅을 조성하고 공기를 통하게 함으로써 성장을 보조해야 한다. 기다리지 못함도 삼가고 아무것도 안함도 삼가야 한다. 작동 중에 있는 자연스런 성향이 발휘되도록 기다리면서도 전력을 다할 수 있도록 돕는 노력도 멈추지 말아야 한다.

① 인류사회는 자연의 한계를 극복하려는 인위적 노력에 의해 발전해 왔다.
② 싹이 스스로 성장하도록 그대로 두는 것이 수확량을 극대화하는 방법이다.
③ 자연의 순조로운 운행을 방해하는 인간의 개입은 예기치 못한 화를 초래할 것이다.
④ 잠재력을 발휘하도록 하려면 의도적 개입과 방관적 태도 모두를 경계해야 한다.

핵심 포인트

난이도 ★★☆☆☆

글의 중심 주제는 지문에서 얘기하고자 하는 바의 핵심이므로 중심 내용을 찾는 것과 동일하게 접근한다.

오답 분석

① (×) 인류사회는 자연의 한계를 극복하려는 인위적 노력에 의해 발전해 왔다는 것은 피해야 할 두 개의 암초 중 첫 번째에 해당하므로 중심 주제가 될 수 없다.
② (×) 싹이 스스로 성장하도록 그대로 두는 것이 수확량을 극대화하는 방법이라는 것은 피해야 할 두 개의 암초 중 두 번째에 해당하므로 중심 주제가 될 수 없다.
③ (×) 자연의 순조로운 운행을 방해하는 인간의 개입은 예기치 못한 화를 초래할 것이라는 내용은 중심 주제가 될 수 없다.
④ (○) 마지막 단락의 '기다리지 못함도 삼가고 아무것도 안함도 삼가야 한다. 작동 중에 있는 자연스런 성향이 발휘되도록 기다리면서도 전력을 다할 수 있도록 돕는 노력도 멈추지 말아야 한다.'가 필자가 하고자 하는 말이다. 따라서 '잠재력을 발휘하도록 하려면 의도적 개입과 방관적 태도 모두를 경계해야 한다.'는 것이 글의 주제로 가장 적절하다.

정답 ④

03 다음 글의 중심 내용으로 가장 적절한 것은?

2017년 민간경력자 채용 3번 변형

> 2015년 한국직업능력개발원 보고서에 따르면 전체 대졸 취업자의 전공 불일치 비율이 6년간 3.6%p 상승했다. 이는 우리 대학교육이 취업 환경의 급속한 변화를 따라가지 못하고 있음을 보여준다. 기존의 교육 패러다임으로는 오늘 같은 직업생태계의 빠른 변화에 대응하기 어려워 보인다. 중고등학교 때부터 직업을 염두에 둔 맞춤 교육을 하는 것이 어떨까? 그것은 두 가지 점에서 어리석은 방안이다. 한 사람의 타고난 재능과 역량이 가시화되는 데 훨씬 더 오랜 시간과 경험이 필요하다는 것이 첫 번째 이유이고, 사회가 필요로 하는 직업 자체가 빠르게 변하고 있다는 것이 두 번째 이유이다.
>
> 그렇다면 학교는 우리 아이들에게 무엇을 가르쳐야 할까? 교육이 아이들의 삶뿐만 아니라 한 나라의 미래를 결정한다는 사실을 고려하면 이것은 우리 모두의 운명을 좌우할 물음이다. 문제는 세계의 환경이 급속히 변하고 있다는 것이다. 2030년이면 현존하는 직종 가운데 80%가 사라질 것이고, 2011년에 초등학교에 입학한 어린이 중 65%는 아직 존재하지도 않는 직업에 종사하게 되리라는 예측이 있다. 이런 상황에서 교육이 가장 먼저 고려해야 할 것은 변화하는 직업 환경에 성공적으로 대응하는 능력에 초점을 맞추는 일이다.
>
> 이미 세계 여러 나라가 이런 관점에서 교육을 개혁하고 있다. 핀란드는 2020년까지 학교 수업을 소통, 창의성, 비판적 사고, 협동을 강조하는 내용으로 개편한다는 계획을 발표했다. 이와 같은 능력들은 빠르게 현실화되고 있는 '초연결 사회'에서의 삶에 필수적이기 때문이다. 말레이시아의 학교들은 문제해결 능력, 네트워크형 팀워크 등을 교과과정에 포함시키고 있고, 아르헨티나는 초등학교와 중학교에서 코딩을 가르치고 있다. 우리 교육도 개혁을 생각하지 않으면 안 된다.

① 미래에는 현존하는 직업 중 대부분이 사라지는 큰 변화가 있을 것이다.
② 세계 여러 국가는 변화하는 세상에 대응하여 전통적인 교육을 개편하고 있다.
③ 빠르게 변하는 불확실성의 세계에서는 미래의 유망 직업을 예측하는 일이 중요하다.
④ 교육은 다음 세대가 사회 환경의 변화에 대응하는 데 필요한 역량을 함양하는 방향으로 변해야 한다.

난이도 ★★☆☆☆

핵심 포인트

지문에서 학교는 우리 아이들에게 무엇을 가르쳐야 하는지에 대해 다루고 있으므로 이와 관련하여 가장 중요한 내용이 될 수 있는 부분에 주목한다.

오답 분석

① (×) 미래에는 현존하는 직업 중 대부분이 사라지는 큰 변화가 있을 것이라는 것은 지문의 내용에 부합하지만, 가장 중요한 중심 내용이라 볼 수는 없다.
② (×) 세계 여러 국가는 변화하는 세상에 대응하여 전통적인 교육을 개편하고 있다는 것은 지문의 내용에 부합하지만, 가장 중요한 중심 내용이라 볼 수는 없다.
③ (×) 빠르게 변하는 불확실성의 세계에서는 미래의 유망 직업을 예측하는 일이 중요하다는 것은 지문의 내용과 부합하지만, 지문에서 가장 중요한 중심 내용이라 볼 수는 없다.
④ (○) '학교는 우리 아이들에게 무엇을 가르쳐야 할까?'에 대한 질문에 답이 될 수 있는 부분이 교육은 변화하는 직업 환경에 성공적으로 대응하는 능력에 초점을 맞추어야 한다는 것이다. 따라서 교육은 다음 세대가 사회 환경의 변화에 대응하는 데 필요한 역량을 함양하는 방향으로 변해야 한다는 것은 글의 중심 내용으로 적절하다.

정답 ④

04 다음 글의 중심 내용으로 가장 적절한 것은?

2006년 5급 공채 27번

화이트(H. White)는 19세기 역사 관련 저작들에서 역사가 어떤 방식으로 서술되어 있는지를 연구했다. 그는 특히 '이야기식 서술'에 주목했는데, 이것은 역사적 사건의 경과 과정이 의미를 지닐 수 있도록 서술하는 양식이다. 그는 역사적 서술의 타당성이 문학적 장르 내지는 예술적인 문체에 의해 결정된다고 보았다. 이러한 주장에 따르면 역사적 서술의 타당성은 결코 논증에 의해 결정되지 않는다. 왜냐하면 논증은 지나간 사태에 대한 모사로서의 역사적 진술의 '옳고 그름'을 사태 자체에 놓여 있는 기준에 의거해서 따지기 때문이다.

이야기식 서술을 통해 사건들은 서로 관련되면서 무정형적 역사의 흐름으로부터 벗어난다. 이를 통해 역사의 흐름은 발단·중간·결말로 인위적으로 구분되어 인식 가능한 전개 과정의 형태로 제시된다. 문학 이론적으로 이야기하자면, 사건 경과에 부여되는 질서는 '구성(plot)'이며 이야기식 서술을 만드는 방식은 '구성화(emplotment)'이다. 이러한 방식을 통해 사건은 원래 가지고 있지 않던 발단·중간·결말이라는 성격을 부여받는다. 또 사건들은 일종의 전형에 따라 정돈되는데, 이러한 전형은 역사가의 문화적인 환경에 의해 미리 규정되어 있거나 경우에 따라서는 로맨스·희극·비극·풍자극과 같은 문학적 양식에 기초하고 있다.

따라서 이야기식 서술은 역사적 사건의 경과 과정에 특정한 문학적 형식을 부여할 뿐만 아니라 의미도 함께 부여한다. 우리는 이야기식 서술을 통해서야 비로소 이러한 역사적 사건의 경과 과정을 인식할 수 있게 된다는 말이다. 사건들 사이에서 만들어지는 관계는 사건들 자체에 내재하는 것이 아니다. 그것은 사건에 대해 사고하는 역사가의 머릿속에만 존재한다.

① 역사의 의미는 절대적인 것이 아니라 현재 시점에서 새롭게 규정되는 것이다.
② 역사가가 속한 문화적인 환경은 역사와 문학의 기술 내용과 방식을 규정한다.
③ 이야기식 역사 서술이란 사건들 사이에 내재하는 인과적 연관을 찾아내는 작업이다.
④ 이야기식 역사 서술은 문학적 서술 방식을 원용하여 역사적 사건의 경과 과정에 의미를 부여한다.

핵심 포인트

난이도 ★★★☆☆

글의 중심 내용은 지문에서 얘기하고자 하는 가장 중요한 내용이므로 최종적인 글의 결론에 주목한다.

오답 분석

① (×) 역사의 의미는 절대적인 것이 아니라 현재 시점에서 새롭게 규정되는 것이라는 것은 글의 내용과 관련이 없으므로 글의 중심 내용으로 적절하지 않다.
② (×) 역사적 사건들은 역사가의 문화적인 환경에 의해 미리 규정되어 있는 일종의 전형에 따라 정돈되지만, 역사가가 속한 문화적인 환경이 역사와 문학의 기술 내용과 방식을 규정한다는 것은 글의 내용에 일치하는 내용일 뿐, 글의 중심 내용으로는 적절하지 않다.
③ (×) 이야기식 역사 서술은 역사적 사건의 경과 과정에 특정한 문학적 형식과 의미를 부여하는 것이다. 따라서 이야기식 역사 서술이 사건들 사이에 내재하는 인과적 연관을 찾아내는 작업이라는 것은 글의 중심 내용으로 적절하지 않다.
④ (○) 글의 중심 내용은 이야기식 서술은 역사적 사건의 경과 과정에 특정한 문학적 형식을 부여할 뿐만 아니라 의미도 함께 부여하기 때문에 우리는 이야기식 서술을 통해서야 비로소 이러한 역사적 사건의 경과 과정을 인식할 수 있게 된다는 것이다. 따라서 이야기식 역사 서술은 문학적 서술 방식을 원용하여 역사적 사건의 경과 과정에 의미를 부여한다는 것이 글의 중심 내용으로 가장 적절하다.

정답 ④

05 다음 글의 중심 내용으로 가장 적절한 것은?

2009년 5급 공채 21번

> 우리는 일상적으로 몸에 익히게 된 행위의 대부분이 뇌의 구조나 생리학적인 상태에 의해 이미 정해진 방향으로 연결되어 있다는 사실을 알고 있다. 우리는 걷고, 헤엄치고, 구두끈을 매고, 단어를 쓰고, 익숙해진 도로로 차를 모는 일 등을 수행하는 동안에 거의 대부분 그런 과정을 똑똑히 의식하지 않는다.
> 언어 사용 행위에 대해서도 비슷한 이야기를 할 수 있다. 마이클 가자니가는 언어 활동의 핵심이 되는 왼쪽 뇌의 언어 중추에 심한 손상을 입은 의사의 예를 들고 있다. 사고 후 그 의사는 세 단어로 된 문장도 만들 수 없게 되었다. 그런데 그 의사는 실제로 아무 효과가 없는데도 매우 비싼 값이 매겨진 특허 약에 대한 이야기를 듣자, 문제의 약에 대해 무려 5분 동안이나 욕을 퍼부어 댔다. 그의 욕설은 매우 조리 있고 문법적으로 완벽했다. 이로부터 그가 퍼부은 욕설은 손상을 입지 않은 오른쪽 뇌에 저장되어 있었다는 사실을 알게 되었다. 여러 차례 반복된 욕설은 더 이상 의식적인 언어 조작을 필요로 하지 않게 되었고, 따라서 오른쪽 뇌는 마치 녹음기처럼 그 욕설을 틀어 놓은 것이다.
> 사람의 사유 행위도 마찬가지이다. 우리는 일상적으로 어떻게 새로운 아이디어를 얻게 되는가? 우리는 엉뚱한 생각에 골몰하거나 다른 일을 하고 있는 동안 무의식중에 멋진 아이디어가 떠오르곤 하는 경우를 종종 경험한다. '영감'의 능력으로 간주할 만한 이런 일들은 시간을 보내기 위해 언어로 하는 일종의 그림 맞추기 놀이와 비슷한 것이다. 그런 놀이를 즐길 때면 우리는 의식하지 못하는 사이에 가장 적합한 조합을 찾기도 한다. 이처럼 영감이라는 것도 의식적으로 발생하는 것이 아니라 자동화된 프로그램에 의해 나타나는 것이다.

① 인간의 사고 능력은 일종의 언어 능력이다.
② 인간의 우뇌에 저장된 정보와 좌뇌에 저장된 정보는 독립적이다.
③ 인간의 언어 사용에서 의식이 차지하는 비중이 크지만 영감에서는 그렇지 않다.
④ 일상적인 인간 행위는 대부분 의식하지 않고도 자동적으로 이루어진다.

핵심 포인트

난이도 ★★★☆☆

글의 중심 내용은 지문에서 얘기하고자 하는 가장 중요한 내용이므로 최종적인 글의 결론에 주목한다.

오답 분석

① (×) 인간의 사고 능력은 일종의 언어 능력이라는 것은 글의 내용과 관련이 없으므로 글의 중심 내용으로 적절하지 않다.
② (×) 두 번째 단락에 제시된 사례에 따르면 인간의 우뇌에 저장된 정보와 좌뇌에 저장된 정보는 독립적이지만, 글의 중심 내용으로는 적절하지 않다.
③ (×) 인간의 언어 사용에서 의식이 차지하는 비중이 크지만 영감에서는 그렇지 않다는 것은 글의 내용에 부합하지 않으므로 중심 내용으로 적절하지 않다.
④ (○) 글의 중심 내용은 일상적으로 몸에 익히게 된 행위의 대부분이 뇌의 구조나 생리학적인 상태에 의해 이미 정해진 방향으로 연결되어 있다는 것이다. 두 번째 단락의 언어 사용 행위와 세 번째 단락의 사유 행위는 그에 대한 사례로 제시되어 있다. 따라서 일상적인 인간 행위는 대부분 의식하지 않고도 자동적으로 이루어진다는 것이 글의 중심 내용으로 가장 적절하다.

정답 ④

대표유형 10 내용 이해 및 부합

유형 정복 필승전략

유형 소개
주어진 지문을 읽고, 지문의 내용을 바탕으로 선택지의 내용이 일치하는지 여부를 판단하는 유형이다.

유형 특징
① 2~3 단락 정도의 지문이 생소한 내용을 담은 설명문 형태로 제시된다.
② 선택지는 지문의 내용을 제대로 이해하고 있는지를 평가하기 위해 지문에 제시된 세부적인 정보를 바탕으로 구성된다.

풀이 전략
① 지문을 읽기 전에 선택지를 먼저 읽고, 선택지의 핵심어와 반복되는 단어가 무엇인지 확인한다.
② 지문의 모든 정보를 이해하는 데 매몰되지 말고, 선택지의 핵심어와 선택지에서 반복된 단어에 대한 설명을 중심으로 지문의 정보를 확인한다.
③ 지문에서 찾은 내용을 선택지와 비교하여 정답을 찾는다.

01 다음 글을 이해한 내용으로 가장 적절한 것은?

2025년 국가직 9급 4번

> 20세기에 접어들면서 우리는 새로운 시대의 변화를 다양한 영역에서 확인할 수 있게 되었다. 문학 영역도 마찬가지였다. 이전과 뚜렷이 구별되는 유형과 성격의 문학작품이 등장하였고, 이에 따라 다양한 독자층이 새롭게 형성되었다. 20세기 초 우리나라의 문학 독자층은 흔히 두 가지로 구분되었다. 하나는 구활자본 고전소설과 일부 신소설의 독자인 '전통적 독자층'이고, 다른 하나는 이 시기 새롭게 등장하여 유행하기 시작한 대중소설, 번안소설, 신문 연재 통속소설을 즐겨 봤던 '근대적 대중 독자층'이다. 전통적 독자층에는 노동자와 농민, 양반, 부녀자 등이 속하고, 근대적 대중 독자층에는 도시 노동자, 학생, 신여성 등이 속했다.
>
> 그런데 20세기 초 문학 독자층 중에는 전통과 근대의 두 범주에 귀속시키기 어려운 독자층도 존재했다. 이 시기 신문학의 순수문학 작품, 일본을 비롯한 외국의 순수문학 소설 등을 향유했던 사람들이 바로 그들이다. 문자를 익숙하게 다루고 외국어를 지속적으로 습득한 지식인층은 근대적 대중 독자층과는 다른 문학적 향유 양상을 보여 주었던 것이다. 이들은 '엘리트 독자층'이라고 부를 수 있다.

① 근대적 대중 독자층에서 엘리트 독자층이 분화되어 나왔다.
② 20세기 초의 문학 독자층을 구분하는 기준은 신분과 학력이었다.
③ 엘리트 독자층에 속한 사람들은 우리나라 문학작품 외에도 외국 소설을 읽었다.
④ 근대적 대중 독자층에 속한 사람들은 전통적 독자층에 속한 사람들보다 경제적으로 부유했다.

난이도 ★★☆☆☆

핵심 포인트

전통적 독자층, 근대적 대중 독자층, 엘리트 독자층의 특성이 비교 대조되어 있으므로 이에 주목하여 지문을 읽는다.

오답 분석

① (×) 두 번째 단락에 따르면 엘리트 독자층은 전통과 근대의 두 범주에 귀속시키기 어려운 독자층이다. 따라서 근대적 대중 독자층에서 엘리트 독자층이 분화되어 나왔다는 것은 적절하지 않다.
② (×) 20세기 초의 문학 독자층은 어떤 유형과 성격의 문학작품을 읽느냐에 따라 구분되는 것이지, 신분과 학력에 따라 구분되었던 것이 아니었다.
③ (○) 두 번째 단락에 따르면, 엘리트 독자층은 신문학의 순수문학 작품, 일본을 비롯한 외국의 순수문학 소설 등을 향유했던 사람들이다. 따라서 엘리트 독자층에 속한 사람들은 우리나라 문학작품 외에도 외국 소설을 읽었다는 것은 적절한 내용이다.
④ (×) 첫 번째 단락에 따르면 전통적 독자층에는 노동자와 농민, 양반, 부녀자 등이 속하고, 근대적 대중 독자층에는 도시 노동자, 학생, 신여성 등이 속했다. 그러나 근대적 대중 독자층에 속한 사람들은 전통적 독자층에 속한 사람들보다 경제적으로 부유했는지는 판단할 수 없다.

정답 ③

02 다음 글을 이해한 내용으로 가장 적절한 것은?

2025년 지방직 9급 2번

> 김삿갓으로 알려진 김병연의 집안은 그의 할아버지인 김익순이 죄를 짓고 사형당하기 전까지 괜찮은 편이었다. 김병연의 5대조 할아버지 김시태가 경종 초에 신임사화에 연루되었지만, 영조가 즉위한 뒤 그것이 조작된 것임이 밝혀지고 명예가 회복되었다. 김익순은 김시태의 후광을 입어 여러 관직에 나아갔다. 1811년 그가 선천 부사로 재직 중일 때 홍경래의 난이 일어났다. 이때 그는 반란군에게 항복했을 뿐만 아니라, 반란이 수습될 무렵에는 반란군 장수의 목을 베어 왔다는 거짓 보고까지 했다. 김익순의 이러한 행적이 드러나 결국 그는 모든 재산이 몰수되고 사형을 당했다. 이후 김병연은 대역죄로 사형당한 인물의 후손이라는 오명을 쓰고 살아갈 수밖에 없었다. 그가 당대의 주류 세력과 관계를 맺지 못한 것도 이 때문이었다. 그는 20세 전후로 부모가 모두 숨지자 자신의 신세를 한탄하며 세상을 떠돌게 되었다.

① 김시태의 후손은 아무도 관직에 나아가지 못했다.
② 김익순은 김시태의 죄상이 드러나 재산이 몰수되었다.
③ 김병연은 자신의 조상이 신임사화에 연루되어 세상을 떠돌게 되었다.
④ 김병연은 대역죄인의 후손이어서 당대 주류 세력과 관계를 맺을 수 없었다.

핵심 포인트   난이도 ★☆☆☆☆

김시태, 김익순, 김병연으로 이어지는 김병연 집안의 특성과, 이것이 김병연에서 끼친 영향에 대해 이해한다.

오답 분석

① (×) 김익순은 김시태의 후손이고, 김시태의 후광을 입어 여러 관직에 나아갔다고 제시되어 있다. 따라서 김시태의 후손은 아무도 관직에 나아가지 못했다는 것은 적절하지 않다.
② (×) 김익순은 반란군에게 항복했을 뿐만 아니라, 반란군 장수의 목을 베어 왔다는 거짓 보고까지 한 행적이 드러나 재산이 몰수된 것이다. 따라서 김익순이 김시태의 죄상이 드러나 재산이 몰수되었다는 것은 적절하지 않다.
③ (×) 김병연의 5대조 할아버지 김시태가 경종 초에 신임사화에 연루되었지만, 그것이 조작된 것임이 밝혀져 명예가 회복되었다. 따라서 김병연이 자신의 조상이 신임사화에 연루되어 세상을 떠돌게 되었다는 것은 적절하지 않다.
④ (○) '김병연은 대역죄로 사형당한 인물의 후손이라는 오명을 쓰고 살아갈 수밖에 없었다. 그가 당대의 주류 세력과 관계를 맺지 못한 것도 이 때문이었다.'라는 글의 내용에서 김병연은 대역죄인의 후손이어서 당대 주류 세력과 관계를 맺을 수 없었다는 것을 알 수 있다.

정답 ④

03 다음 글을 이해한 내용으로 가장 적절한 것은?

2011년 민간경력자 채용 2번 변형

> 유토피아는 우리가 살고 있는 세계와는 다른 '또 다른 세계'이며, 나아가 전적으로 인간의 지혜로 설계된 세계이다. 유토피아를 설계하는 사람은, 완전히 뜯어고쳐야 할 만큼 이 세상이 잘못되어 있다고 생각한다. 또한 그는 새 세계를 만들고 관리할 능력이 인간에게 있다고 믿는다. 어떤 사람이 유토피아를 꿈꾸고 설계하는지 않는지는 그 사람이 세상을 대하는 태도와 밀접하게 연관되어 있다.
>
> 인간이 세상을 대하는 태도는 다음 세 가지로 나눌 수 있다. 첫째, 산지기의 태도이다. 산지기의 주요 임무는, 인위적인 간섭을 최소화하면서 맡겨진 땅을 지키는 것이다. 이른바 땅의 자연적 균형을 유지하는 것이 그의 목적이다. 신의 설계에 담긴 지혜와 조화, 질서를 인간이 다 이해할 수는 없으나, 삼라만상이 적재적소에 놓여 있는 신성한 존재의 사슬이라는 것이 산지기의 신념이다.
>
> 둘째, 정원사의 태도이다. 정원사는 자기가 끊임없이 보살피고 노력하지 않으면 이 세상이 무질서해질 것이라고 여긴다. 그는 우선 바람직한 배치도를 머리에 떠올린 후 정원을 그 이미지에 맞추어 개조한다. 그는 적합한 종류의 식물을 키우고 잡초들은 뽑아 버림으로써 자신이 생각해 놓은 대로 대지를 디자인한다.
>
> 셋째, 사냥꾼의 태도이다. 사냥꾼은 사물의 전체적인 균형에 대해서는 무관심하다. 사냥꾼이 하는 유일한 일은 사냥감으로 자기 자루를 최대한 채우는 것이다. 사냥이 끝난 후에 숲에 동물들이 남아 있도록 할 의무가 자기에게 있다고 생각하지 않는다.

① 정원사는 세상에 대한 인간의 적극적 개입을 지양한다.
② 산지기는 인간과 자연이 조화되는 유토피아를 설계한다.
③ 사냥꾼은 세상을 바꾸는 일보다 이용하는 데에 관심이 있다.
④ 신이 부여한 정연한 질서가 세계에 있다는 믿음은 세 태도 중 둘에서 나타난다.

난이도 ★★★★☆

핵심 포인트

지문에 유토피아와 관련해 '산지기', '정원사', '사냥꾼' 세 태도가 설명되어 있으므로 그 차이점에 주목한다.

오답 분석

① (×) 세 번째 단락에서 정원사는 자신이 생각해 놓은 대로 대지를 디자인하므로 정원사가 세상에 대한 인간의 적극적 개입을 지양한다는 것은 알 수 없다.
② (×) 두 번째 단락에서 산지기의 주요 임무는 인위적인 간섭을 최소화하면서 맡겨진 땅을 지키는 것이므로 산지기가 인간과 자연이 조화되는 유토피아를 설계한다는 것은 알 수 없다.
③ (○) 네 번째 단락에서 사냥꾼은 사물의 전체적인 균형에 대해서는 무관심하고, 사냥꾼이 하는 유일한 일은 사냥감으로 자기 자루를 최대한 채우는 것이므로 사냥꾼이 세상을 바꾸는 일보다 이용하는 데에 관심이 있다는 것은 알 수 있다.
④ (×) 두 번째 단락에서 산지기는 신의 설계에 담긴 지혜와 조화, 질서에 대해 삼라만상이 적재적소에 놓여 있는 신성한 존재의 사슬이라는 신념을 가지고 있으므로, 신이 부여한 정연한 질서가 세계에 있다는 믿음을 가지고 있다. 그러나 정원사는 자신이 생각해 놓은 대로 대지를 디자인하려고 하고, 사냥꾼에게는 이와 관련한 믿음이 보이지 않으므로 신이 부여한 정연한 질서가 세계에 있다는 믿음은 세 태도 중 하나에서만 나타난다.

정답 ③

04 다음 글에서 알 수 있는 것은?

2011년 민간경력자 채용 25번 변형

> 소리를 내는 것, 즉 음원의 위치를 판단하는 일은 복잡한 과정을 거친다. 사람의 청각은 '청자의 머리와 두 귀가 소리와 상호작용하는 방식'을 단서로 음원의 위치를 파악한다.
> 　음원의 위치가 정중앙이 아니라 어느 한쪽으로 치우쳐 있으면, 소리가 두 귀 중에서 어느 한쪽에 먼저 도달한다. 왼쪽에서 나는 소리는 왼쪽 귀가 먼저 듣고, 오른쪽에서 나는 소리는 오른쪽 귀가 먼저 듣는다. 따라서 소리가 두 귀에 도달하는 데 걸리는 시간차를 이용하면 소리가 오는 방향을 알아낼 수 있다. 소리가 두 귀에 도달하는 시간의 차이는 음원이 정중앙에서 한쪽으로 치우칠수록 커진다.
> 　양 귀를 이용해 음원의 위치를 알 수 있는 또 다른 단서는 두 귀에 도달하는 소리의 크기 차이이다. 왼쪽에서 나는 소리는 왼쪽 귀에 더 크게 들리고, 오른쪽에서 나는 소리는 오른쪽 귀에 더 크게 들린다. 이런 차이는 머리가 소리 전달을 막는 장애물로 작용하기 때문이다. 하지만 이런 차이는 소리에 섞여 있는 여러 음파들 중 고주파에서만 일어나고 저주파에서는 일어나지 않는다. 따라서 소리가 저주파로만 구성되어 있는 경우 소리의 크기 차이를 이용한 위치 추적은 효과적이지 않다.
> 　또 다른 단서는 음색의 차이이다. 고막에 도달하기 전에 소리는 머리와 귓바퀴를 지나는데 이때 머리와 귓바퀴의 굴곡은 소리를 변형시키는 필터 역할을 한다. 이 때문에 두 고막에 도달하는 소리의 음색 차이가 생겨난다. 이러한 차이를 통해 음원의 위치를 파악할 수 있다.

① 다른 조건이 같다면 고주파로만 구성된 소리가 저주파로만 구성된 소리보다 음원의 위치를 파악하기 쉽다.
② 두 귀에 도달하는 소리의 시간차가 클수록 청자와 음원의 거리는 멀다.
③ 저주파로만 구성된 소리의 경우 그 음원의 위치를 파악할 수 없다.
④ 머리가 소리를 막지 않는다면 음원의 위치를 파악할 수 없다.

핵심 포인트　　　　　　　　　　　　　　　　　　　　　　　　　　　　　　　난이도 ★★★☆☆

지문에 음원의 위치를 파악하는 단서가 제시되어 있으므로 이에 주목한다.

오답 분석

① (O) 세 번째 단락에 따르면 음원의 위치를 파악하는 단서인 소리의 크기 차이는 고주파에서만 일어나고 저주파에서는 일어나지 않는다. 따라서 고주파로만 구성된 소리가 저주파로만 구성된 소리보다 음원의 위치를 파악하는 방법이 적어도 하나는 더 있는 셈이므로 다른 조건이 같다면 고주파로만 구성된 소리가 저주파로만 구성된 소리보다 음원의 위치를 파악하기 쉽다는 것을 알 수 있다.
② (×) 두 번째 단락에 따르면 두 귀에 도달하는 소리의 시간차와 청자와 음원의 거리는 관련이 없으므로 두 귀에 도달하는 소리의 시간차가 클수록 청자와 음원의 거리는 멀다는 것은 알 수 없다.
③ (×) 세 번째 단락에 따르면 저주파로만 구성된 소리는 두 번째 단서만 적용할 수 없을 뿐이지 모든 단서가 적용되지 않는 것은 아니므로 저주파로만 구성된 소리의 경우 그 음원의 위치를 파악할 수 없다는 것은 알 수 없다.
④ (×) 세 번째 단락에 따르면 머리가 소리 전달을 막는 장애물로 작용하기 때문에 왼쪽에서 나는 소리는 왼쪽 귀에 더 크게 들리고 오른쪽에서 나는 소리는 오른쪽 귀에 더 크게 들리지만, 머리가 소리를 막지 않는다면 음원의 위치를 파악할 수 없다는 것은 알 수 없다.

정답 ①

05 다음 글의 내용과 부합하는 것은?

2013년 민간경력자 채용 1번 변형

> 중세 동아시아 의학의 특징은 강력한 중앙권력의 주도 아래 통치수단의 방편으로서 활용되었다는 점이다. 권력자들은 최상의 의료 인력과 물자를 독점적으로 소유함으로써 의료를 충성에 대한 반대급부로 삼았다. 이러한 특징은 국가 간의 관계에서도 나타나 중국의 황제는 조공국에게 약재를 하사함으로써 위세와 권위를 과시했다. 고려의 국왕 또한 가부장적 이데올로기에 입각하여 의료를 신민 지배의 한 수단으로 삼았다. 국왕은 일년 중 정해진 날에 종4품 이상의 신료에게 약재를 내렸는데, 이를 납약(臘藥)이라 하였다. 납약은 중세 국가에서 약재가 일종의 위세품(威勢品)으로 작용하였음을 잘 보여주는 사례이다.
>
> 역병이 유행하면 고려의 국왕은 이에 상응하는 약재를 분배하였다. 1018년 개경에 유행성 열병인 장역(瘴疫)이 유행하자 현종은 관의(官醫)에게 병에 걸린 문무백관의 치료를 명령하고 필요한 약재를 하사하였다. 하층 신민에 대해서는 혜민국과 구제도감 등 다양한 의료 기관을 설립하여 살피게 했다. 전염병이 유행하면 빈민들의 희생이 컸기에 소극적이나마 빈민을 위한 의료대책을 시행하지 않을 수 없었다. 1110년과 1348년 전염병이 유행하였을 때에는 개경 시내에 빈민의 주검이 많이 방치되어 있었고, 이는 전염병이 유행하게 되는 또 다른 요인이 되었다. 이들 빈민 환자를 한 곳에 모아 관리해야 할 필요성에서 빈민의료가 시작되었다. 그러나 혜민국은 상설 기관이 아니라 전염병 유행과 같은 비상시에 주로 기능하는 임시 기관이었다. 애민(愛民) 정책 아래 만들어진 이들 기관의 실상은 치료보다는 통치를 위한 격리를 목적으로 하였다.

① 고려는 역병을 예방하기 위해 혜민국을 설치하였다.
② 고려 국왕은 병든 문무백관의 치료를 위해 납약을 하사하였다.
③ 중세 동아시아 의학은 상·하층 신민의 질병을 치료하기 위한 목적으로 발전하였다.
④ 중세 동아시아의 권력자는 의료 인력과 약재를 독점하여 신료의 충성을 유도하였다.

난이도 ★★★☆☆

핵심 포인트

지문에 중세 동아시아 의학의 특징과 고려 의학의 특징이 제시되어 있으므로 그 내용에 주목한다.

오답 분석

① (×) 두 번째 단락에 따르면 혜민국은 전염병 유행과 같은 비상시에 기능하는 임시 기관이므로 고려는 역병을 예방하기 위해 혜민국을 설치하였다는 것은 글의 내용과 부합하지 않는다.
② (×) 첫 번째 단락에 따르면 납약은 일종의 위세품으로 내려진 약재이므로 고려 국왕이 병든 문무백관의 치료를 위해 납약을 하사하였다는 것은 글의 내용과 부합하지 않는다.
③ (×) 첫 번째 단락에 따르면 중세 동아시아 의학은 통치수단의 방편으로 활용된 것이 특징이므로 중세 동아시아 의학은 상·하층 신민의 질병을 치료하기 위한 목적으로 발전하였다는 것은 글의 내용과 부합하지 않는다.
④ (○) 첫 번째 단락에 따르면 권력자들은 최상의 의료 인력과 물자를 독점적으로 소유함으로써 의료를 충성에 대한 반대급부로 삼았다. 따라서 중세 동아시아의 권력자는 의료 인력과 약재를 독점하여 신료의 충성을 유도하였다는 것은 글의 내용과 부합한다.

정답 ④

06 다음 글의 내용과 부합하지 않는 것은?

2013년 민간경력자 채용 2번 변형

> 컴퓨터 매체에 의존한 전자 심의가 민주정치의 발전을 가져올 수 있을까? 이 질문에 답하는 데 도움이 될 만한 실험들이 있었다. 한 실험에 따르면, 전자 심의에서는 시각적 커뮤니케이션이 없었지만 토론이 지루해지지 않았고 오히려 대면 심의에서는 드러나지 않았던 내밀한 내용들이 쉽게 표출되었다. 이것으로 미루어 보건대, 인터넷은 소극적이고 내성적인 사람들이 자신의 의견을 적극 표출하도록 만들 수 있다는 장점이 있다. 하지만 다른 실험은 대면 심의 집단이 질적 판단을 요하는 복합적 문제를 다루는 경우 전자 심의 집단보다 우월하다는 결과를 보여주었다.
>
> 이런 관점에서 보면 전자 심의는 소극적인 시민들의 생활에 숨어있는 다양한 의견들을 표출하기에 적합하며, 대면 심의는 책임감을 요하는 정치적 영역의 심의에 더 적합하다고 볼 수 있다. 정치적 영역의 심의는 복합적 성격의 쟁점, 도덕적 갈등 상황, 그리고 최종 판단의 타당성 여부가 불확실한 문제들과 깊이 관련되어 있기 때문이다. 어려운 정치적 결정일수록 참여자들 사이에 타협과 협상을 필요로 하는데, 그 타협은 일정 수준의 신뢰 등 '사회적 자본'이 확보되어 있을 때 용이해진다. 정치적 사안을 심의하려면 토론자들이 서로 간에 신뢰하고 있을 뿐 아니라 심의 결과에 대해 책임의식을 느끼고 있어야 하고, 이런 바탕 위에서만 이성적 심의나 분별력 있는 심의가 가능하다. 하지만 이것은 인터넷 공간에서는 확보되기 어려운 것으로 보인다.

① 인터넷을 통한 전자 심의는 내밀한 내용이 표출된다는 점에서 신뢰를 증진시킬 수 있다.
② 질적 판단을 요하는 복합적 문제를 다루는 데에는 대면 심의 집단이 우월한 경우가 있다.
③ 인터넷은 소극적이고 내성적인 사람들이 자신의 의견을 표출하도록 만들 수 있다는 장점이 있다.
④ 정치적 사안을 심의하려면 토론자들이 서로 신뢰하고 심의 결과에 대해 책임의식을 느껴야 한다.

핵심 포인트   난이도 ★★★☆☆

지문에 전자 심의와 대면 심의를 비교하여 설명하고 있으므로 그 차이점과 공통점에 주목한다.

오답 분석

① (×) 첫 번째 단락에 따르면 전자 심의는 내밀한 내용이 표출될 수 있지만, 신뢰를 증진시킬 수 있는 것은 대면 심의의 특성이므로 인터넷을 통한 전자 심의는 내밀한 내용이 표출된다는 점에서 신뢰를 증진시킬 수 있다는 것은 글의 내용과 부합하지 않는다.
② (O) 첫 번째 단락에서 대면 심의 집단이 질적 판단을 요하는 복합적 문제를 다루는 경우 전자 심의 집단보다 우월하다는 결과를 보여준 실험이 있다고 언급되어 있으므로 질적 판단을 요하는 복합적 문제를 다루는 데에는 대면 심의 집단이 우월한 경우가 있다는 것은 글의 내용과 부합한다.
③ (O) 첫 번째 단락에서 인터넷은 소극적이고 내성적인 사람들이 자신의 의견을 적극 표출하도록 만들 수 있다는 장점이 있다고 언급되어 있으므로 인터넷은 소극적이고 내성적인 사람들이 자신의 의견을 표출하도록 만들 수 있다는 장점이 있다는 것은 글의 내용과 부합한다.
④ (O) 두 번째 단락에서 정치적 사안을 심의하려면 토론자들이 서로 간에 신뢰하고 있을 뿐 아니라 심의 결과에 대해 책임의식을 느끼고 있어야 한다고 되어 있으므로 정치적 사안을 심의하려면 토론자들이 서로 신뢰하고 심의 결과에 대해 책임의식을 느껴야 한다는 것은 글의 내용과 부합한다.

정답 ①

07 다음 글에서 알 수 없는 것은?

2013년 민간경력자 채용 6번 변형

공영(公營)방송은 세 번의 위기를 겪었다. 첫 번째는 사영(私營)방송의 등장이었다. 서유럽에서 방송은 1920년대 탄생 초기부터 공영으로 운영되는 것이 일반적이었는데 1950년대 이후 사영방송이라는 경쟁자가 나타나게 된 것이다. 그러나 이러한 사영방송의 등장은 공영방송에 '위협'이 되었을 뿐, 진정한 '위기'를 불러오지는 않았다. 경제적으로 꾸준히 발전하던 이 시기에 공영방송은 사영방송과 함께 시장을 장악했다.

두 번째 위기는 케이블 TV 등 다채널 방송의 등장이었다. 서구에서는 1980년대, 한국에서는 1990년대 후반에 시작한 다채널 서비스의 등장은 공영방송의 존재에 큰 회의를 품게 하였다. 다채널 방송은 공영방송이 제공해 온 차별적인 장르들, 즉 뉴스, 다큐멘터리, 어린이 프로그램들을 훨씬 더 전문적인 내용으로, 더 많은 시간 동안 제공하게 되었다. 공영방송은 양질의 프로그램 제작을 위해 상대적으로 더 많은 재원을 필요로 하게 되었고, 이를 위해 수신료 인상이 필요했지만, 시청자들은 이에 동의하지 않았다. 그러나 이러한 위기에도 불구하고 공영방송은 어느 정도의 시청률을 유지한 채 주류방송으로서의 지위를 굳건히 지켜냈다.

최근 들어 디지털 융합형 미디어의 발전이라는 세 번째 위기가 시작되었다. 이는 채널 제공 경쟁자가 늘어나는 것이 아니라 수용자의 미디어 소비 패턴 자체를 바꾸는 변화이기 때문에 훨씬 더 위협적이다. 디지털 미디어에 익숙한 젊은 시청자들은 채널을 통해 제공하는 일방향 서비스에 의존적이지 않다. 개별 국가의 정체성 형성을 담당하던 공영방송은 유튜브와 팟캐스트 등 국경을 넘나드는 새로운 플랫폼에 속수무책인 상황에 처하게 되었다.

① 공영방송은 일방향 서비스를 제공해왔다.
② 다채널 방송 중에서는 공영방송의 프로그램과 동일한 장르의 채널도 존재하였다.
③ 새로운 플랫폼이 탄생하기 전에 공영방송이 주류방송의 위치를 차지하고 있었다.
④ 다채널 방송으로 경쟁 환경이 조성되면서 시청자들이 양질의 공영방송 프로그램을 즐기게 되었다.

핵심 포인트

난이도 ★★★☆☆

지문에 공영방송의 세 번의 위기에 대한 내용이 단락 별로 제시되어 있으므로 그 내용에 주목한다.

오답 분석

① (○) 세 번째 단락에서 공영방송의 진정한 위기에 해당하는 디지털 융합형 미디어의 특성이 일방향 서비스에 의존적이지 않은 것이라는 점에서 공영방송은 일방향 서비스를 제공해 왔음을 알 수 있다.
② (○) 두 번째 단락에서 다채널 방송은 공영방송이 제공해 온 차별적인 장르들을 훨씬 더 전문적인 내용으로, 더 많은 시간 동안 제공하게 되었다고 하므로 다채널 방송 중에서는 공영방송의 프로그램과 동일한 장르의 채널도 존재하였다는 것을 알 수 있다.
③ (○) 새로운 플랫폼은 디지털 융합형 미디어를 의미하는데, 이것의 등장이 공영방송의 진정한 위기가 되므로 새로운 플랫폼이 탄생하기 전에 공영방송은 주류방송의 위치를 차지하고 있었음을 알 수 있다.
④ (×) 다채널 방송으로 경쟁 환경이 조성되면서 시청자들이 양질의 공영방송 프로그램을 즐기게 되었는지는 글에서 알 수 없다.

정답 ④

08 다음 글의 내용과 부합하지 않는 것은?

2014년 민간경력자 채용 13번 변형

> 한국 사회의 근대화 과정은 급속한 산업화와 도시화라는 특징을 가진다. 1960년대 이후 급속한 근대화에 따라 전통적인 농촌공동체를 떠나 도시로 이주하는 사람들이 급격하게 증가하였으며, 이로 인해 전통적인 사회구조가 해체되었다. 이 과정에서 직계가족이 가치판단의 중심이 되는 가족주의가 강조되었다. 이는 전통적 공동체가 힘을 잃은 상황에서 가족이 매우 중요한 역할을 담당했기 때문이다. 국가의 복지가 부실한 상황에서 가족은 노동력의 재생산 비용을 담당했다.
>
> 가족은 물질적 생존의 측면뿐만 아니라 정서적 생존을 위해서도 중요한 보호막으로 기능했다. 말하자면, 전통적 사회구조가 약화되면서 나타나는 사회적 긴장과 불안을 해소하는 역할을 해 왔다는 것이다. 서구 사회의 근대화 과정에서는 개인의 자율적 판단과 선택을 강조하는 개인주의 윤리나 문화가 그러한 사회적 긴장과 불안을 해소하는 역할을 담당했다. 하지만 한국 사회의 경우 근대화가 급속하게 압축적으로 이루어졌기 때문에 서구 사회와 같은 근대적 개인주의 문화가 제대로 정착하지 못했다. 그래서 한국 사회에서는 가족주의 문화가 근대화 과정의 긴장과 불안을 해소하는 역할을 담당하게 되었다.
>
> 한편, 전통적 공동체 문화는 학연과 지연을 매개로 하여 유사가족주의 형태로 나타났다. 1960년대 이후 농촌을 떠나온 사람들이 도시에서 만든 계나 동창회와 같은 것들이 유사가족주의의 단적인 사례이다.

① 근대화 과정을 거치면서 한국 사회에서는 가족주의가 강조되었다.
② 한국의 근대화 과정에서 전통적 공동체 문화는 유사가족주의로 변형되기도 했다.
③ 근대화 과정에서 한국의 가족주의 문화와 서구의 개인주의 문화는 유사한 역할을 수행했다.
④ 한국의 근대화 과정에서 서구의 개인주의 문화가 정착하지 못한 것은 가족주의 문화 때문이었다.

핵심 포인트

난이도 ★★★☆☆

지문에 한국의 근대화 과정에서 나타난 변화가 제시되어 있으므로 그 내용에 주목한다.

오답 분석

① (○) 첫 번째 단락에 따르면 1960년대 이후 급속한 근대화에 따라 전통적인 사회구조가 해체되는 과정에서 직계가족이 가치판단의 중심이 되는 가족주의가 강조되었다. 따라서 근대화 과정을 거치면서 한국 사회에서는 가족주의가 강조되었다는 것은 글의 내용과 부합한다.

② (○) 세 번째 단락에 따르면 한국의 전통적 공동체 문화는 학연과 지연을 매개로 하여 유사가족주의 형태로 나타났다. 따라서 한국의 근대화 과정에서 전통적 공동체 문화는 유사가족주의로 변형되기도 했다는 것은 글의 내용과 부합한다.

③ (○) 두 번째 단락에 따르면 서구 사회의 근대화 과정에서는 개인의 자율적 판단과 선택을 강조하는 개인주의 윤리나 문화가 그러한 사회적 긴장과 불안을 해소하는 역할을 담당했지만, 한국 사회에서는 가족주의 문화가 근대화 과정의 긴장과 불안을 해소하는 역할을 담당하게 되었다. 따라서 근대화 과정에서 한국의 가족주의 문화와 서구의 개인주의 문화는 유사한 역할을 수행했다는 것은 글의 내용과 부합한다.

④ (×) 두 번째 단락에 따르면 한국의 근대화 과정에서 서구의 개인주의 문화가 정착하지 못한 것은 근대화가 급격히 이루어졌기 때문이지, 가족주의 문화 때문이 아니다. 오히려 가족주의 문화는 서구의 개인주의가 담당했던 역할을 담당했다. 따라서 한국의 근대화 과정에서 서구의 개인주의 문화가 정착하지 못한 것은 가족주의 문화 때문이었다는 것은 글의 내용과 부합하지 않는다.

정답 ④

09 다음 글을 이해한 내용으로 적절하지 않은 것은?

2016년 민간경력자 채용 3번 변형

> 광장의 기원은 고대 그리스의 아고라에서 찾을 수 있다. '아고라'는 사람들이 모이는 곳이란 뜻을 담고 있다. 호메로스의 작품에 처음 나오는 이 표현은 물리적 장소만이 아니라 사람들이 모여서 하는 각종 활동과 모임도 의미한다. 아고라는 사람들이 모이는 도심의 한복판에 자리 잡되 그 주변으로 사원, 가게, 공공시설, 사교장 등이 자연스럽게 둘러싸고 있는 형태를 갖는다. 물론 그 안에 분수도 있고 나무도 있어 휴식 공간이 되기는 하지만 그것은 부수적 기능일 뿐이다. 아고라 곧 광장의 주요 기능은 시민들이 모여 행하는 다양한 활동 그 자체에 있다.
>
> 르네상스 이후 광장은 유럽의 여러 제후들이 도시를 조성할 때 일차적으로 고려하는 사항이 된다. 광장은 제후들이 권력 의지를 실현하는 데 중요한 역할을 할 수 있었기 때문이다. 이 시기 유럽의 도시에서는 고대 그리스 이후 자연스럽게 발전해 온 광장이 의식적으로 조성되기 시작한다. 도시를 설계할 때 광장의 위치와 넓이, 기능이 제후들의 목적에 따라 결정된다.
>
> 「광장」을 쓴 프랑코 만쿠조는 유럽의 역사가 곧 광장의 역사라고 말한다. 그에 따르면, 유럽인들에게 광장은 일상생활의 통행과 회합, 교환의 장소이자 동시에 권력과 그 의지를 실현하는 장이고 프랑스 혁명 이후 근대 유럽에서는 저항하는 대중의 연대와 소통의 장이라는 의미도 갖게 된다.
>
> 이처럼 광장은 인류의 모든 활동이 수렴되고 확산되는 공간이며 문화 마당이고 예술이 구현되는 장이며 더 많은 자유를 향한 열정이 집결하는 곳이다. 특히 근대 이후 광장을 이런 용도로 사용하는 것은 시민의 정당한 권리가 된다. 광장은 권력의 의지가 발현되는 공간이면서 동시에 시민에게는 그것을 넘어서고자 하는 자유의 열망이 빚어지는 장이다.

① 근대 이후 광장은 시민의 자유에 대한 열망이 모이는 장이었다.
② 고대 그리스의 아고라는 사람들이 모이는 장소 이상의 의미를 갖는다.
③ 유럽의 여러 제후들이 광장을 중요시한 것은 거주민의 의견을 반영하기 위해서였다.
④ 프랑스 혁명 이후 유럽에서 광장은 저항하는 이들의 소통 공간이라는 의미도 갖는다.

난이도 ★★★★☆

핵심 포인트

지문에 근대 이후, 고대 그리스, 프랑스 혁명 이후 유럽의 광장에 대한 정보가 단락 별로 제시되어 있으므로 이에 주목한다.

오답 분석

① (○) 네 번째 단락에서 근대 이후 광장은 권력의 의지가 발현되는 공간이면서 동시에 시민에게는 그것을 넘어서고자 하는 자유의 열망이 빚어지는 장이라고 했으므로 근대 이후 광장은 시민의 자유에 대한 열망이 모이는 장이었음을 알 수 있다.
② (○) 첫 번째 단락에서 호메로스 작품에 나오는 고대 그리스의 아고라는 물리적 장소만이 아니라 사람들이 모여서 하는 각종 활동과 모임도 의미하므로 고대 그리스의 아고라는 사람들이 모이는 장소 이상의 의미를 가짐을 알 수 있다.
③ (×) 두 번째 단락에서 르네상스 이후 광장은 유럽의 여러 제후들이 도시를 조성할 때 일차적으로 고려하는 사항이 되는데, 그 이유는 광장이 제후들이 권력 의지를 실현하는 데 중요한 역할을 할 수 있었기 때문이라고 했으므로 유럽의 여러 제후들이 광장을 중요시한 것이 거주민의 의견을 반영하기 위해서였는지는 알 수 없다.
④ (○) 세 번째 단락에서 프랑스 혁명 이후 근대 유럽에서는 광장이 저항하는 대중의 연대와 소통의 장이라는 의미도 갖게 되었음을 알 수 있다.

정답 ③

10 다음 글에서 알 수 있는 것은?

2017년 민간경력자 채용 15번 변형

> 아리스토텔레스는 정치체제를 세 가지로 구분하는데, 군주정, 귀족정, 제헌정이 그것이다. 세 번째 정치체제는 재산의 등급에 기초한 정치체제로서, 금권정으로 불러야 마땅하지만, 대부분의 사람들은 제헌정이라고 부른다. 이것들 가운데 최선은 군주정이며 최악은 금권정이다.
>
> 또한 그는 세 가지 정치체제가 각기 타락한 세 가지 형태를 제시한다. 참주정은 군주정의 타락한 형태이다. 양자 모두 일인 통치 체제이긴 하지만 그 차이는 엄청나다. 군주는 모든 좋은 점에 있어서 다른 사람들을 능가하기 때문에 자신을 위해 어떤 것도 필요로 하지 않는다. 그래서 군주는 자기 자신에게 이익이 되는 것이 아니라 다스림을 받는 사람에게 이익이 되는 것을 추구한다. 반면 참주는 군주의 반대이다. 못된 군주가 참주가 된다. 참주는 자신에게만 이익이 되는 것을 추구하기에, 참주정은 최악의 정치체제이다.
>
> 귀족정이 과두정으로 타락하는 것은 지배자 집단의 악덕 때문이다. 그 지배자 집단은 도시의 소유물을 올바르게 배분하지 않으며, 좋은 것들 전부 혹은 대부분을 자신들에게 배분하고 공직은 항상 자신들이 차지한다. 그들이 가장 중요하게 생각하는 것은 부를 축적하는 일이다. 과두정에서는 소수만이 다스리는데, 훌륭한 사람들이 아니라 못된 사람들이 다스린다.
>
> 민주정은 다수가 통치하는 체제이다. 민주정은 금권정으로부터 나온다. 금권정 역시 다수가 통치하는 체제인데, 일정 재산 이상의 자격 요건을 갖춘 사람들은 모두 동등하기 때문이다. 타락한 정치체제 중에서는 민주정이 가장 덜 나쁜 것이다. 제헌정의 기본 틀에서 약간만 타락한 것이기 때문이다.

① 군주정은 민주정보다 나쁜 정치체제이다.
② 제헌정, 참주정, 귀족정, 과두정 중에서 최악의 정치체제는 제헌정이다.
③ 금권정에서 타락한 형태의 정치체제가 과두정보다 더 나쁜 정치체제이다.
④ 군주정과 참주정은 일인 통치 체제이지만, 제헌정과 민주정은 다수가 통치하는 체제이다.

핵심 포인트   난이도 ★★★★☆

지문에 '군주정', '귀족정', '제헌정', '참주정', '과두정', '민주정' 등의 정치체제가 비교되고 있으므로 각 정치체제의 특성에 주목한다.

오답 분석

① (×) 군주정은 최선의 정치체제이고, 민주정은 최악의 정치체제인 제헌정의 타락한 형태이므로 군주정이 민주정보다 나쁜 정치체제라고 할 수 없다.
② (×) 제헌정, 참주정, 귀족정, 과두정 중에서 최악의 정치체제는 제헌정이 아니라, 타락한 정치체제 중에서도 최악인 참주정이라고 볼 수 있다.
③ (×) 금권정에서 타락한 형태의 정치체제는 민주정인데, 민주정이 타락한 정치체제 중에서는 가장 덜 나쁜 것이므로 과두정보다 더 나쁜 정치체제라고 할 수 없다.
④ (○) 두 번째 단락에서 군주정과 군주정의 타락한 형태인 참주정은 모두 일인 통치 체제임을 알 수 있고, 네 번째 단락에서 제헌정과 제헌정의 타락한 형태인 민주정은 다수가 통치하는 체제임을 알 수 있다.

정답 ④

11 다음 글을 이해한 내용으로 가장 적절한 것은?

2018년 민간경력자 채용 3번 변형

> 공동의 번영과 조화를 뜻하는 공화(共和)에서 비롯된 공화국이라는 용어는 국가라는 정치 공동체 전체를 위해 때로는 개인의 양보가 필요할 수 있음을 전제하고 있다는 점에서 사회적 공공성 개념과 연결된다. 이미 1919년 임시정부가 출범하면서 '민주공화국'이라는 표현이 등장하였고 헌법 제1조에도 '대한민국은 민주공화국'이라고 명시되어 있지만, 분단 이후 북한도 '공화국'이라는 용어를 사용함에 따라 한국에서는 이 용어의 사용이 기피되었다. 냉전 체제의 고착화로 인해 반공이 국시가 되면서 '공화국'보다는 오히려 '자유민주주의'라는 용어가 훨씬 더 널리 사용되었는데, 이때에도 민주주의보다는 자유가 강조되었다.
>
> 그런데 해방 이후 한국 사회에 널리 유포된 자유의 개념은 대체로 서구의 고전적 자유주의 전통에서 비롯된 것이다. 이 전통에서 보자면, 자유란 '국가의 강제에 대립하여 자신의 사유 재산권을 자기 마음대로 행사할 수 있는 것'을 의미한다. 이 같은 자유 개념에 기초하고 있는 자유민주주의에서는 개인의 자유를 강조할수록 사회적 공공성은 약화될 수밖에 없다.
>
> 자유민주주의가 1960년대 이후 급속히 팽배하기 시작한 개인주의와 결합하면서 사회적 공공성은 더욱 후퇴하였다. 이 시기 군사정권이 내세웠던 "잘 살아보세."라는 표어는 우리 공동체 전체가 다 함께 잘 사는 것이라기보다는 사실상 나 또는 내 가족만큼은 잘 살아보자는 개인적 욕망의 합리화를 의미했다. 그 결과 공동체 전체의 번영을 위한 사회 전반의 공공성이 강화되기보다는 사유 재산의 증대를 위해 국가의 간섭을 배제해야 한다는 논리가 강화되었던 것이다.

① 임시 정부에서 민주공화국이라는 용어를 사용한 것은 자유주의 전통에 따른 것이다. 한국 사회에서 자유민주주의라는 용어는 공화국의 이념을 충실하게 수용한 것이다.

② 고전적 자유주의에서 비롯된 자유 개념을 강조할수록 사회적 공공성이 약화될 수 있다.

③ 반공이 국시가 된 이후 국가 공동체에 대한 충성을 강조한 결과 공공성에 대한 관심이 증대되었다.

④ 1960년대 이후 개인주의와 자유민주주의의 결합은 공동체 전체의 번영이라는 사회적 결과를 낳았다.

난이도 ★★★★☆

핵심 포인트

지문에 '민주공화국', '공화국', '자유민주주의', '고전적 자유주의', '공공성', '개인주의' 등의 단어가 제시되어 있으므로 각 단어들의 관련성에 주목한다.

오답 분석

① (×) 첫 번째 단락에 따르면 임시 정부에서 민주공화국이라는 용어를 사용한 것은 맞지만, 그것이 자유주의 전통에 따른 것이라 볼 수는 없다. 두 번째 단락에 따르면 해방 이후 한국 사회에 유포된 자유의 개념이 대체로 서구의 고전적 자유주의 전통에서 비롯된 것일 뿐이다. 따라서 임시 정부에서 민주공화국이라는 용어를 사용한 것은 자유주의 전통에 따른 것이라고 볼 수 없다.

② (○) 두 번째 단락에 따르면 해방 이후 한국 사회에 유포된 자유의 개념이 대체로 서구의 고전적 자유주의 전통에서 비롯된 것인데, 이 같은 자유 개념에 기초하고 있는 자유민주주의에서는 개인의 자유를 강조할수록 사회적 공공성은 약화될 수밖에 없다. 따라서 고전적 자유주의에서 비롯된 자유 개념을 강조할수록 사회적 공공성이 약화될 수 있다.

③ (×) 첫 번째 단락에 따르면 냉전 체제의 고착화로 인해 반공이 국시가 되면서 '공화국'보다는 오히려 '자유민주주의'라는 용어가 훨씬 더 널리 사용되었는데, 이때에도 민주주의보다는 자유가 강조되었다. 따라서 반공이 국시가 된 이후 국가 공동체에 대한 충성을 강조한 결과 공공성에 대한 관심이 증대되었다고 볼 수 없다.

④ (×) 세 번째 단락에 따르면 자유민주주의가 1960년대 이후 급속히 팽배하기 시작한 개인주의와 결합하면서 사회적 공공성은 더욱 후퇴하였다. 따라서 1960년대 이후 개인주의와 자유민주주의의 결합은 공동체 전체의 번영이라는 사회적 결과를 낳았다고 볼 수 없다.

정답 ②

12 다음 글을 이해한 내용으로 가장 적절한 것은?

2018년 민간경력자 채용 5번 변형

체험사업을 운영하는 이들은 아이들에게 다양한 직업의 현장과 삶의 실상, 즉 현실을 체험하게 해준다고 홍보한다. 직접 겪지 못하는 현실을 잠시나마 체험함으로써 미래에 더 좋은 선택을 할 수 있게 한다는 것이다. 그러나 이때의 현실은 체험하는 사람의 필요와 여건에 맞추어 미리 짜놓은 현실, 치밀하게 계산된 현실이다. 다른 말로 하면 가상현실이다. 아이들의 상황을 고려해서 눈앞에 보일 만한 것, 손에 닿을 만한 것, 짧은 시간에 마칠 수 있는 것을 잘 계산해서 마련해 놓은 맞춤형 가상현실인 것이다. 눈에 보이지 않는 구조, 손에 닿지 않는 제도, 장기간 반복되는 일상은 체험행사에서는 제공될 수 없다.

여기서 주목해야 할 것은 경험과 체험의 차이이다. 경험은 타자와의 만남이다. 반면 체험 속에서 인간은 언제나 자기 자신만을 볼 뿐이다. 타자들로 가득한 현실을 경험함으로써 인간은 스스로 변화하는 동시에 현실을 변화시킬 동력을 얻는다. 이와 달리 가상현실에서는 그것을 체험하고 있는 자신을 재확인하는 것으로 귀결되기 마련이다. 경험 대신 체험을 제공하는 가상현실은 실제와 가상의 경계를 모호하게 할 뿐만 아니라 우리를 현실에 순응하도록 이끈다. 요즘 미래 기술로 각광받는 디지털 가상현실 기술은 경험을 체험으로 대체하려는 오랜 시도의 결정판이다. 버튼 하나만 누르면 3차원으로 재현된 세계가 바로 앞에 펼쳐진다. 한층 빠르고 정교한 계산으로 구현한 가상현실은 우리에게 필요한 모든 것을 눈앞에서 체험할 수 있는 본격 체험사회를 예고하는 것만 같다.

① 체험사업은 장기간의 반복적 일상을 가상현실을 통해 경험하도록 해준다.
② 현실을 변화시킬 수 있는 동력은 체험이 아닌 현실을 경험함으로써 얻게 된다.
③ 가상현실은 실제와 가상 세계의 경계를 구분하여 자기 자신을 체험할 수 없도록 한다.
④ 체험사업은 아이들에게 타자와의 만남을 경험하게 해줌으로써 경제적 이윤을 얻고 있다.

핵심 포인트   난이도 ★★★☆☆

지문에 체험사업의 체험과 경험이 대비되고 있으므로 각 단어의 특성과 차이점 및 공통점에 주목한다.

오답 분석

① (×) 첫 번째 단락에 따르면 장기간의 반복적 일상은 체험사업에서 제공될 수 없다.
② (○) 두 번째 단락에 따르면 타자들로 가득한 현실을 경험함으로써 인간은 스스로 변화하는 동시에 현실을 변화시킬 동력을 얻는다고 제시되어 있다. 따라서 현실을 변화시킬 수 있는 동력은 체험이 아닌 현실을 경험함으로써 얻게 된다는 것을 알 수 있다.
③ (×) 두 번째 단락에 따르면 가상현실은 실제와 가상의 경계를 모호하게 할 뿐만 아니라 우리를 현실에 순응하도록 이끈다고 제시되어 있다. 따라서 가상현실은 실제와 가상 세계의 경계를 구분하여 자기 자신을 체험할 수 없도록 한다는 것은 옳지 않다.
④ (×) 두 번째 단락에 따르면 타자들로 가득한 현실을 경험하는 것은 경험의 특징이므로 체험을 하게 하는 체험사업은 아이들에게 타자와의 만남을 경험하게 해준다고 볼 수 없다.

정답 ②

13 다음 글에서 알 수 있는 것은?

2018년 민간경력자 채용 11번 변형

> 불교가 삼국에 전래될 때 대개 불경과 불상 그리고 사리가 들어왔다. 이에 예불을 올리고 불상과 사리를 모실 공간으로 사찰이 건립되었다. 불교가 전래된 초기에는 불상보다는 석가모니의 진신사리를 모시는 탑이 예배의 중심이 되었다.
>
> 불교에서 전하기를, 석가모니가 보리수 아래에서 열반에 든 후 화장(火葬)을 하자 여덟 말의 사리가 나왔다고 한다. 이것이 진신사리이며 이를 모시는 공간이 탑이다. 탑은 석가모니의 분신을 모신 곳으로 간주되어 사찰의 중심에 놓였다. 그러나 진신사리는 그 수가 한정되어 있었기 때문에 삼국시대 말기에는 사리를 대신하여 작은 불상이나 불경을 모셨다. 이제 탑은 석가모니의 분신을 모신 곳이 아니라 사찰의 상징적 건축물로 그 의미가 변했고, 예배의 중심은 탑에서 불상을 모신 금당으로 자연스럽게 옮겨갔다.
>
> 삼국시대 사찰은 탑을 중심으로 하고 그 주위를 회랑*으로 두른 다음 부속 건물들을 정연한 비례에 의해 좌우대칭으로 배치하는 구성을 보였다. 그리하여 이 시기 사찰에서는 기본적으로 남문 · 중문 · 탑 · 금당 · 강당 · 승방 등이 남북으로 일직선상에 놓였다. 그리고 반드시 중문과 강당 사이를 회랑으로 연결하여 탑을 감쌌다. 동서양을 막론하고 모든 고대국가의 신전에는 이러한 회랑이 공통적으로 보이는데, 이는 신전이 성역임을 나타내기 위한 건축적 장치가 회랑이기 때문이다. 특히 삼국시대 사찰은 후대의 산사와 달리 도심 속 평지 사찰이었기 때문에 회랑*이 필수적이었다.
>
> * 회랑: 종교 건축이나 궁궐 등에서 중요 부분을 둘러싸고 있는 지붕 달린 복도

① 삼국시대의 사찰에서 탑은 중문과 강당 사이에 위치한다.
② 진신사리를 모시는 곳은 탑에서 금당의 불상으로 바뀌었다.
③ 삼국시대 이후에는 평지 사찰과 산사를 막론하고 회랑을 세우지 않았다.
④ 탑을 사찰의 중심에 세웠던 것은 사찰이 성역임을 나타내기 위해서였다.

핵심 포인트

난이도 ★★★☆☆

지문에 삼국시대 사찰의 구조 및 탑, 회랑 등의 건축물에 대한 특성이 제시되어 있으므로 이에 주목한다.

오답 분석

① (○) 세 번째 단락에서 남문 · 중문 · 탑 · 금당 · 강당 · 승방 등이 남북으로 일직선상에 놓였다고 제시되어 있으므로 삼국시대의 사찰에서 탑은 중문과 강당 사이에 위치한다는 것은 알 수 있다.
② (×) 두 번째 단락에 예배의 중심은 탑에서 불상을 모신 금당으로 자연스럽게 옮겨갔다고 되어 있지만, 진신사리를 모시는 곳은 탑에서 금당의 불상으로 바뀌었는지는 알 수 없다.
③ (×) 세 번째 단락에서 삼국시대 사찰은 후대의 산사와 달리 도심 속 평지 사찰이었기 때문에 회랑이 필수적이었다는 것을 알 수 있으나, 삼국시대 이후에는 평지 사찰과 산사를 막론하고 회랑을 세우지 않았는지는 알 수 없다.
④ (×) 두 번째 단락에서 탑은 석가모니의 분신을 모신 곳으로 간주되어 사찰의 중심에 놓였다고 제시되어 있으므로 탑을 사찰의 중심에 세웠던 것은 사찰이 성역임을 나타내기 위해서였는지는 알 수 없다.

정답 ①

14 다음 글을 이해한 내용으로 가장 적절한 것은?

2018년 민간경력자 채용 23번 변형

> 주주 자본주의는 주주의 이윤을 극대화하는 것을 회사 경영의 목표로 하는 시스템을 말한다. 이 시스템은 자본가 계급을 사업가와 투자가로 나누어 놓았다. 그런데 주주 자본주의가 바꿔놓은 것이 하나 더 있다. 그것은 바로 노동자의 지위다. 주식회사가 생기기 이전에는 노동자가 생산수단들을 소유할 수 없었지만 이제는 거의 모든 생산수단이 잘게 쪼개져 누구나 그 일부를 구입할 수 있다. 노동자는 사업가를 위해서 일하고 사업가는 투자가를 위해 일하지만, 투자가들 중에는 노동자도 있는 것이다.
>
> 주주 자본주의를 비판하는 사람들은 기업이 주주의 이익만을 고려한다면, 다수의 사람들이 이익을 얻는 것이 아니라 소수의 독점적인 투자가들만 이익을 보장받는다고 지적한다. 또한 그들은 주주의 이익뿐만 아니라 기업과 연계되어 있는 이해관계자들 전체, 즉 노동자, 소비자, 지역사회 등을 고려해야 한다고 주장한다. 이러한 입장을 이해관계자 자본주의라고 한다.
>
> 주주 자본주의와 이해관계자 자본주의는 '기업이 존재하는 목적이 무엇인가?'라는 물음에 대한 답변이라고 할 수 있다. 물론 오늘날의 기업들은 극단적으로 한 가지 형태를 띠는 것이 아니라 양자가 혼합된 모습을 보인다. 기업은 주주의 이익을 최우선적으로 고려하지만, 노조 활동을 인정하고, 지역과 환경에 투자하며, 기부와 봉사 등 사회적 활동을 위해 노력하기도 한다.

① 주주 자본주의에서 주주의 이익과 사회적 공헌이 상충할 때 기업은 사회적 공헌을 우선적으로 선택한다.
② 주주 자본주의에서는 과거에 생산수단을 소유할 수 없었던 이들이 그것을 부분적으로 소유할 수 있게 되었다.
③ 이해관계자 자본주의에서는 지역사회의 일반 주민까지도 기업 경영의 전반적 영역에서 주도적인 역할을 담당한다.
④ 주주 자본주의와 이해관계자 자본주의가 혼합되면 기업의 사회적 공헌활동은 주주 자본주의에서보다 약화될 것이다.

핵심 포인트

난이도 ★★★☆☆

지문에 '주주 자본주의'와 '이해관계자 자본주의'가 비교되어 서술되고 있으므로 두 단어의 차이점에 주목한다.

오답 분석

① (×) 첫 번째 단락에 따르면 주주 자본주의는 주주의 이윤을 극대화하는 것을 회사 경영의 목표로 하는 시스템이므로 주주 자본주의에서 주주의 이익과 사회적 공헌이 상충할 때 기업은 사회적 공헌을 우선적으로 선택한다는 것은 옳지 않다.
② (○) 첫 번째 단락에 따르면 주식회사가 생기기 이전에는 노동자가 생산수단들을 소유할 수 없었지만 이제는 거의 모든 생산수단이 잘게 쪼개져 누구나 그 일부를 구입할 수 있다. 따라서 주주 자본주의에서는 과거에 생산수단을 소유할 수 없었던 이들이 그것을 부분적으로 소유할 수 있게 되었다는 것을 알 수 있다.
③ (×) 두 번째 단락에 따르면 이해관계자 자본주의는 기업과 연계되어 있는 이해관계자들 전체, 즉 노동자, 소비자, 지역사회 등을 고려해야 한다고 주장한다. 하지만 지역사회의 일반 주민까지 기업 경영의 전반적 영역에서 주도적인 역할을 담당하는 것은 아니다.
④ (×) 세 번째 단락에 따르면 주주 자본주의와 이해관계자 자본주의가 혼합되면 기업은 기부와 봉사 등 사회적 활동을 하기 위해 노력하기도 한다. 따라서 기업의 사회적 공헌활동은 주주 자본주의에서보다 약화될 것이라 볼 수 없다.

정답 ②

15 다음 글에서 알 수 있는 것은?

2019년 민간경력자 채용 4번 변형

> 1996년 미국, EU 및 캐나다는 일본에서 위스키의 주세율이 소주에 비해 지나치게 높다는 이유로 일본을 WTO에 제소했다. WTO 패널은 제소국인 미국, EU 및 캐나다의 손을 들어주었다. 이 판정을 근거로 미국과 EU는 한국에 대해서도 소주와 위스키의 주세율을 조정해줄 것을 요구했는데, 받아들여지지 않자 한국을 WTO에 제소했다. 당시 소주의 주세율은 증류식이 50%, 희석식이 35%였는데, 위스키의 주세율은 100%로 소주에 비해 크게 높았다. 한국에 위스키 원액을 수출하던 EU는 1997년 4월에 한국을 제소했고, 5월에는 미국도 한국을 제소했다. 패널은 1998년 7월에 한국의 패소를 결정했다.
>
> 패널의 판정은, 소주와 위스키가 직접적인 경쟁 관계에 있고 동시에 대체 관계가 존재하므로 국산품인 소주에 비해 수입품인 위스키에 높은 주세율을 적용하고 있는 한국의 주세 제도가 WTO 협정의 내국민대우 조항에 위배된다는 것이었다. 그리고 3개월 후 한국이 패널의 판정에 대해 상소했으나 상소 기구에서 패널의 판정이 그대로 인정되었다. 따라서 한국은 소주와 위스키 간 주세율의 차이를 해소해야 했는데, 그 방안은 위스키의 주세를 낮추거나 소주의 주세를 올리는 것이었다. 당시 어느 것이 옳은가에 대한 논쟁이 적지 않았다. 결국 소주의 주세율은 올리고 위스키의 주세율은 내려서, 똑같이 72%로 맞추는 방식으로 2000년 1월 주세법을 개정하여 차이를 해소했다.

① WTO 협정에 따르면, 제품 간 대체 관계가 존재하면 세율이 같아야 한다.
② 2000년 주세법 개정 결과 희석식 소주가 증류식 소주보다 주세율 상승폭이 컸다.
③ 2000년 주세법 개정 이후 소주와 위스키의 세금 총액은 개정 전에 비해 증가하였다.
④ 미국, EU 및 캐나다는 일본과의 WTO 분쟁 판정 결과를 근거로 한국에서도 주세율을 조정하고자 했다.

핵심 포인트   난이도 ★★★☆☆

미국과 EU의 제소한 한국의 소주와 위스키의 주세율에 대한 WTO 패널의 판정 내용과 이에 따른 한국의 주세법 개정 내용에 주목한다.

오답 분석

① (×) 두 번째 단락에 따르면 소주와 위스키가 직접적인 경쟁 관계에 있고 동시에 대체 관계가 존재하므로 국산품인 소주에 비해 수입품인 위스키에 높은 주세율을 적용하고 있는 한국의 주세 제도가 WTO 협정의 내국민대우 조항에 위배된다는 것이 패널의 판정이었으나, 이로부터 WTO 협정에 따르면, 제품 간 대체 관계가 존재하면 세율이 같아야 한다는 것을 알 수는 없다.
② (○) 첫 번째 단락에 따르면 희석식 소주의 주세율은 35%이고 위스키의 주세율은 100%였는데, 2000년 주세법 개정 결과 소주의 주세율은 올리고 위스키의 주세율은 내려서 똑같이 72%로 맞추었다. 따라서 2000년 주세법 개정 결과 희석식 소주가 증류식 소주보다 주세율 상승폭이 컸다는 것을 알 수 있다.
③ (×) 2000년 주세법 개정 이후 소주와 위스키의 세금 총액은 개정 전에 비해 증가하였는지는 알 수 없다.
④ (×) 첫 번째 단락에 따르면 일본과의 WTO 분쟁 판정 결과를 근거로 한국에서도 주세율을 조정하고자 한 나라는 미국과 EU뿐이다.

정답 ②

16 다음 글을 이해한 내용으로 가장 적절한 것은?

2019년 민간경력자 채용 12번 변형

> 조선 왕조가 개창될 당시에는 승려에게 군역을 부과하지 않는 것이 상례였는데, 이를 노리고 승려가 되어 군역을 피하는 자가 많았다. 태조 이성계는 이를 막기 위해 국왕이 되자마자 앞으로 승려가 되려는 자는 빠짐없이 일종의 승려 신분증인 도첩을 발급 받으라고 명했다. 그는 도첩을 받은 자만 승려가 될 수 있으며 도첩을 신청할 때는 반드시 면포 150필을 내야 한다는 규정을 공포했다. 그런데 평범한 사람이 면포 150필을 마련하기란 쉽지 않았다. 이 때문에 도첩을 위조해 승려 행세하는 자들이 생겨났다.
>
> 태종은 이 문제를 해결하고자 즉위한 지 16년째 되는 해에 담당 관청으로 하여금 도첩을 위조해 승려 행세하는 자를 색출하게 했다. 이처럼 엄한 대응책 탓에 도첩을 위조해 승려 행세하는 사람은 크게 줄어들었다. 하지만 정식으로 도첩을 받은 후 승려 명부에 이름만 올려놓고 실제로는 승려 생활을 하지 않는 부자가 많은 것이 드러났다. 이런 자들은 불교 지식도 갖추지 않은 것으로 나타났다. 태종과 태종의 뒤를 이은 세종은 태조가 세운 방침을 준수할 뿐 이 문제에 대해 특별한 대책을 내놓지 않았다.
>
> 세조는 이 문제를 해결하기 위해 즉위하자마자 담당 관청에 대책을 세우라고 명했다. 그는 수 년 후 담당 관청이 작성한 방안을 바탕으로 새 규정을 시행하였다. 이 방침에는 도첩을 신청한 자가 내야 할 면포 수량을 30필로 낮추되 불교 경전인 심경, 금강경, 살달타를 암송하는 자에게만 도첩을 준다는 내용이 있었다. 세조의 뒤를 이은 예종은 규정을 고쳐 도첩 신청자가 납부해야 할 면포 수량을 20필 더 늘리고, 암송할 불경에 법화경을 추가하였다. 이처럼 기준이 강화되자 도첩 신청자 수가 줄어들었다. 이에 성종 때에는 세조가 정한 규정으로 돌아가자는 주장이 나왔다. 하지만 성종은 이를 거부하고, 예종 때 만들어진 규정을 그대로 유지했다.

① 태조는 자신이 국왕이 되기 전부터 승려였던 자들에게 면포 150필을 일괄적으로 거두어들였다.
② 세조가 즉위한 해부터 심경, 금강경, 살달타를 암송한 자에게만 도첩을 발급한다는 규정이 시행되었다.
③ 성종은 법화경을 암송할 수 있다는 사실을 인정받은 자가 면포 20필을 납부할 때에만 도첩을 내주게 했다.
④ 세종 때 도첩 신청자가 내도록 규정된 면포 수량은 예종 때 도첩 신청자가 내도록 규정된 면포 수량보다 많았다.

핵심 포인트

난이도 ★★★☆☆

지문에 각 왕 대에 승려가 되기 위해 필요한 기준이 제시되어 있으므로 그 차이점에 초점을 맞추어 정보를 확인한다.

오답 분석

① (×) 첫 번째 단락에서 태조는 국왕이 되자마자 도첩을 받은 자만 승려가 될 수 있으며 도첩을 신청할 때는 반드시 면포 150필을 내야 한다는 규정을 공포함으로써 승려가 되려는 자들에게 면포 150필을 일괄적으로 거두어들였음을 알 수 있다.

② (×) 세 번째 단락에서 세조는 수 년 후 담당 관청이 작성한 방안을 바탕으로 새 규정을 시행하였는데, 이 방침에는 불교 경전인 심경, 금강경, 살달타를 암송하는 자에게만 도첩을 준다는 내용이 있었다. 따라서 세조가 즉위한 해부터 심경, 금강경, 살달타를 암송한 자에게만 도첩을 발급한다는 규정이 시행되었다고 볼 수는 없다.

③ (×) 세 번째 단락에서 성종은 예종 때 만들어진 규정을 그대로 유지하였는데, 예종 때는 도첩 신청자가 납부해야 할 면포 수량을 세조 때의 30필보다 20필 더 늘린 50필로 조정하고, 암송할 불경에 법화경을 추가하였다. 따라서 성종은 법화경을 암송할 수 있다는 사실을 인정받은 자가 면포 20필을 납부할 때에만 도첩을 내주게 했다는 것은 옳지 않다.

④ (○) 두 번째 단락에서 세종은 태조가 세운 방침을 준수했으므로 도첩 신청자가 내도록 규정된 면포 수량은 150필이고, 세 번째 단락에서 예종 때 도첩 신청자가 내도록 규정된 면포 수량은 세조 때의 30필보다 20필 더 늘렸다고 되어 있다. 따라서 세종 때 도첩 신청자가 내도록 규정된 면포 수량은 예종 때 도첩 신청자가 내도록 규정된 면포 수량보다 많았다는 것을 알 수 있다.

정답 ④

17 다음 글에서 알 수 있는 것은?

2019년 민간경력자 채용 13번 변형

> 미국에서 충격 사건 중 총기 발사 경험이 있는 경찰관 대부분이 심리적 문제를 보인다. 충격 사건을 겪은 경찰관을 조사한 결과, 충격 사건이 일어나는 동안 발생하는 중요한 심리현상 중의 하나가 시간·시각·청각왜곡을 포함하는 지각왜곡이었다. 83%의 경찰관이 충격이 오가는 동안 시간왜곡을 경험했는데, 그들 대부분은 한 시점에서 시간이 감속하여 모든 것이 느려진다고 느꼈다. 또한 56%가 시각왜곡을, 63%가 청각왜곡을 겪었다. 시각왜곡 중에서 가장 빈번한 증상은 한 가지 물체에만 주의가 집중되고 그 밖의 장면은 무시되는 것이다. 청각왜곡은 권총 소리, 고함 소리, 지시 사항 등의 소리를 제대로 듣지 못하는 것이다.
>
> 충격 사건에서 총기를 발사한 경찰관은 사건 후 수많은 심리증상을 경험한다. 가장 일반적인 심리증상은 높은 위험 지각, 분노, 불면, 고립감 등인데, 이러한 반응은 특히 충격 피해자 사망 시에 잘 나타난다. 충격 사건을 겪은 경찰관은 이전에 생각했던 것보다 자신의 직업이 더욱 위험하다고 지각하게 된다. 그들은 충격 피해자, 부서, 동료, 또는 사회에 분노를 느끼기도 하는데, 이는 자신을 누군가에게 총을 쏴야만 하는 상황으로 몰아넣었다는 생각 때문에 발생한다. 이러한 심리증상의 정도는 충격 사건이 발생한 상황에서 경찰관 자신의 총기 사용이 얼마나 정당했는가와 반비례하는 것으로 보인다. 수적으로 열세인 것, 권총으로 강력한 자동화기를 상대해야 하는 것 등의 요소가 총기 사용의 정당성을 높여준다.

① 충격 사건 중에 경험하는 지각왜곡 중에서 청각왜곡이 가장 빈번하게 나타난다.
② 충격 피해자가 사망했을 경우 경찰관이 경험하는 청각왜곡은 그렇지 않은 경우보다 심각할 것이다.
③ 충격 사건 후 경찰관이 느끼는 높은 위험 지각, 분노 등의 심리증상은 지각왜곡의 정도에 의해 영향을 받는다.
④ 범죄자가 경찰관보다 강력한 무기로 무장했을 경우 경찰관이 충격 사건 후 경험하는 심리증상은 반대의 경우보다 약할 것이다.

난이도 ★★★★☆

핵심 포인트

지문에 충격 사건을 겪은 경찰관이 겪는 심리현상과 충격 사건에서 총기를 발사한 경찰관이 경험하는 심리증상이 단락 별로 제시되어 있으므로 이에 주목한다.

오답 분석

① (×) 첫 번째 단락에 따르면 충격 사건 중에 경험하는 지각왜곡 중에서 가장 빈번하게 나타나는 것은 63%가 겪는 청각왜곡이 아니라, 83%가 경험하는 시간왜곡이다.
② (×) 두 번째 단락에 제시된 '충격 피해자가 사망했을 경우'와 두 번째 단락에 제시된 '청각왜곡' 사이의 연관성을 알 수 없다. 따라서 충격 피해자가 사망했을 경우 경찰관이 경험하는 청각왜곡은 그렇지 않은 경우보다 심각할 것임을 알 수 없다.
③ (×) 두 번째 단락에 제시된 '위험 지각, 분노 등의 심리증상'과 첫 번째 단락에 제시된 '지각왜곡' 사이의 연관성을 알 수 없다. 따라서 충격 사건 후 경찰관이 느끼는 높은 위험 지각, 분노 등의 심리증상은 지각왜곡의 정도에 의해 영향을 받는다는 것을 알 수 없다.
④ (○) 두 번째 단락에 따르면 경찰관이 충격 사건 후 경험하는 심리증상의 정도는 충격 사건이 발생한 상황에서 경찰관 자신의 총기 사용이 얼마나 정당했는가와 반비례한다. 따라서 범죄자가 경찰관보다 강력한 무기로 무장한 것은 경찰관의 총기 사용의 정당성을 높이므로 반대의 경우보다 심리증상이 약할 것이라고 볼 수 있다.

정답 ④

18 다음 글을 이해한 내용으로 가장 적절한 것은?

2020년 민간경력자 채용 5번 변형

> 　바르트는 언어를 '랑그', '스틸', '에크리튀르'로 구분해서 파악했다. 랑그는 영어의 'language'에 해당한다. 인간은 한국어, 중국어, 영어 등 어떤 언어를 공유하는 집단에서 태어난다. 그때 부모나 주변 사람들이 이야기하는 언어가 '모어(母語)'이고 그것이 랑그이다. 랑그에 대해 유일하게 말할 수 있는 사실은, 태어날 때부터 부모가 쓰는 언어여서 우리에게 선택권이 없다는 것이다. 인간은 '모어 속에 던져지는' 방식으로 태어나기 때문에 랑그에는 관여할 수 없다.
> 　스틸의 사전적인 번역어는 '문체'이지만 실제 의미는 '어감'에 가깝다. 이는 언어에 대한 개인적인 호오(好惡)의 감각을 말한다. 누구나 언어의 소리나 리듬에 대한 호오가 있다. 글자 모양에 대해서도 사람마다 취향이 다르다. 이는 좋고 싫음의 문제이기 때문에 어쩔 도리가 없다. 따라서 스틸은 기호에 대한 개인적 호오라고 해도 좋다. 다시 말해 스틸은 몸에 각인된 것이어서 주체가 자유롭게 선택할 수 없다.
> 　인간이 언어기호를 조작할 때에는 두 가지 규제가 있다. 랑그는 외적인 규제, 스틸은 내적인 규제이다. 에크리튀르는 이 두 가지 규제의 중간에 위치한다. 에크리튀르는 한국어로 옮기기 어려운데, 굳이 말하자면 '사회방언'이라고 할 수 있다. 방언은 한 언어의 큰 틀 속에 산재하고 있으며, 국소적으로 형성된 것이다. 흔히 방언이라고 하면 '지역방언'을 떠올리는데, 이는 태어나 자란 지역의 언어이므로 랑그로 분류된다. 하지만 사회적으로 형성된 방언은 직업이나 생활양식을 선택할 때 동시에 따라온다. 불량청소년의 말, 영업사원의 말 등은 우리가 선택할 수 있다.

① 랑그는 선택의 여지가 없지만, 스틸과 에크리튀르는 자유로운 선택이 가능하다.
② 방언에 대한 선택은 언어에 대한 개인의 호오 감각에 기인한다.
③ 같은 모어를 사용하는 형제라도 스틸은 다를 수 있다.
④ 스틸과 에크리튀르는 언어 규제상 성격이 같다.

핵심 포인트　　　　　　　　　　　　　　　　　　　　　난이도 ★★★★☆

지문에 언어를 '랑그', '스틸', '에크리튀르'로 구분해 설명하고 있으므로 단락별로 제시된 각 언어의 특성과 차이점 및 공통점에 주목한다.

오답 분석

① (×) 첫 번째 단락과 세 번째 단락에서 랑그는 우리에게 선택권이 없지만, 에크리튀르는 선택이 가능하다는 것을 알 수 있다. 그러나 두 번째 단락에 따르면 스틸은 자유롭게 선택할 수 없다.
② (×) 세 번째 단락에서 에크리튀르는 '사회방언'에 해당하고, '지역방언'은 랑그로 분류된다는 것을 알 수 있다. 개인의 호오 감각은 스틸과 관련되므로 방언에 대한 선택은 언어에 대한 개인의 호오 감각에 기인한다는 것은 알 수 없다.
③ (○) 첫 번째 단락에서 모어는 랑그에 해당하고, 스틸은 개인적 호오의 감각에 해당한다는 것을 알 수 있다. 따라서 같은 모어를 사용하는 형제라도 스틸은 다를 수 있다.
④ (×) 세 번째 단락에서 스틸은 내적인 규제이고, 에크리튀르는 외적인 규제와 내적인 규제의 중간에 위치한다는 것을 알 수 있다. 따라서 스틸과 에크리튀르는 언어 규제상 성격이 같다고 볼 수 없다.

정답 ③

공무원 시험 전문 해커스공무원

gosi.Hackers.com

대표유형 11 2차 정보 추론

유형 정복 필승전략

유형 소개
주어진 지문을 읽고, 지문의 내용을 바탕으로 선택지의 내용이 지문에서 2차적으로 도출될 수 있는 내용인지 여부를 판단하는 유형이다.

유형 특징
① 2~3 단락 정도의 지문이 생소한 내용을 담은 설명문 형태로 제시된다.
② 지문은 정보를 단순히 나열하는 형태가 아니라 특정한 구조를 가지고 정보를 제시하는 형태로 구성되는 경우가 많다.
③ 선택지는 기본적으로 지문의 세부적인 정보를 바탕으로 구성되지만, 지문의 정보를 조합하여 직접적으로 제시되지 않은 내용을 판단할 수 있는지 묻는 형태로 출제된다.

풀이 전략
① 지문을 읽기 전에 선택지를 먼저 읽어 선택지에 반복되는 단어나 대조되는 단어가 있는지 확인한다.
② 대조되는 단어가 제시된 경우 대조되는 단어의 '계열'을 정리하는 방식으로 지문을 읽고, 선택지의 내용이 같은 계열의 단어끼리 매칭되었는지 여부로 정오를 판별한다.
③ 지문에 직접적인 근거가 제시되지 않은 선택지의 경우, 지문의 정보들을 조합하여 이끌어 낼 수 있는 내용인지 여부로 정오를 판별한다.

01 다음 글에서 추론할 수 있는 것은?

2012년 민간경력자 채용 7번 변형

> 고려시대에 지방에서 의료를 담당했던 사람으로는 의학박사, 의사, 약점사가 있었다. 의학박사는 지방에 파견된 최초의 의관으로서, 12목에 파견되어 지방의 인재들을 뽑아 의학을 가르쳤다. 반면 의사는 지방 군현에 주재하면서 약재 채취와 백성의 치료를 담당하였다. 의사는 의학박사만큼 교육에 종사하기는 어려웠지만 의학교육의 일부를 담당했다. 의학박사에 비해 관품이 낮은 의사들은 실력이 뒤지거나 경력이 부족했으며 행정업무를 병행하기도 하였다.
>
> 한편 지방 관청에는 약점이 설치되었고, 그곳에 약점사를 배치하였다. 약점사는 향리들 중에서 임명하였는데, 향리가 없는 개경과 서경을 제외한 전국의 모든 고을에 있었다. 약점은 약점사들이 환자들을 치료하는 공간이자 약재의 유통 공간이었다. 지방 관청에는 향리들의 관청인 읍사가 있었다. 큰 고을은 100여 칸, 중간 크기 고을은 10여 칸, 작은 고을은 4~5칸 정도의 규모였다. 약점도 읍사 건물의 일부를 사용하였다. 약점사들이 담당한 여러 일 중 가장 중요한 것은 인삼, 생강, 백자인 등 백성들이 공물로 바치는 약재를 수취하고 관리하여 중앙 정부에 전달하는 일이었다. 약점사는 국왕이 하사한 약재들을 관리하는 일과 환자들을 치료하는 일도 담당하였다. 지방마다 의사를 두지는 못하였으므로 의사가 없는 지방에서는 의사의 업무 모두를 약점사가 담당했다.

① 의사들 가운데 실력이 뛰어난 사람이 의학박사로 임명되었다.
② 약점사의 의학 실력은 의사들보다 뛰어났다.
③ 약점사가 의학교육을 담당할 수도 있었다.
④ 의사는 향리들 중에서 임명되었다.

난이도 ★★★☆☆

핵심 포인트

지문에 '의학박사', '의사', '약점사'의 특징이 비교되어 있으므로 그 차이점에 주목한다.

오답 분석

① (×) 첫 번째 단락에 따르면 의학박사에 비해 관품이 낮은 의사들은 실력이 뒤지거나 경력이 부족했으며 행정업무를 병행하기도 하였다. 따라서 의사들 가운데 실력이 뛰어난 사람이 의학박사로 임명되었다는 것은 글에서 추론할 수 없다.
② (×) 글에서 의학박사와 의사의 실력에 대한 비교는 있으나, 약점사와 의사 간의 실력에 대한 비교는 언급된 바 없으므로 약점사의 의학 실력은 의사들보다 뛰어났다는 것은 글에서 추론할 수 없다.
③ (○) 두 번째 단락에 따르면 의사가 없는 지방에서는 의사의 업무 모두를 약점사가 담당했는데, 의사의 업무 중 의학교육이 있으므로 약점사가 의학교육을 담당할 수도 있었다는 것은 글에서 추론할 수 있다.
④ (×) 두 번째 단락에 따르면 약점사가 향리들 중에서 임명되었으므로 의사가 향리들 중에서 임명되었다는 것은 글에서 추론할 수 없다.

정답 ③

02 다음 글에서 추론할 수 없는 것은?

2012년 민간경력자 채용 12번 변형

> 조선시대의 궁궐은 남쪽에서 북쪽에 걸쳐 외전(外殿), 내전(內殿), 후원(後苑)의 순서로 구성되었다. 공간배치상 가장 앞쪽에 배치된 외전은 왕이 의례, 외교, 연회 등 정치 행사를 공식적으로 치르는 공간이며, 그 중심은 정전(正殿) 혹은 법전(法殿)이라고 부르는 건물이었다. 정전은 회랑(回廊)으로 둘러싸여 있는데, 그 회랑으로 둘러싸인 넓은 마당이 엄격한 의미에서 조정(朝庭)이 된다.
> 내전은 왕과 왕비의 공식 활동과 일상적인 생활이 이루어지는 공간으로서 위치상으로 궁궐의 중앙부를 차지할 뿐만 아니라 그 기능에서도 궁궐의 핵을 이루는 곳이다. 그 가운데서도 왕이 일상적으로 기거하는 연거지소(燕居之所)는 왕이 가장 많은 시간을 보내는 곳이다. 주요 인물들을 만나 정치 현안에 대해 의견을 나누는 곳으로 실질적인 궁궐의 핵심이라 할 수 있다. 왕비의 기거 활동 공간인 중궁전은 중전 또는 중궁이라고도 불렸는데 궁궐 중앙부의 가장 깊숙한 곳에 위치한다. 동궁은 차기 왕위 계승자인 세자의 활동 공간으로 내전의 동편에 위치한다. 세자도 동궁이라 불리기도 하였으며, 그 이유는 다음 왕위를 이을 사람이기에 '떠오르는 해'라는 상징적 의미를 가졌기 때문이다.
> 후원은 궁궐의 북쪽 산자락에 있는 원유(苑囿)를 가리킨다. 위치 때문에 북원(北苑)으로 부르거나, 아무나 들어갈 수 없는 금단의 구역이기에 금원(禁苑)이라고도 불렸다. 후원은 일차적으로는 휴식 공간이었다. 또한 부차적으로는 내농포(內農圃)라는 소규모 논을 두고 왕이 직접 농사를 체험하며 농민들에게 권농(勸農)의 모범을 보이는 실습장의 기능도 가지고 있었다.

① 내농포는 금원에 배치되었다.
② 내전에서는 국왕의 일상생활과 정치가 병행되었다.
③ 궁궐 남쪽에서 공간적으로 가장 멀리 위치한 곳은 중궁전이다.
④ 외국 사신을 응대하는 국가의 공식 의식은 외전에서 거행되었다.

핵심 포인트

난이도 ★★★★☆

지문에 외전, 내전, 후원 등 궁궐의 구조와 연거지소, 중궁전, 동궁 등 궁궐의 건물 이름이 제시되어 있으므로 이에 주목한다.

오답 분석

① (○) 세 번째 단락에 따르면 후원에는 내농포가 있었는데, 후원을 금원이라고도 불렀으므로 내농포는 금원에 배치되었다고 추론할 수 있다.
② (○) 두 번째 단락에 따르면 내전은 왕과 왕비의 공식 활동과 일상적인 생활이 이루어지는 공간이었고, 왕이 일상적으로 기거하는 연거지소는 왕이 주요 인물들을 만나 정치 현안에 대해 의견을 나누는 곳이었다. 따라서 내전에서는 국왕의 일상생활과 정치가 병행되었다는 것을 추론할 수 있다.
③ (×) 첫 번째 단락에 따르면 궁궐 남쪽에서 공간적으로 가장 멀리 위치한 곳은 중궁전이 아니라 궁궐 북쪽 산자락에 위치한 후원이다. 따라서 궁궐 남쪽에서 공간적으로 가장 멀리 위치한 곳은 중궁전이라는 것은 추론할 수 없다.
④ (○) 첫 번째 단락에 따르면 외전은 왕이 의례, 외교, 연회 등 정치 행사를 공식적으로 치르는 공간이므로 외국 사신을 응대하는 국가의 공식 의식은 외전에서 거행되었다는 것을 추론할 수 있다.

정답 ③

03 다음 글에서 추론할 수 없는 것은?

2012년 민간경력자 채용 15번 변형

> 목조 건축물에서 골조 구조의 가장 기본적인 양식은 기둥과 보가 결합된 것으로서 두 기둥 사이에 보를 연결한 구조이다. 두 개의 기둥 사이에 보를 연결하여 건물의 한 단면이 형성되고 이런 연결을 계속 반복하여 공간을 만들어 갈 수 있다. 이런 구조는 기둥에 대해 수직으로 작용하는 하중에는 강하지만 수평으로 가해지는 하중에는 취약하다. 따라서 기둥과 보 사이에 가새를 넣어 주어야 하며, 이를 통해 견고한 구조가 실현된다.
>
> 가새는 보와 기둥 사이에 대각선을 이루며 연결하는 부재(部材)이다. 기둥과 보 그리고 가새가 서로 연결되어 삼각형 형태를 이루면 목조 건축물의 골조는 더 안정된 구조를 이룰 수 있다. 이러한 삼각형 형태 때문에 보에 가해지는 수평 하중이 가새를 통해 기둥으로 전달된다. 대부분의 가새는 하나의 보와 이 보의 양 끝에 수직으로 연결된 두 기둥에 설치되므로 마주보는 짝으로 구성된다. 가새는 보에 가해지는 수직 하중의 일부도 기둥으로 전달하는 역할을 한다. 그러나 가새의 크기와 그것이 설치될 위치를 설계할 때에는 수평 하중의 영향만을 고려한다.

① 가새는 수직 하중에 약한 구조를 보완한다.
② 가새는 목조 골조 구조의 안정성을 향상시킨다.
③ 가새를 얼마나 크게 할지, 어디에 설치할지를 설계할 경우에 수평 하중의 영향만을 생각한다.
④ 가새는 대부분 하나의 보를 받치는 두 개의 기둥 각각에 설치되므로 한 쌍으로 이루어진다.

핵심 포인트

난이도 ★★☆☆

지문에 '가새'라는 생소한 용어에 대한 설명이 제시되어 있으므로 그 특성에 주목한다.

오답 분석

① (×) 첫 번째 단락에 따르면 가새는 수평 하중에 취약한 구조를 보완하기 위해 기둥과 보 사이에 넣어주는 것이다. 따라서 가새는 수직 하중에 약한 구조를 보완한다는 것은 글에서 추론할 수 없다.
② (○) 두 번째 단락에 따르면 기둥과 보 그리고 가새가 서로 연결되어 삼각형 형태를 이루면 목조 건축물의 골조는 더 안정된 구조를 이룰 수 있다. 따라서 가새는 목조 골조 구조의 안정성을 향상시킨다고 추론할 수 있다.
③ (○) 두 번째 단락에 따르면 가새의 크기와 그것이 설치될 위치를 설계할 때에는 수평 하중의 영향만을 고려한다는 것을 추론할 수 있다.
④ (○) 두 번째 단락에 따르면 가새는 하나의 보와 이 보의 양 끝에 수직으로 연결된 두 기둥에 설치되므로 마주보는 짝으로 구성된다. 따라서 가새는 대부분 하나의 보를 받치는 두 개의 기둥 각각에 설치되므로 한 쌍으로 이루어진다는 것을 추론할 수 있다.

정답 ①

04 다음 글에서 추론할 수 있는 것은?

2013년 민간경력자 채용 3번 변형

원래 '문명'은 진보 사관을 지닌 18세기 프랑스 계몽주의자들이 착안한 개념으로, 무엇보다 야만성이나 미개성에 대비된 것이었다. 그러나 독일 낭만주의자들은 '문화'를 민족의 혼이나 정신적 특성으로 규정하면서, 문명을 물질적인 것에 국한시키고 비하했다. 또한 문화는 상류층의 고상한 취향이나 스타일 혹은 에티켓 등 지식인층의 교양을 뜻하기도 했다. 아놀드를 포함해서 빅토리아 시대의 지성인들은 대체로 이런 구분을 받아들였다. 그래서 문명이 외적이며 물질적인 것이라면, 문화는 내적이며 정신과 영혼의 차원에 속하는 것이었다. 따라서 문명이 곧 문화를 동반하는 것은 아니었다. 아놀드는 그 당시 산업혁명이 진행 중인 도시의 하층민과 그들의 저급한 삶을 비판적으로 바라보았다. 이를 치유하기 위해 그는 문화라는 해결책을 제시하였다. 그에 따르면 문화는 인간다운 능력의 배양에서 비롯되는 것이다.

한편 19세기 인문주의자들은 문화라는 어휘를 광범위한 의미에서 동물과 대비하여 인간이 후천적으로 습득한 지식이나 삶의 양식을 총체적으로 지칭하는 데 사용하였다. 인류학의 토대를 마련한 타일러도 기본적으로 이를 계승하였다. 그는 문화를 "인간이 사회 집단의 구성원으로서 습득한 지식, 믿음, 기술, 도덕, 법, 관습 그리고 그 밖의 능력이나 습관으로 구성된 복합체"라고 정의하였다. 그는 독일 낭만주의자들의 문화와 문명에 대한 개념적 구분을 배격하고, 18세기 프랑스 계몽주의자들이 야만성이나 미개성과 대비하기 위해 착안한 문명이라는 개념을 받아들였다. 즉 문화와 문명이 별개의 것이 아니라, 문명은 단지 문화가 발전된 단계로 본 것이다. 이것은 아놀드가 가졌던 문화에 대한 규범적 시각에서 탈피하여 원시적이든 문명적이든 차별을 두지 않고 문화의 보편적 실체를 확립했다는 점에서 의의가 있다.

① 독일 낭만주의자들의 시각에 따르면 문명은 문화가 발전된 단계이다.
② 타일러의 시각에 따르면 원시적이고 야만적인 사회에서도 문화는 존재한다.
③ 프랑스 계몽주의자들의 시각에 따르면 문화와 문명은 본질적으로 다른 것이다.
④ 아놀드의 시각에 따르면 문화의 다양성은 집단이 발전해 온 단계가 다른 데서 비롯된다.

핵심 포인트 난이도 ★★★★☆

지문에 문화와 문명에 대한 '프랑스 계몽주의자', '독일 낭만주의자', '아놀드', '타일러'의 견해가 대비되어 있으므로 각 사람들의 견해에 주목한다.

오답 분석

① (×) 두 번째 단락에 따르면 문명을 문화가 발전된 단계로 보는 것은 프랑스 계몽주의자들이므로 독일 낭만주의자들의 시각에 따르면 문명은 문화가 발전된 단계라는 것은 추론할 수 없다.
② (○) 두 번째 단락에 따르면 타일러는 원시적이든 문명적이든 차별을 두지 않고 문화의 보편적 실체를 확립했으므로 타일러의 시각에 따르면 원시적이고 야만적인 사회에서도 문화는 존재한다는 것을 추론할 수 있다.
③ (×) 첫 번째 단락에 따르면 프랑스 계몽주의자들은 문명을 문화가 발전된 단계로 보므로 문화와 문명은 본질적으로 다르지 않다고 본다. 따라서 프랑스 계몽주의자들의 시각에 따르면 문화와 문명은 본질적으로 다른 것이라는 것은 추론할 수 없다.
④ (×) 두 번째 단락에 따르면 문화의 다양성은 집단이 발전해 온 단계가 다른 데서 비롯된다는 것은 타일러의 시각이므로 아놀드의 시각에 따르면 문화의 다양성은 집단이 발전해 온 단계가 다른 데서 비롯된다는 것은 추론할 수 없다.

정답 ②

05 다음 글에서 추론할 수 있는 것은?

2013년 민간경력자 채용 4번 변형

> 나균은 1,600개의 제 기능을 하는 정상 유전자와 1,100개의 제 기능을 하지 못하는 화석화된 유전자를 가지고 있다. 이에 반해 분류학적으로 나균과 가까운 종인 결핵균은 4,000개의 정상 유전자와 단 6개의 화석화된 유전자를 가지고 있다. 이는 화석화된 유전자의 비율이 결핵균보다 나균에서 매우 높다는 것을 보여준다. 왜 이런 차이가 날까?
>
> 결핵균과 달리 나균은 오로지 숙주세포 안에서만 살 수 있기 때문에 수많은 대사과정을 숙주에 의존한다. 숙주세포의 유전자들이 나균의 유전자가 수행해야 하는 온갖 일을 도맡아 해주다 보니, 나균이 가지고 있던 많은 유전자의 기능이 필요 없게 되었다. 이에 따라 세포 내에 기생하는 기생충과 병균처럼 나균에서도 유전자 기능의 대량 상실이 일어나게 되었다.
>
> 유전자의 화석화는 후손의 진화 방향에 중요한 영향을 미친다. 기능을 상실하기 시작한 유전자는 복합적인 결함을 일으키기 때문에, 한 번 잃은 기능은 돌이킬 수 없게 된다. 즉 유전자 기능의 상실은 일방통행이다. 유전자의 화석화와 기능 상실은 특정 계통의 진화 방향에 제약을 가하는 것이다. 이는 아주 오랜 시간이 흘러 새로운 환경에 적응하기 위해 화석화된 유전자의 기능이 필요하다고 하더라도 이 유전자의 기능을 잃어버린 종은 그 기능을 다시 회복할 수 없다는 것을 의미한다.

① 현재의 나균과 달리 기생충에서는 유전자의 화석화가 일어나지 않았을 것이다.
② 숙주세포 유전자의 화석화는 나균 유전자의 소멸과 밀접한 관련이 있을 것이다.
③ 어떤 균의 화석화된 유전자는 이 균이 새로운 환경에 적응하는 데 기능할 것이다.
④ 화석화된 나균 유전자의 대부분은 나균이 숙주세포에 의존하는 대사과정과 관련된 유전자일 것이다.

핵심 포인트

난이도 ★★★☆☆

지문에 유전자의 화석화와 관련해 나균과 결핵균이 비교되어 있으므로 단어 간의 관련성에 주목한다.

오답 분석

① (×) 기생충은 나균처럼 숙주세포에 의존하므로 유전자의 화석화가 일어났을 것이므로 현재의 나균과 달리 기생충에서는 유전자의 화석화가 일어나지 않았을 것임은 추론할 수 없다.
② (×) 유전자의 화석화는 숙주세포에 의존하는 나균에서 일어나는 것이지, 숙주세포에서 일어나는 것이 아니므로 숙주세포 유전자의 화석화는 나균 유전자의 소멸과 밀접한 관련이 있을 것임은 추론할 수 없다.
③ (×) 화석화된 유전자의 특징은 새로운 환경에 적응하기 위해 필요하다고 하더라도 그 기능을 다시 회복할 수 없다는 것이므로 어떤 균의 화석화된 유전자는 이 균이 새로운 환경에 적응하는 데 기능할 것임은 추론할 수 없다.
④ (○) 두 번째 단락에서 나균이 화석화된 유전자가 많은 이유는 나균이 오로지 숙주세포 안에서만 살 수 있을 정도로 숙주세포에 대한 의존도가 높기 때문이라고 설명되어 있으므로 화석화된 나균 유전자의 대부분은 나균이 숙주세포에 의존하는 대사과정과 관련된 유전자일 것임을 추론할 수 있다.

정답 ④

06 다음 글에서 추론할 수 있는 것을 <보기>에서 모두 고르면?

2014년 민간경력자 채용 17번 변형

수학을 이해하기 위해서는 연역적인 공리적 증명 방법에 대해 정확히 이해할 필요가 있다. 우리는 2보다 큰 짝수들을 원하는 만큼 많이 조사하여 각각이 두 소수(素數)의 합이라는 것을 알아낼 수 있다. 그러나 이러한 과정을 통해 얻은 결과를 '수학적 정리'라고 말할 수 없다. 이와 비슷하게, 한 과학자가 다양한 크기와 모양을 가진 1,000개의 삼각형의 각을 측정하여, 측정 도구의 정확도 범위 안에서 그 각의 합이 180도라는 것을 알아냈다고 가정하자. 이 과학자는 임의의 삼각형의 세 각의 합이 180도가 확실하다고 결론 내릴 것이다. 그러나 이러한 측정의 결과는 근삿값일 뿐이라는 문제와, 측정되지 않은 어떤 삼각형에서는 현저하게 다른 결과가 나타날지도 모른다는 의문이 남는다. 이러한 과학자의 증명은 수학적으로 받아들일 수 없다. 반면에, 수학자들은 모두 의심할 수 없는 공리들로부터 시작한다. 두 점을 잇는 직선을 하나만 그을 수 있다는 것을 누가 의심할 수 있는가? 이와 같이 의심할 수 없는 공리들을 참이라고 받아들이면, 이로부터 연역적 증명을 통해 나오는 임의의 삼각형의 세 각의 합이 180도라는 것이 참이라는 것을 받아들여야만 한다. 이런 식으로 증명된 결론을 수학적 정리라고 한다.

보기
ㄱ. 연역적으로 증명된 것은 모두 수학적 정리이다.
ㄴ. 연역적으로 증명된 수학적 정리를 거부하려면, 공리 역시 거부해야 한다.
ㄷ. 어떤 삼각형의 세 각의 합이 오차 없이 측정되었다면, 그 결과는 수학적 정리로 받아들일 수 있다.

① ㄱ   ② ㄴ   ③ ㄱ, ㄷ   ④ ㄴ, ㄷ

핵심 포인트 난이도 ★★★★☆

지문에서 어떤 것을 '수학적 정리'라고 볼 수 있는지 제시되어 있으므로 그 개념과 특성에 주목한다.

오답 분석

ㄱ. (×) 수학적 정리는 의심할 수 없는 공리를 바탕으로 연역하는 것이므로 연역적으로 증명된 것이 무조건 수학적 정리인 것은 아니다.
ㄴ. (○) 수학적 정리는 의심할 수 없는 공리를 바탕으로 연역하는 것이므로 수학적 정리를 거부하려면, 공리 역시 거부해야 한다.
ㄷ. (×) 수학적 정리는 오차 없이 측정되는 것과 관련되는 개념이 아니라 공리를 바탕으로 연역적 증명을 통해 결론을 내리는 것이다. 따라서 어떤 삼각형의 세 각의 합이 오차 없이 측정되었다면, 그 결과는 수학적 정리로 받아들일 수 있다는 것은 글에서 추론할 수 없다.

정답 ②

07 다음 글에서 추론할 수 있는 것은?

2015년 민간경력자 채용 19번 변형

> 조선이 임진왜란 중 필사적으로 보존하고자 한 서적은 바로 조선왕조실록이다. 실록은 원래 서울의 춘추관과 성주·충주·전주 4곳의 사고(史庫)에 보관되었으나, 임진왜란 이후 전주 사고의 실록만 온전한 상태였다. 전란이 끝난 후 단 1벌 남은 실록을 다시 여러 벌 등서하자는 주장이 제기되었다. 우여곡절 끝에 실록 인쇄가 끝난 것은 1606년이었다. 재인쇄 작업의 결과 원본을 포함해 모두 5벌의 실록을 갖추게 되었다. 원본은 강화도 마니산에 봉안하고 나머지 4벌은 서울의 춘추관과 평안도 묘향산, 강원도의 태백산과 오대산에 봉안했다.
>
> 이 5벌 중에서 서울 춘추관의 것은 1624년 이괄의 난 때 불에 타 없어졌고, 묘향산의 것은 1633년 후금과의 관계가 악화되자 전라도 무주의 적상산에 사고를 새로 지어 옮겼다. 강화도 마니산의 것은 1636년 병자호란 때 청군에 의해 일부 훼손되었던 것을 현종 때 보수하여 숙종 때 강화도 정족산에 다시 봉안했다. 결국 내란과 외적 침입으로 인해 5곳 가운데 1곳의 실록은 소실되었고, 1곳의 실록은 장소를 옮겼으며, 1곳의 실록은 손상을 입었던 것이다.
>
> 정족산, 태백산, 적상산, 오대산 4곳의 실록은 그 후 안전하게 지켜졌다. 그러나 일본이 다시 여기에 손을 대었다. 1910년 조선 강점 이후 일제는 정족산과 태백산에 있던 실록을 조선총독부로 이관하고 적상산의 실록은 구황궁 장서각으로 옮겼으며 오대산의 실록은 일본 동경제국대학으로 반출했다. 일본으로 반출한 것은 1923년 관동대지진 때 거의 소실되었다. 정족산과 태백산의 실록은 1930년에 경성제국대학으로 옮겨져 지금까지 서울대학교에 보존되어 있다. 한편 장서각의 실록은 6·25전쟁 때 북으로 옮겨져 현재 김일성종합대학에 소장되어 있다.

① 재인쇄하였던 실록은 모두 5벌이다.
② 태백산에 보관하였던 실록은 현재 일본에 있다.
③ 현재 한반도에 남아 있는 실록은 모두 4벌이다.
④ 현존하는 가장 오래된 실록은 서울대학교에 있다.

핵심 포인트

난이도 ★★★★★

지문에 5실록이 보관된 위치가 제시되어 있으므로 원본과 재인쇄본의 보관 장소가 변경되는 것에 주목한다.

오답 분석

① (×) 첫 번째 단락에 따르면 원본은 단 1벌 남았고, 원본 포함하여 모두 5벌의 실록을 갖추게 되었으므로 재인쇄하였던 실록은 모두 4벌이다.
② (×) 세 번째 단락에 따르면 태백산에 보관하였던 실록은 현재 서울대학교에 보존되어 있으므로 일본이 아니라, 서울에 있다.
③ (×) 세 번째 단락에 따르면 하나의 실록은 일본으로 반출되었으므로 현재 한반도에 남아 있는 실록은 서울대학교에 남아 있는 2벌과 김일성종합대학에 남아 있는 1벌을 합쳐 모두 3벌이다.
④ (○) 원본은 강화도 마니산과 강화도 정족산을 거쳐 지금까지 서울대학교에 보존되어 있으므로 현존하는 가장 오래된 실록은 서울대학교에 있다는 것을 추론할 수 있다.

정답 ④

08 다음 글에서 추론할 수 있는 것만을 <보기>에서 모두 고르면?

2015년 민간경력자 채용 20번 변형

의학에서 사용되는 HIV 감염 여부에 대한 진단은 HIV 항체 검사법에 크게 의존한다. 흔히 항체 검사법의 결과는 양성 반응과 음성 반응으로 나뉜다. HIV 양성 반응이라는 것은 HIV에 감염되었다는 검사 결과가 나왔다는 것을 말하며, HIV 음성 반응이라는 것은 HIV에 감염되지 않았다는 검사 결과가 나왔다는 것을 말한다.

이런 검사법의 품질은 어떻게 평가되는가? 가장 좋은 검사법은 HIV에 감염되었을 때는 언제나 양성 반응이 나오고, HIV에 감염되지 않았을 때는 언제나 음성 반응이 나오는 것이라고 할 수 있다. 하지만 여러 기술적 한계 때문에 그런 검사법을 만들기는 쉽지 않다. 많은 검사법은 HIV에 감염되었다고 하더라도 음성 반응이 나올 가능성, HIV에 감염되지 않아도 양성 반응이 나올 가능성을 가지고 있다. 이 두 가지 가능성이 높은 검사법은 좋은 검사법이라고 말할 수 없을 것이다.

반면 HIV에 감염되었을 때 양성 반응이 나올 확률과 HIV에 감염되지 않았을 때 음성 반응이 나올 확률이 매우 높은 검사법은 비교적 좋은 품질을 가지고 있다고 말할 수 있다. 통계학자들은 전자에 해당하는 확률을 '민감도'라고 부르며, 후자에 해당하는 확률을 '특이도'라고 부른다. 민감도는 '참 양성 비율'이라고 불리기도 하며, 이는 실제로 감염된 사람들 중 양성 반응을 보인 사람들의 비율이다. 마찬가지로 특이도는 '참 음성 비율'이라고 불리기도 하며, 이는 실제로는 감염되지 않은 사람들 중 음성 반응을 보인 사람들의 비율로 정의된다. 물론 '거짓 양성 비율'은 실제로 병에 걸리지 않은 사람들 중 양성 반응을 보인 사람들의 비율을 뜻하며, '거짓 음성 비율'은 실제로 병에 걸린 사람들 중 음성 반응을 보인 사람들의 비율을 가리킨다.

보기

ㄱ. 어떤 검사법의 민감도가 높을수록 그 검사법의 특이도도 높다.
ㄴ. 어떤 검사법의 특이도가 100%라면 그 검사법의 거짓 양성 비율은 0%이다.
ㄷ. 민감도가 100%인 HIV 항체 검사법을 이용해 어떤 사람을 검사한 결과 양성 반응이 나왔다면 그 사람이 HIV에 감염되었을 확률은 100%이다.

① ㄴ　　　② ㄷ　　　③ ㄱ, ㄴ　　　④ ㄴ, ㄷ

핵심 포인트　　　　　　　　　　　　　　　　　　　　　　　난이도 ★★★★★

지문에 '민감도', '특이도', '거짓 양성 비율', '거짓 음성 비율' 등의 단어가 제시되어 있으므로 그 개념을 확인하는 데 주목한다.

오답 분석

ㄱ. (X) 민감도와 특이도는 상관관계를 판단할 수 없으므로 어떤 검사법의 민감도가 높을수록 그 검사법의 특이도도 높다는 것을 추론할 수 없다.
ㄴ. (O) 특이도와 거짓 양성 비율은 합쳐서 100%가 되어야 하므로 어떤 검사법의 특이도가 100%라면 그 검사법의 거짓 양성 비율은 0%임을 추론할 수 있다.
ㄷ. (X) 민감도는 실제감염자가 양성이 나올 확률이므로 민감도가 100%라고 해서 양성 반응이 나온 사람이 HIV에 감염되었을 확률이 100%라 볼 수는 없다.

정답 ①

09 다음 글에서 추론할 수 있는 것만을 <보기>에서 모두 고르면?

2016년 민간경력자 채용 5번 변형

'독재형' 어머니는 아이가 실제로 어떠한 욕망을 지니고 있는지에 무관심하며, 자신의 욕망을 아이에게 공격적으로 강요한다. 독재형 어머니는 자신의 규칙과 지시에 아이가 순응하기를 기대하며, 그것을 따르지 않을 경우 폭력을 행사하는 경우가 많다. 독재형 어머니 밑에서 자란 아이들은 공격적 성향과 파괴적 성향을 많이 보이는 것이 특징이다. 또한, 어린 시절 받은 학대로 인해 상상이나 판타지 속에 머무르는 시간이 많고, 이것은 심각한 망상으로 나타나기도 한다.

'허용형' 어머니는 오로지 아이의 욕망에만 관심을 지니면서, '아이의 욕망을 내가 채워 주고 싶다'는 식으로 자기 욕망을 형성한다. 허용형 어머니는 자녀가 요구하는 것은 무엇이든 해주기 때문에 이런 어머니 밑에서 양육된 아이들은 자아 통제가 부족하기 쉽다. 따라서 이 아이들은 충동적이고 즉흥적인 성향이 강하며, 도덕적 책임 의식이 결여된 경우가 많다.

한편, '방임형' 어머니의 경우 아이와 정서적으로 차단되어 있기 때문에 아이의 욕망에 무관심할 뿐만 아니라, 아이 입장에서도 어머니의 욕망을 전혀 파악할 수 없다. 방치된 아이들은 자신의 욕망도 모르고 어머니의 욕망도 파악하지 못하기 때문에, 어떤 방식으로든 오직 어머니의 관심을 끄는 것만이 아이의 유일한 욕망이 된다. 이 아이들은 "엄마, 제발 나를 봐주세요.", "엄마, 내가 나쁜 짓을 해야 나를 볼 것인가요?", "엄마, 내가 정말 잔인한 짓을 할지도 몰라요."라면서 어머니의 관심을 끊임없이 요구한다.

보기
ㄱ. 허용형 어머니는 방임형 어머니에 비해 아이의 욕망에 높은 관심을 갖는다.
ㄴ. 허용형 어머니의 아이는 독재형 어머니의 아이보다 도덕적 의식이 높은 경우가 많다.
ㄷ. 방임형 어머니의 아이는 독재형 어머니의 아이보다 어머니의 욕망을 더 잘 파악한다.

① ㄱ　　　　② ㄴ　　　　③ ㄱ, ㄷ　　　　④ ㄴ, ㄷ

난이도 ★★★☆☆

핵심 포인트

지문에 허용형 어머니, 방임형 어머니, 독재형 어머니 간에 비교가 제시되어 있으므로 각 어머니의 특성과 그 아래에서 양육된 아이의 특성에 주목한다.

오답 분석

ㄱ. (○) 허용형 어머니는 오로지 아이의 욕망에만 관심을 가지며, 방임형 어머니 역시 아이의 욕망에 무관심하므로, 허용형 어머니는 방임형 어머니에 비해 아이의 욕망에 높은 관심을 갖는다고 추론할 수 있다.

ㄴ. (×) 허용형 어머니의 아이는 도덕적 책임 의식이 결여된 경우가 많으므로 독재형 어머니의 아이보다 도덕적 의식이 높은 경우가 많다는 것은 추론할 수 없다.

ㄷ. (×) 방임형 어머니의 아이는 어머니의 욕망을 파악하지 못하기 때문에 독재형 어머니의 아이보다 어머니의 욕망을 더 잘 파악한다고 추론할 수 없다.

정답 ①

10 다음 글에서 추론할 수 있는 것은?

2017년 민간경력자 채용 9번 변형

> 인간이 부락집단을 형성하고 인간의 삶 전체가 반영된 이야기가 시작되었을 때부터 설화가 존재하였다. 설화에는 직설적인 표현도 있지만, 풍부한 상징성을 가진 것이 많다. 이 이야기들에는 민중이 믿고 숭상했던 신들에 관한 신성한 이야기인 신화, 현장과 증거물을 중심으로 엮은 역사적인 이야기인 전설, 민중의 욕망과 가치관을 보여주는 허구적 이야기인 민담이 있다. 설화 속에는 원(願)도 있고 한(恨)도 있으며, 아름답고 슬픈 사연도 있다. 설화는 한 시대의 인간들의 삶과 문화이며 바로 그 시대에 살았던 인간의식 그 자체이기에 설화 수집은 중요한 일이다.
>
> 상주지방에 전해오는 '공갈못설화'를 놓고 볼 때 공갈못의 생성은 과거 우리의 농경사회에서 중요한 역사적 사건으로서 구전되고 인식되었지만, 이에 관한 당시의 문헌 기록은 단 한 줄도 전해지지 않고 있다. 이는 당시 신라의 지배층이나 관의 입장에서 공갈못 생성에 관한 것이 기록할 가치가 있는 정치적 사건은 아니라는 인식을 보여준다. 공갈못 생성은 다만 농경생활에 필요한 농경민들의 사건이었던 것이다.
>
> 공갈못 관련 기록은 조선시대에 와서야 발견된다. 이에 따르면 공갈못은 삼국시대에 형성된 우리나라 3대 저수지의 하나로 그 중요성이 인정되었다. 당대에 기록되지 못하고 한참 후에서야 단편적인 기록들만이 전해진 것이다. 일본은 고대 역사를 제대로 정리한 기록이 없는데도 주변에 흩어진 기록과 구전(口傳)을 모아 『일본서기』라는 그럴싸한 역사책을 완성하였다. 이 점을 고려할 때 역사성과 현장성이 있는 전설을 가볍게 취급해서는 결코 안 된다. 이러한 의미에서 상주지방에 전하는 지금의 공갈못에 관한 이야기도 공갈못 생성의 증거가 될 수 있는 역사성을 가진 귀중한 자료인 것이다.

① 공갈못설화는 전설에 해당한다.
② 삼국의 사서에는 농경생활 관련 사건이 기록되어 있지 않다.
③ 한국의 3대 저수지 생성 사건은 조선시대에 처음 기록되었다.
④ 조선과 일본의 역사기술 방식의 차이는 전설에 대한 기록 여부에 있다.

핵심 포인트

난이도 ★★★★☆

지문에는 '공갈못설화'에 대한 설명이 제시되어 있으므로 '공갈못설화의 기록'에 주목한다.

오답 분석

① (○) 첫 번째 단락에 따르면 전설은 현장과 증거물을 중심으로 엮은 역사적인 이야기이고, 두 번째 단락에 따르면 공갈못의 생성은 과거 우리의 농경사회에서 중요한 역사적 사건이므로 공갈못설화는 전설에 해당한다.
② (×) 삼국의 사서에 농경생활 관련 사건이 기록되어 있지 않은지는 지문의 내용으로는 알 수 없다.
③ (×) 세 번째 단락에서 한국의 3대 저수지 중 하나인 공갈못 관련 기록이 조선시대에 와서야 발견된 것을 알 수 있지만, 이것이 조선시대에 처음 기록되었다고 추론할 수는 없다.
④ (×) 세 번째 단락에서 일본이 고대 역사를 제대로 정리한 기록이 없는데도 주변에 흩어진 기록과 구전을 모아 『일본서기』라는 그럴싸한 역사책을 완성하였다는 것은 알 수 있으나, 이를 근거로 조선과 일본의 역사기술 방식의 차이가 전설에 대한 기록 여부에 있는지는 알 수 없다.

정답 ①

11 다음 글에서 추론할 수 있는 것은?

2017년 민간경력자 채용 13번 변형

> 　　조선후기 숙종 때 서울 시내의 무뢰배가 검계를 결성하여 무술훈련을 하였다. 좌의정 민정중이 '검계의 군사 훈련 때문에 한양의 백성들이 공포에 떨고 있으니 이들을 처벌해야 한다.'고 상소하자 임금이 포도청에 명하여 검계 일당을 잡아들이게 하였다. 포도대장 장봉익은 몸에 칼자국이 있는 자들을 잡아들였는데, 이는 검계 일당이 모두 몸에 칼자국을 내어 자신들과 남을 구별하는 징표로 삼았기 때문이다.
> 　　검계는 원래 향도계에서 비롯하였다. 향도계는 장례를 치르기 위해 결성된 계였다. 비용이 많이 소요되는 장례에 대비하기 위해 계를 구성하여 평소 얼마간 갹출하고, 구성원 중에 상을 당한 자가 있으면 갹출한 금전에 얼마를 더하여 비용을 마련해주는 방식이었다. 향도계는 서울 시내 백성들에게 널리 퍼져 있었으며, 양반들 중에도 가입하는 이들이 있었다. 향도계를 관리하는 조직을 도가라 하였는데, 도가는 점차 죄를 지어 법망을 피하려는 자들을 숨겨주는 소굴이 되었다. 이 도가 내부의 비밀조직이 검계였다.
> 　　검계의 구성원들은 스스로를 왈짜라 부르고 있었다. 왈짜는 도박장이나 기생집, 술집 등 도시의 유흥공간을 세력권으로 삼아 활동하는 이들이었다. 하지만 모든 왈짜가 검계의 구성원이었던 것은 아니다. 왈짜와 검계는 모두 폭력성을 지녔고 활동하는 주 무대도 같았지만 왈짜는 검계와 달리 조직화된 집단은 아니었다. 부유한 집안의 아들이었던 김홍연은 대과를 준비하다가 너무 답답하다는 이유로 중도에 그만두고 무과 공부를 하였다. 그는 무예에 탁월했지만 지방 출신이라는 점이 출세하는 데 장애가 될 것을 염려하여 무과 역시 포기하고 왈짜가 되었다. 김홍연은 왈짜였지만 검계의 일원은 아니었다.

① 도가의 장은 향도계의 장을 겸임하였다.
② 향도계는 공공연한 조직이었지만 검계는 비밀조직이었다.
③ 몸에 칼자국이 없으면서 검계의 구성원인 왈짜도 있었다.
④ 김홍연이 검계의 일원이 되지 못하고 왈짜에 머물렀던 것은 지방 출신이었기 때문이다.

난이도 ★★★★☆

핵심 포인트

지문에서 '도가', '향도계', '검계', '왈짜' 등의 생소한 단어가 여러 개 제시되어 있으므로 단어들 간의 관련성에 주목한다.

오답 분석

① (×) 향도계를 관리하는 조직이 도가였다는 것은 알 수 있으나, 이로부터 도가의 장이 향도계의 장을 겸임하였는지는 추론할 수 없다.
② (○) 향도계는 장례를 치르기 위해 결성된 계로서 서울 시내 백성들에게 널리 퍼져있었지만, 검계는 도가 내부의 비밀조직이었다. 따라서 향도계는 공공연한 조직이었지만 검계는 비밀조직이었다고 추론할 수 있다.
③ (×) 검계의 일당은 모두 몸에 칼자국을 내어 구별의 징표로 삼았으므로 몸에 칼자국이 없는 검계의 구성원은 없었다. 따라서 몸에 칼자국이 없으면서 검계의 구성원인 왈짜도 있었다는 것은 옳지 않다.
④ (×) 김홍연은 무예에 탁월했지만 지방 출신이라는 점이 출세하는 데 장애가 될 것을 염려하여 무과를 포기하고 왈짜가 된 것이지, 지방 출신이었기 때문에 검계의 일원이 되지 못하고 왈짜에 머물렀던 것은 아니다. 따라서 김홍연이 검계의 일원이 되지 못하고 왈짜에 머물렀던 것은 지방 출신이었기 때문이라고 추론할 수 없다.

정답 ②

12 다음 글에서 추론할 수 있는 것만을 <보기>에서 모두 고르면?

2013년 민간경력자 채용 14번 변형

하나의 세포가 표적세포로 신호를 전달하는 방법에는 여러 종류가 있다. 이 중 직접 결합 방법은 세포가 표적세포와 직접 결합하여 신호를 전달하는 방법이다. 또한 측분비 방법은 세포가 신호 전달 물질을 분비하여 근접한 거리에 있는 표적세포에 신호를 전달하는 방법이다. 그리고 내분비 방법은 세포가 신호 전달 물질의 일종인 호르몬을 분비하여 이 물질이 순환계를 통해 비교적 먼 거리를 이동한 후 표적세포에 신호를 전달하는 방법이다.

동물의 면역세포에서 분비되는 신호 전달 물질은 세포 사이에 존재하는 공간을 통해 확산되어 근거리에 위치한 표적세포에 작용한다. 특정 면역세포가 히스타민을 분비하여 알레르기 반응을 일으키는 것이 대표적인 예이다. 신경세포 사이의 신호 전달은 신경세포에서 분비되는 신경 전달 물질에 의해 일어난다. 신경 전달 물질은 세포 사이에 존재하는 공간을 통해 확산되어 근거리에 있는 표적세포에 작용한다. 내분비샘 세포에서 분비된 호르몬은 모세혈관으로 확산되어 혈액을 따라 이동하고 표적세포의 근처에 도달했을 때 혈관으로부터 빠져나와 표적세포에 작용한다. 따라서 표적 세포에서 반응을 일으키는 데 걸리는 시간은 호르몬이 신경전달물질보다 더 오래 걸린다.

보기

ㄱ. 신경 전달 물질에 의한 신호 전달은 측분비 방법을 통해 이루어진다.
ㄴ. 내분비 방법이 측분비 방법보다 표적세포에서 더 빠른 반응을 일으킨다.
ㄷ. 하나의 세포가 표적세포로 신호를 전달하기 위해서는 신호 전달 물질의 분비가 필수적이다.

① ㄱ　　　　② ㄱ, ㄴ　　　　③ ㄴ, ㄷ　　　　④ ㄱ, ㄴ, ㄷ

핵심 포인트　　　　　　　　　　　　　　　　　　　　　　　　　　　　난이도 ★★★★☆

지문에서 세포가 표적세포로 신호를 전달하는 방법으로 '직접 결합 방법', '측분비 방법', '내분비 방법'이 제시되어 있으므로 각 방법의 차이점과 공통점에 주목한다.

오답 분석

ㄱ. (O) 두 번째 단락에서 신경세포 사이의 신호 전달은 신경 전달 물질에 의해 이루어지는데, 이 신경 전달 물질은 세포 사이에 존재하는 공간을 통해 확산되어 근거리에 있는 표적세포에 작용하므로 측분비 방법을 통해 이루어진다는 것을 추론할 수 있다.
ㄴ. (×) 두 번째 단락에서 표적 세포에 반응을 일으키는 데 걸리는 시간은 호르몬이 신경 전달 물질보다 더 오래 걸린다고 제시되어 있으므로, 내분비 방법이 측분비 방법보다 표적세포에서 더 느린 반응을 일으킨다고 추론할 수 있다.
ㄷ. (×) 하나의 세포가 표적세포로 신호를 전달하기 위한 방법으로는 신호 전달 물질의 분비가 필수적인 측분비 방법과 내분비 방법 외에 신호 전달 물질의 분비가 필요하지 않은 직접 결합 방법도 제시되어 있으므로 옳지 않다.

정답 ①

13 다음 글에서 추론할 수 있는 것은?

2019년 민간경력자 채용 5번 변형

종자와 농약을 생산하는 대기업들은 자신들이 유전자 기술로 조작한 종자가 농약을 현저히 적게 사용해도 되기 때문에 농부들이 더 많은 이윤을 낼 수 있다고 주장하였다. 그러나 미국에서 유전자 변형 작물을 재배한 16년(1996년~2011년) 동안의 농약 사용량을 살펴보면, 이 주장은 사실이 아님을 알 수 있다.

유전자 변형 작물은 해충에 훨씬 더 잘 견디는 장점이 있다. 유전자 변형 작물이 해충을 막기 위해 자체적으로 독소를 만들어내기 때문이다. 독소를 함유한 유전자 변형 작물을 재배함으로써 일반 작물 재배와 비교하여 16년 동안 살충제 소비를 약 56,000톤 줄일 수 있었다. 그런데 제초제의 경우는 달랐다. 처음 4~5년 동안에는 제초제의 사용이 감소하였다. 그렇지만 전체 재배 기간을 고려하면 일반 작물 재배와 비교할 때 약 239,000톤이 더 소비되었다. 늘어난 제초제의 양에서 줄어든 살충제의 양을 빼면 일반 작물 재배와 비교하여 농약 사용이 재배 기간 16년 동안 183,000톤 증가했다.

M사의 제초제인 글리포세이트에 내성을 가진 유전자 변형 작물을 재배하기 시작한 농부들은 그 제초제를 매년 반복해서 사용했다. 이로 인해 그 지역에서는 글리포세이트에 대해 내성을 가진 잡초가 생겨났다. 이와 같이 제초제에 내성을 가진 잡초를 슈퍼잡초라고 부른다. 유전자 변형 작물을 재배하는 농지는 대부분 이러한 슈퍼잡초로 인해 어려움을 겪게 되었다. 슈퍼잡초를 제거하기 위해서는 제초제를 더 자주 사용하거나 여러 제초제를 섞어서 사용하거나 아니면 새로 개발된 제초제를 사용해야 한다. 이로 인해 농부들은 더 많은 비용을 지불할 수밖에 없었다.

① 유전자 변형 작물을 재배하는 지역에서는 모든 종류의 농약 사용이 증가했다.
② 유전자 변형 작물을 도입한 해부터 그 작물을 재배하는 지역에 슈퍼잡초가 나타났다.
③ 유전자 변형 작물을 도입한 후 일반 작물 재배의 경우에도 살충제의 사용이 증가했다.
④ 유전자 변형 작물 재배로 슈퍼잡초가 발생한 지역에서는 작물 생산 비용이 증가했다.

핵심 포인트

난이도 ★★★☆☆

지문에 유전자 변형 작물을 재배하기 시작하면서 살충제 및 제초제의 사용량에 어떤 변화가 나타났는지 제시되어 있으므로 이에 주목한다.

오답 분석

① (×) 두 번째 단락에 따르면 유전자 변형 작물을 재배하는 지역에서는 제초제 사용은 증가했지만, 살충제 소비는 줄었으므로 모든 종류의 농약 사용이 증가했다고 볼 수는 없다.
② (×) 세 번째 단락에 따르면 M사의 제초제인 글리포세이트에 내성을 가진 유전자 변형 작물을 재배하기 시작한 지역에서는 글리포세이트에 대해 내성을 가진 잡초가 생겨났지만, 유전자 변형 작물을 도입한 해부터 그 작물을 재배하는 지역에 슈퍼잡초가 나타났는지는 알 수 없다.
③ (×) 두 번째 단락에 따르면 유전자 변형 작물을 재배하는 지역에서는 살충제 소비는 줄었다. 따라서 유전자 변형 작물을 도입한 후 일반 작물 재배의 경우에도 살충제의 사용이 증가했는지는 알 수 없다.
④ (○) 세 번째 단락에 따르면 유전자 변형 작물 재배로 슈퍼잡초가 발생한 지역에서는 슈퍼잡초를 제거하기 위해서 제초제를 더 자주 사용하거나 여러 제초제를 섞어서 사용하거나 아니면 새로 개발된 제초제를 사용해야 해서 농부들은 더 많은 비용을 지불할 수밖에 없었다. 따라서 유전자 변형 작물 재배로 슈퍼잡초가 발생한 지역에서는 작물 생산 비용이 증가했음을 알 수 있다.

정답 ④

14 다음 글에서 추론할 수 있는 것만을 <보기>에서 모두 고르면?

2019년 민간경력자 채용 15번 변형

생산자가 어떤 자원을 투입물로 사용해서 어떤 제품이나 서비스 등의 산출물을 만드는 생산과정을 생각하자. 산출물의 가치에서 생산하는 데 소요된 모든 비용을 뺀 것이 '순생산가치'이다. 생산자가 생산과정에서 투입물 1단위를 추가할 때 순생산가치의 증가분이 '한계순생산가치'이다. 경제학자 P는 이를 ⓐ '사적(私的) 한계순생산가치'와 ⓑ '사회적 한계순생산가치'로 구분했다.

사적 한계순생산가치란 한 기업이 생산과정에서 투입물 1단위를 추가할 때 그 기업에 직접 발생하는 순생산가치의 증가분이다. 사회적 한계순생산가치란 한 기업이 투입물 1단위를 추가할 때 발생하는 사적 한계순생산가치에 그 생산에 의해 부가적으로 발생하는 사회적 비용을 빼고 편익을 더한 것이다. 여기서 이 생산과정에서 부가적으로 발생하는 사회적 비용이나 편익에는 그 기업의 사적 한계순생산가치가 포함되지 않는다.

보기

ㄱ. ⓐ의 크기는 기업의 생산이 사회에 부가적인 편익을 발생시키는지의 여부와 무관하게 결정된다.
ㄴ. 어떤 기업이 투입물 1단위를 추가할 때 사회에 발생하는 부가적인 편익이나 비용이 없는 경우, 이 기업이 야기하는 ⓐ와 ⓑ의 크기는 같다.
ㄷ. 기업 A와 기업 B가 동일한 투입물 1단위를 추가했을 때 각 기업에 의해 사회에 부가적으로 발생하는 비용이 같을 경우, 두 기업이 야기하는 ⓑ의 크기는 같다.

① ㄱ ② ㄱ, ㄴ ③ ㄴ, ㄷ ④ ㄱ, ㄴ, ㄷ

핵심 포인트 난이도 ★★★★☆

ⓐ '사적(私的) 한계순생산가치'와 ⓑ '사회적 한계순생산가치'의 차이점에 주목한다.

오답 분석

ㄱ. (○) 두 번째 단락에 따르면 사적 한계순생산가치란 한 기업이 생산과정에서 투입물 1단위를 추가할 때 그 기업에 직접 발생하는 순생산가치의 증가분이고, 생산과정에서 부가적으로 발생하는 사회적 비용이나 편익에는 그 기업의 사적 한계순생산가치가 포함되지 않는다. 따라서 ⓐ의 크기는 기업의 생산이 사회에 부가적인 편익을 발생시키는지의 여부와 무관하게 결정된다는 것은 추론할 수 있다.

ㄴ. (○) 두 번째 단락에 따르면 사회적 한계순생산가치란 한 기업이 투입물 1단위를 추가할 때 발생하는 사적 한계순생산가치에 그 생산에 의해 부가적으로 발생하는 사회적 비용을 빼고 편익을 더한 것이다. 즉 ⓑ는 'ⓐ - 사회적 비용 + 편익'인 것이다. 따라서 어떤 기업이 투입물 1단위를 추가할 때 사회에 발생하는 부가적인 편익이나 비용이 없는 경우, 이 기업이 야기하는 ⓐ와 ⓑ의 크기는 같다는 것을 추론할 수 있다.

ㄷ. (×) 두 번째 단락에 따르면 사회적 한계순생산가치란 한 기업이 투입물 1단위를 추가할 때 발생하는 사적 한계순생산가치에 그 생산에 의해 부가적으로 발생하는 사회적 비용을 빼고 편익을 더한 것이다. 따라서 기업 A와 기업 B가 동일한 투입물 1단위를 추가했을 때 각 기업에 의해 사회에 부가적으로 발생하는 비용이 같을 경우에도 두 기업의 편익을 알 수 없는 상태에서는 두 기업이 야기하는 ⓑ의 크기는 같다고 추론할 수 없다.

정답 ②

15 다음 글에서 추론할 수 없는 것은?

2020년 민간경력자 채용 8번 변형

> 아이를 엄격하게 키우는 것은 부모와 다른 사람들에 대해 반감과 공격성을 일으킬 수 있고, 그 결과 죄책감과 불안감을 낳으며, 결국에는 아이의 창조적인 잠재성을 해치게 된다. 반면에 아이를 너그럽게 키우는 것은 그와 같은 결과를 피하고, 더 행복한 인간관계를 만들며, 풍요로운 마음과 자기신뢰를 고취하고, 자신의 잠재력을 발전시킬 수 있도록 한다. 이와 같은 진술은 과학적 탐구의 범위에 속하는 진술이다. 논의의 편의상 이 두 주장이 실제로 강력하게 입증되었다고 가정해보자. 그렇다면 우리는 이로부터 엄격한 방식보다는 너그러운 방식으로 아이를 키우는 것이 더 좋다는 점이 과학적 연구에 의해 객관적으로 확립되었다고 말할 수 있을까?
>
> 위의 연구를 통해 확립된 것은 다음과 같은 조건부 진술일 뿐이다. 만약 우리의 아이를 죄책감을 지닌 혼란스러운 영혼이 아니라 행복하고 정서적으로 안정된 창조적인 개인으로 키우고자 한다면, 아이를 엄격한 방식보다는 너그러운 방식으로 키우는 것이 더 좋다. 이와 같은 진술은 상대적인 가치판단을 나타낸다. 상대적인 가치판단은 특정한 목표를 달성하려면 어떤 행위가 좋다는 것을 진술하는데, 이런 종류의 진술은 경험적 진술이고, 경험적 진술은 모두 관찰을 통해 객관적인 과학적 테스트가 가능하다. 반면 "아이를 엄격한 방식보다는 너그러운 방식으로 키우는 것이 더 좋다."라는 문장은 가령 "살인은 악이다."와 같은 문장처럼 절대적인 가치판단을 표현한다. 그런 문장은 관찰에 의해 테스트할 수 있는 주장을 표현하지 않는다. 오히려 그런 문장은 행위의 도덕적 평가기준 또는 행위의 규범을 표현한다. 절대적인 가치판단은 과학적 테스트를 통한 입증의 대상이 될 수 없다. 왜냐하면 그와 같은 판단은 주장을 표현하는 것이 아니라 행위의 기준이나 규범을 나타내기 때문이다.

① 아이를 엄격한 방식보다는 너그러운 방식으로 키우는 것이 더 좋다는 것은 경험적 진술이 아니다.
② 아이를 엄격한 방식보다는 너그러운 방식으로 키우는 것이 더 좋다는 것은 상대적인 가치판단이다.
③ 정서적으로 안정된 창조적 개인으로 키우려면, 아이를 엄격한 방식보다는 너그러운 방식으로 키우는 것이 더 좋다는 것은 상대적인 가치판단이다.
④ 정서적으로 안정된 창조적 개인으로 키우려면, 아이를 엄격한 방식보다는 너그러운 방식으로 키우는 것이 더 좋다는 것은 과학적으로 테스트할 수 있다.

난이도 ★★★★☆

핵심 포인트

지문에 '정서적으로 안정된 창조적 개인으로 키우려면, 아이를 엄격한 방식보다는 너그러운 방식으로 키우는 것이 더 좋다.'는 문장과 '아이를 엄격한 방식보다는 너그러운 방식으로 키우는 것이 더 좋다.'는 문장이 대비되어 제시되어 있으므로 그 차이점에 주목한다.

오답 분석

① (○) 두 번째 단락에서 경험적 진술에 해당하는 것은 아이를 엄격한 방식보다는 너그러운 방식으로 키우는 것이 더 좋다는 것이 아니라, 정서적으로 안정된 창조적 개인으로 키우려면, 아이를 엄격한 방식보다는 너그러운 방식으로 키우는 것이 더 좋다는 것임을 추론할 수 있다.
② (×) 두 번째 단락에서 아이를 엄격한 방식보다는 너그러운 방식으로 키우는 것이 더 좋다는 것은 상대적인 가치판단이 아니라 절대적인 가치판단을 표현한다는 것을 추론할 수 있다.
③ (○) 두 번째 단락에서 정서적으로 안정된 창조적 개인으로 키우려면, 아이를 엄격한 방식보다는 너그러운 방식으로 키우는 것이 더 좋다는 것은 상대적인 가치판단을 나타낸다는 것을 추론할 수 있다.
④ (○) 두 번째 단락에서 정서적으로 안정된 창조적 개인으로 키우려면, 아이를 엄격한 방식보다는 너그러운 방식으로 키우는 것이 더 좋다는 것은 객관적인 과학적 테스트가 가능하다는 것을 추론할 수 있다.

정답 ②

대표유형 12 적용형 추론

유형 정복 필승전략

유형 소개
주어진 지문을 읽고, 지문의 내용을 바탕으로 선택지의 내용이 지문에 제시된 원칙을 올바르게 적용한 것인지 여부를 판단하는 유형이다.

유형 특징
① 2~3단락 정도의 지문이 생소한 내용을 담은 설명문 형태로 제시된다.
② 지문에는 주로 하나의 원리나 원칙이 제시되거나 두 개 이상의 원리나 원칙이 대조되어 제시된다.
③ 선택지나 <보기>는 지문에 직접적으로 제시되지 않은 내용을 추론하거나 판단하는 내용으로 구성된다.

풀이 전략
① 지문을 읽기 전에 선택지나 <보기>를 먼저 보고 원칙을 적용하는 문제인지 확인한다.
② 선택지에서 조건이나 사례가 제시되면, 원리나 원칙을 적용하는 문제이므로 지문을 읽을 때 원리나 원칙의 개념을 찾는 데 주목한다.
③ 원리·원칙의 구체적인 내용을 파악한 후 선택지나 <보기>의 사례에 적용한다.

01 다음 글에서 추론한 내용으로 가장 적절한 것은?

2025년 국가직 9급 13번

> 언어에는 중요한 몇 가지 특징이 있다. 첫째, 언어의 형식인 말소리와 언어의 내용인 의미 간에는 필연적 관계가 없다. 이를 언어의 '자의성'이라 한다. 즉 어떤 내용을 나타내는 형식은 약속으로 정할 뿐이라는 것이다. 둘째, 언어에서 형식과 내용의 관계에 대한 사회적 약속은 한 번 정해지면 개인이 쉽게 바꿀 수가 없다. 이를 언어의 '사회성'이라 한다. 셋째, 언어는 시간의 흐름에 따라 사회 구성원이 바뀌면서 끊임없이 변화한다. 이를 언어의 '역사성'이라 한다. 넷째, 하나의 언어 형식은 수많은 구체적 대상이 가진 공통적인 속성을 개념화하여 표현한 것이다. 예컨대 우리는 세상에 존재하는 여러 책상들의 공통적 속성을 추출하여 하나의 언어 형식인 '책상'으로 표현한다. 이를 언어의 '추상성'이라 한다.

① 같은 언어 안에도 다양한 방언 형태가 존재한다는 것은 언어의 자의성을 보여주는 사례이다.
② 가족과 대화할 때는 직장 동료와 대화할 때와 다른 표현을 사용한다는 것은 언어의 사회성을 보여주는 사례이다.
③ 유명인이 개인적으로 사용한 유행어가 시간이 지나도 표준어로 인정되지 않는다는 것은 언어의 역사성을 보여주는 사례이다.
④ 새로운 줄임말이 끊임없이 만들어지고 있다는 것은 언어의 추상성을 보여주는 사례이다.

난이도 ★★★☆☆

핵심 포인트
지문에 제시된 언어의 특징에 주목하여 선택지에 제시된 사례가 어떤 특성에 해당하는지 판단한다.

오답 분석
① (O) 언어의 형식인 말소리와 언어의 내용인 의미 간에는 필연적 관계가 없는 것이 언어의 '자의성'이므로 같은 언어 안에도 다양한 방언 형태가 존재한다는 것은 언어의 자의성을 보여주는 사례임을 추론할 수 있다.
② (×) 언어의 '사회성'이란 언어에서 형식과 내용의 관계에 대한 사회적 약속은 한 번 정해지면 개인이 쉽게 바꿀 수가 없는 것이다. 따라서 가족과 대화할 때는 직장 동료와 대화할 때와 다른 표현을 사용한다는 것은 언어 사용의 맥락적 변이에 해당하므로 언어의 사회성을 보여주는 사례라고 볼 수 없다.
③ (×) 언어의 '역사성'이란 언어가 시간의 흐름에 따라 사회 구성원이 바뀌면서 끊임없이 변화한다는 것이다. 따라서 유명인이 개인적으로 사용한 유행어가 시간이 지나도 표준어로 인정되지 않는다는 것은 언어 변화의 사회적 수용 과정에 관한 것이므로 언어의 역사성을 보여주는 사례라고 볼 수 없다.
④ (×) 언어의 '추상성'이란 하나의 언어 형식은 수많은 구체적 대상이 가진 공통적인 속성을 개념화하여 표현한 것임을 의미한다. 따라서 새로운 줄임말이 끊임없이 만들어지고 있다는 것은 시간 흐름에 따른 언어의 변화에 관한 것이므로 언어의 추상성을 보여주는 사례라고 볼 수 없다.

정답 ①

02 다음 글에서 추론한 내용으로 적절하지 않은 것은?

2025년 국가직 9급 14번

> 국어의 표준 발음법 규정에서는 이중모음의 발음과 관련한 여러 조항들을 찾을 수 있다. 이중모음은 기본적으로 글자 그대로 발음해야 하지만, 글자와 다르게 발음하는 원칙이 덧붙은 경우도 있다. 이중모음 'ㅢ'의 발음에는 세 가지 원칙이 적용된다. 첫째, 초성이 자음인 음절의 'ㅢ'는 단모음 [ㅣ]로 발음해야 한다. 둘째, 첫음절 이외의 음절에서 'ㅢ'는 이중모음 [ㅢ]로 발음하는 것이 원칙이나 단모음 [ㅣ]로도 발음할 수 있다. 셋째, 조사 '의'는 이중모음 [ㅢ]로 발음하는 것이 원칙이나 단모음 [ㅔ]로도 발음할 수 있다.
>
> 이 세 가지 원칙을 적용하여 발음하려 할 때 원칙 간에 충돌이 발생할 때가 있다. '무늬'의 경우, 첫째 원칙에 따르면 [무니]로 발음해야 하는데 둘째 원칙에 따르면 [무니]도 가능하고 [무늬]도 가능하게 된다. 이렇게 첫째와 둘째가 충돌할 때에는 첫째 원칙을 따른다. 하지만 물어본다는 뜻의 명사 '문의(問議)'처럼 앞 음절의 받침이 뒤 음절의 초성으로 오게 되는 경우에는 첫째 원칙이 적용되지 않고 둘째 원칙이 적용된다. '문의 손잡이'에서의 '문의' 역시 받침이 이동하여 발음되기는 하지만 조사 '의'가 포함되어 있다. 이처럼 둘째와 셋째가 충돌하는 상황에서는 셋째 원칙을 따른다.

① '꽃의 향기'에서 '꽃의'는 두 가지 발음이 가능하다.
② '거의 끝났다'에서 '거의'는 한 가지 발음만 가능하다.
③ '편의점에 간다'에서 '편의점'은 두 가지 발음이 가능하다.
④ '한 칸을 띄고 쓴다'에서 '띄고'는 한 가지 발음만 가능하다.

핵심 포인트

난이도 ★★★★☆

지문에 'ㅢ'의 발음법에 대한 규정이 제시되어 있으므로 이를 선택지에 제시된 사례에 적용하여 올바른 발음을 판단한다.

오답 분석

① (○) '꽃의 향기'에서 '꽃의'는 둘째와 셋째 원칙이 충돌하는 상황이므로 셋째 원칙을 적용하여 [ㅢ]와 [ㅔ]로 발음할 수 있다.
② (×) '거의 끝났다'에서 '거의'는 첫음절 이외의 음절에서 'ㅢ'에 해당하므로 둘째 원칙을 적용하여 [ㅢ]와 [ㅣ]로 발음할 수 있다.
③ (○) '편의점에 간다'에서 '편의점'은 첫째와 둘째 원칙이 충돌하는 상황에서 앞음절의 받침이 뒤 음절의 초성으로 오게 되는 경우이므로 둘째 원칙을 적용하여 [ㅢ]와 [ㅣ]로 발음할 수 있다.
④ (○) '한 칸을 띄고 쓴다'에서 '띄고'는 첫째 원칙을 적용하여 [ㅣ]로 발음해야 한다.

정답 ②

03 다음 글에서 추론한 내용으로 적절하지 않은 것은?

2025년 지방직 9급 14번

> 모든 기호에는 정보성, 즉 의미가 있다. 다시 말해 정보성은 기호가 가진 필수 조건이다. 그런데 기호에는 정보성뿐 아니라 의사소통의 의도를 가지는 것도 있다. 즉 기호는 정보성만 가진 기호와 정보성도 가진 의사소통적 기호로 구분된다. 가령 개나리가 피는 것은 봄이 왔다는 신호이고 낙엽이 지는 것은 가을이 왔음을 의미한다. 그러나 계절을 알리기 위해 개나리가 피고 낙엽이 지는 것은 아니기 때문에 그러한 자연적 기호들은 의사소통적 기호로 볼 수 없다. 개인의 지문이나 필체 역시 사람을 식별하는 기호가 될 수 있다. 하지만 지문과 필체가 사람을 식별하기 위해 존재하는 것은 아니므로 이들은 정보성을 가진 기호일 뿐이다. 코넌 도일의 소설에서 셜록 홈스는 상대의 손톱, 코트의 소매, 표정 등을 근거로 그 사람의 직업이나 성격을 추리해 낸다. 홈스에게는 이런 것들이 모두 정보를 제공하는 기호들이다. 그러나 이들을 의사소통적 기호라고는 할 수 없다. 반면 인간이 관습적으로 사용하는 기호인 봉화, 교통 신호등, 모스 부호 등은 정보성뿐만 아니라 의사소통의 의도를 명백히 가진다. 모든 기호를 통틀어 인간의 언어는 가장 복잡하고 체계적인 관습적 기호이며 의사소통적 기호이다.

① 전쟁 중에 군대에서 사용하는 암호는 관습적 기호이다.
② 일기예보에서 흐린 날씨를 표시하는 구름 모양의 아이콘은 자연적 기호이다.
③ 특정 질병에 걸렸을 때 나타나는 얼굴색은 정보성만을 가진 기호이다.
④ 이웃 마을과 구별하기 위해 마을의 명칭을 본떠 만든 상징탑은 의사소통적 기호이다.

핵심 포인트

난이도 ★★★★☆

지문에 제시된 기호의 종류와 특성을 기준으로 선택지의 사례가 어떤 기호에 속하는지 판단한다.

오답 분석

① (○) 모스 부호는 정보성뿐만 아니라 의사소통의 의도를 명백히 가지며, 인간의 언어는 가장 복잡하고 체계적인 관습적 기호이며 의사소통적 기호이다. 따라서 전쟁 중에 군대에서 사용하는 암호는 관습적 기호라고 추론할 수 있다.
② (×) 자연적 기호들은 의사소통의 의도가 있지 않으므로 의사소통적 기호로 볼 수 없다. 그러나 일기예보에서 흐린 날씨를 표시하는 구름 모양의 아이콘은 흐린 날씨를 알리기 위한 의도를 가지는 의사소통적 기호이므로 이를 자연적 기호라고 추론하는 것은 적절하지 않다.
③ (○) 특정 질병에 걸렸을 때 나타나는 얼굴색은 특정 질병에 걸렸다는 것을 알려주기 위해 나타나는 것은 아니므로 의사소통 의도가 없는 정보성만을 가진 기호라고 추론할 수 있다.
④ (○) 이웃 마을과 구별하기 위해 마을의 명칭을 본떠 만든 상징탑은 구별하기 위한 의도가 있는 기호이므로 의사소통적 기호라고 추론할 수 있다.

정답 ②

04 다음 글로부터 옳게 추론한 것을 <보기>에서 모두 고르면?

2012년 민간경력자 채용 9번 변형

정상적인 애기장대의 꽃은 바깥쪽에서부터 안쪽으로 꽃받침, 꽃잎, 수술 그리고 암술을 가지는 구조로 되어 있다. 이 꽃의 발생에 미치는 유전자의 영향에 대한 연구를 통해 유전자 A는 단독으로 꽃받침의 발생에 영향을 주고, 유전자 A와 B는 함께 작용하여 꽃잎의 발생에 영향을 준다는 것을 알아냈다. 그리고 유전자 B와 C는 함께 작용하여 수술의 발생에 영향을 미치며, 유전자 C는 단독으로 암술의 발생에 영향을 미치는 것을 알아냈다. 또한, 돌연변이로 유전자 A가 결여된다면 유전자 A가 정상적으로 발현하게 될 꽃의 위치에 유전자 C가 발현하고, 유전자 C가 결여된다면 유전자 C가 정상적으로 발현하게 될 꽃의 위치에 유전자 A가 발현한다는 것을 알아냈다.

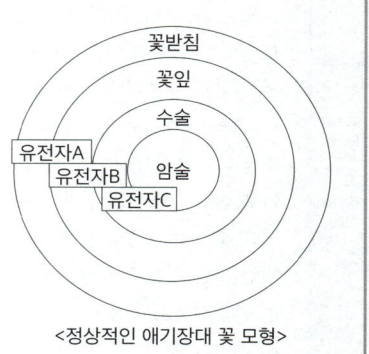

<정상적인 애기장대 꽃 모형>

보기
ㄱ. 유전자 A가 결여된 돌연변이 애기장대는 가장 바깥쪽으로부터 암술, 수술, 수술 그리고 암술의 구조를 가질 것이다.
ㄴ. 유전자 B가 결여된 돌연변이 애기장대는 가장 바깥쪽으로부터 꽃받침, 암술, 암술 그리고 꽃받침의 구조를 가질 것이다.
ㄷ. 유전자 C가 결여된 돌연변이 애기장대는 가장 바깥쪽으로부터 꽃받침, 꽃잎, 꽃잎 그리고 꽃받침의 구조를 가질 것이다.
ㄹ. 유전자 A와 B가 결여된 돌연변이 애기장대는 수술과 암술만 존재하는 구조를 가질 것이다.

① ㄱ, ㄴ   ② ㄱ, ㄷ   ③ ㄴ, ㄷ   ④ ㄴ, ㄹ

핵심 포인트   난이도 ★★★★☆

지문에 정상적인 애기장대 꽃 모형과 돌연변이 애기장대 꽃 모형이 함께 설명되어 있으므로 그 차이점에 주목한다.

오답 분석
ㄱ. (○) 유전자 A가 결여된다면 유전자 C가 발현되므로 C-B-C 구조를 가질 것이다. 따라서 유전자 A가 결여된 돌연변이 애기장대는 가장 바깥쪽으로부터 암술, 수술, 수술 그리고 암술의 구조를 가질 것이다.
ㄴ. (×) 유전자 B가 결여된 돌연변이 애기장대는 A-C의 구조를 가질 것이므로 가장 바깥쪽으로부터 꽃받침, 암술의 구조를 가질 것이다.
ㄷ. (○) 유전자 C가 결여된다면 유전자 A가 발현되므로 A-B-A 구조를 가질 것이다. 따라서 유전자 C가 결여된 돌연변이 애기장대는 가장 바깥쪽으로부터 꽃받침, 꽃잎, 꽃잎 그리고 꽃받침의 구조를 가질 것이다.
ㄹ. (×) 유전자 A와 B가 결여된 돌연변이 애기장대는 암술만 존재하는 구조를 가질 것이다.

정답 ②

05 다음 글의 ㉠을 <보기>에 올바르게 적용한 것은?

2014년 민간경력자 채용 7번 변형

> 뇌의 특정 부위에 활동이 증가하면 산소를 수송하는 헤모글로빈의 비율이 그 부위에 증가한다. 헤모글로빈이 많이 공급된 부위는 주변에 비해 높은 자기 신호 강도를 갖는다. 우리는 피실험자가 지각, 운동, 언어, 기억, 정서 등 다양한 수행 과제에 관여하는 때와 그렇지 않을 때의 두뇌 각 부위의 자기 신호 강도를 비교 측정함으로써, 각 수행 과제를 관장하는 두뇌 영역을 추정할 수 있다. 이 방법을 '기능자기공명영상법' 즉 'fMRI'라 한다. 이 영상법을 이해하는 데 중요한 논리 중에 하나는 ㉠차감법이다. 피실험자가 과제 P를 수행할 때 두뇌의 자기 신호 강도 양상을 X라고 하자. 그 피실험자가 다른 사정이 같고 과제 P를 수행하지 않을 때 두뇌의 자기 신호 강도 양상을 Y라고 하자. 여기서 과제 P를 수행하지 않는다는 말, 예컨대 오른손으로 도구를 사용하는 과제를 수행하지 않는다는 말은 도구를 사용하지 않을 뿐만 아니라 오른손도 움직이지 않는다는 뜻이다. 이제 수행 과제 P를 관장하는 두뇌 영역을 알고 싶다면 우리는 양상 X에서 양상 Y를 차감하면 될 것이다.

> **보기**
> 피실험자가 누워 아무 동작도 하지 않는 상태를 '알파'라고 하자. 그가 알파 상태에 있을 때 두뇌의 자기 신호 강도 양상은 A이다. 그가 알파 상태에서 벗어나 단순히 왼손만을 움직일 때 두뇌의 자기 신호 강도 양상은 B이다. 그가 알파 상태에서 벗어나 단순히 오른손만 움직일 때 두뇌의 자기 신호 강도 양상은 C이다. 그가 알파 상태에서 벗어나 왼손으로 도구를 사용하는 것만 할 때 두뇌의 자기 신호 강도 양상은 D이다.

① 왼손의 단순한 움직임을 관장하는 두뇌 영역을 알고 싶다면 양상 C에서 양상 B를 차감하면 된다.
② 오른손의 단순한 움직임을 관장하는 두뇌 영역을 알고 싶다면 양상 C에서 양상 A를 차감하면 된다.
③ 왼손으로 도구를 사용하는 과제를 관장하는 두뇌 영역을 알고 싶다면 양상 D에서 양상 B를 차감하면 된다.
④ 도구를 사용하는 과제를 관장하는 두뇌 영역을 알고 싶다면 양상 C에서 양상 D를 차감하면 된다.

난이도 ★★★★☆

핵심 포인트

'차감법'의 내용을 알아야 이를 <보기>에 적용할 수 있으므로 수행 과제 P를 관장하는 두뇌 영역을 알고 싶은 경우 양상 X에서 양상 Y를 차감한다는 차감법의 원칙에 주목한다.

오답 분석

① (×) 왼손의 단순한 움직임을 관장하는 두뇌 영역을 알고 싶다면, 알파 상태에서 벗어나 단순히 왼손만을 움직일 때 두뇌의 자기 신호 강도 양상인 B에서 알파 상태에 있을 때 두뇌의 자기 신호 강도 양상인 A를 차감하면 된다.
② (○) 오른손의 단순한 움직임을 관장하는 두뇌 영역을 알고 싶다면, 알파 상태에서 벗어나 단순히 오른손만 움직일 때 두뇌의 자기 신호 강도 양상인 C에서 알파 상태에 있을 때 두뇌의 자기 신호 강도 양상인 A를 차감하면 된다.
③ (×) 왼손으로 도구를 사용하는 과제를 관장하는 두뇌 영역을 알고 싶다면, 알파 상태에서 벗어나 왼손으로 도구를 사용하는 것만 할 때 두뇌의 자기 신호 강도 양상인 D에서 알파 상태에 있을 때 두뇌의 자기 신호 강도 양상인 A를 차감하면 된다.
④ (×) 도구를 사용하는 과제를 관장하는 두뇌 영역을 알고 싶다면, 알파 상태에서 벗어나 왼손으로 도구를 사용하는 것만 할 때 두뇌의 자기 신호 강도 양상인 D에서 알파 상태에서 벗어나 단순히 왼손만을 움직일 때 두뇌의 자기 신호 강도 양상인 B와 알파 상태에 있을 때 두뇌의 자기 신호 강도 양상인 A를 차감하면 된다.

정답 ②

06 다음 글로부터 추론한 내용으로 가장 적절한 것은?

2012년 민간경력자 채용 21번 변형

많은 재화나 서비스는 경합성과 배제성을 지닌 '사유재'이다. 여기서 경합성이란 한 사람이 어떤 재화나 서비스를 소비하면 다른 사람의 소비를 제한하는 특성을 의미하며, 배제성이란 공급자에게 대가를 지불하지 않으면 그 재화를 소비하지 못하는 특성을 의미한다. 반면 '공공재'란 사유재와는 반대로 비경합적이면서도 비배제적인 특성을 가진 재화나 서비스를 말한다.

그러나 우리 주위에서는 이렇듯 순수한 사유재나 공공재와는 또 다른 특성을 지닌 재화나 서비스도 많이 찾아볼 수 있다. 예를 들어 영화 관람이라는 소비 행위는 비경합적이지만 배제가 가능하다. 왜냐하면 영화는 사람들과 동시에 즐길 수 있으나 대가를 지불하지 않고서는 영화관에 입장할 수 없기 때문이다. 마찬가지로 케이블 TV를 즐기기 위해서는 시청료를 지불해야 한다.

비배제적이지만 경합적인 재화들도 찾아낼 수 있다. 예를 들어 출퇴근 시간대의 무료 도로를 생각해보자. 자가용으로 집을 출발해서 직장에 도달하는 동안 도로에 진입하는 데에 요금을 지불하지 않으므로 도로의 소비는 비배제적이다. 하지만 출퇴근 시간대의 체증이 심한 도로는 내가 그 도로에 존재함으로 인해서 다른 사람의 소비를 제한하게 된다. 따라서 출퇴근 시간대의 도로 사용은 경합적인 성격을 갖는다.

이상의 내용을 아래의 표에 분류해 보면 다음과 같다.

배제성 경합성	배제적	비배제적
경합적	a	b
비경합적	c	d

① 체증이 심한 유료 도로 이용은 a에 해당한다.
② 케이블 TV 시청은 b에 해당한다.
③ 국방 서비스와 같은 공공재는 c에 해당한다.
④ 영화 관람이라는 소비 행위는 d에 해당한다.

핵심 포인트
난이도 ★★☆☆☆

지문에서 경합성과 비경합성, 배제성과 비배제성의 개념에 따라 a, b, c, d가 배치되는 원리를 확인하는 데 주목한다.

오답 분석
① (○) 체증이 심한 유료 도로 이용은 경합적이고 배제적이므로 a에 해당한다.
② (×) 케이블 TV 시청은 비경합적이고 배제적이므로 c에 해당한다.
③ (×) 국방 서비스와 같은 공공재는 비경합적이고 비배제적이므로 d에 해당한다.
④ (×) 영화 관람이라는 소비 행위는 비경합적이고 배제적이므로 c에 해당한다.

정답 ①

07 다음 글의 장치 A에 대하여 바르게 추론한 것만을 <보기>에서 모두 고르면?

2017년 민간경력자 채용 22번 변형

신용카드 거래가 사기 거래일 확률은 1,000분의 1이다. 신용카드 사기를 감별하는 장치 A는 정당한 거래의 99%를 정당한 거래로 판정하지만 1%는 사기 거래로 오판한다. 또한 A는 사기 거래의 99%를 사기 거래로 판정하지만 1%는 정당한 거래로 오판한다. A가 어떤 거래를 사기 거래라고 판단하면, 신용카드 회사는 해당 카드를 정지시켜 후속 거래를 막는다. A에 의해 카드 사용이 정지된 사례가 오판에 의한 카드 정지 사례일 확률이 50%보다 크면, A는 폐기되어야 한다.

보기

ㄱ. A가 정당한 거래로 판정한 거래는 모두 정당한 거래이다.
ㄴ. 무작위로 10만 건의 거래를 검사했을 때, A가 사기 거래를 정당한 거래라고 오판하는 건수는 정당한 거래를 사기 거래라고 오판하는 건수보다 적을 것이다.
ㄷ. A는 폐기되어야 한다.

① ㄴ   ② ㄷ   ③ ㄴ, ㄷ   ④ ㄱ, ㄴ, ㄷ

핵심 포인트   난이도 ★★★★☆

지문에 장치 A가 신용카드 거래를 정당한 거래와 사기 거래로 판단하는 기준과 확률이 구체적으로 제시되어 있으므로 이에 주목한다.

오답 분석

ㄱ. (×) A가 정당한 거래로 판정한 거래 중 1건은 사기 거래이다.
ㄴ. (○) 무작위로 10만 건의 거래를 검사했을 때, A가 사기 거래를 정당한 거래라고 오판하는 건수는 1건이고, 정당한 거래를 사기 거래라고 오판하는 건수는 999건이므로 A가 사기 거래를 정당한 거래라고 오판하는 건수는 정당한 거래를 사기 거래라고 오판하는 건수보다 적을 것이다.
ㄷ. (○) A에 의해 카드 사용이 정지된 사례가 오판에 의한 카드 정지 사례일 확률이 50%보다 크면, A는 폐기되어야 한다. A에 의해 카드 사용이 정지된 사례가 오판에 의한 카드 정지 사례일 확률은 999/(999+99)×100 이므로 50%보다 크다. 따라서 A는 폐기되어야 한다.

정답 ③

08 다음 글로부터 추론할 수 있는 것은?

2020년 7급 모의평가 11번 변형

> 사람의 혈액은 적혈구, 백혈구, 혈소판처럼 혈액 내에 존재하는 세포인 혈구 성분과 이러한 혈구 성분을 제외한 나머지 액상 성분인 혈장으로 나뉜다. 사람의 혈액을 구별하는 대표적인 방법은 혈액의 성분을 기준으로 삼는 ABO형 방법이다. 이에 따르면, 혈액은 적혈구의 표면에 붙어 있는 응집원과 혈장에 들어 있는 응집소의 유무 또는 종류를 기준으로 다음 표와 같이 구분할 수 있다.
>
> | 혈액형 | 응집원 | 응집소 |
> |---|---|---|
> | A | A형 응집원 | 응집소 β |
> | B | B형 응집원 | 응집소 α |
> | AB | A형 응집원 및 B형 응집원 | 없음 |
> | O | 없음 | 응집소 α 및 응집소 β |
>
> 이때, A형 응집원이 응집소 α와 결합하거나 B형 응집원이 응집소 β와 결합하면, 응집 반응이 일어난다. 이 반응은 혈액의 응고를 일으키는데, 혈액이 응고되면 혈액의 정상적인 흐름이 방해되어 심각한 문제가 발생할 수 있다. 혈액의 이러한 특성을 활용하면 수혈도를 작성할 수 있다.

① A형 응집원만을 선택적으로 제거한 A형 적혈구를 B형인 사람에게 수혈해도 응집 반응이 일어나지 않는다.
② B형 응집원만을 선택적으로 제거한 AB형 적혈구를 A형인 사람에게 수혈하면 응집 반응이 일어난다.
③ 응집소 β를 선택적으로 제거한 O형 혈장을 A형인 사람에게 수혈해도 응집 반응이 일어나지 않는다.
④ O형인 사람은 어떤 적혈구를 수혈 받아도 응집 반응이 일어나지 않는다.

핵심 포인트　　　　　　　　　　　　　　　　　　　　　　　　　　　난이도 ★★★☆☆

선택지에 제시된 각 경우에 응집 반응이 일어나는지 여부를 묻고 있으므로 어떤 경우에 응집 반응이 일어나는지와 관련된 원리를 지문에서 찾아 주어야 한다.

오답 분석

① (○) A형 응집원만을 선택적으로 제거한 A형 적혈구를 B형인 사람에게 수혈해도 응집소 α와 결합하여 응집 반응을 일으킬 A형 응집원이 없으므로 응집 반응이 일어나지 않는다는 것을 추론할 수 있다.
② (×) B형 응집원만을 선택적으로 제거한 AB형 적혈구를 A형인 사람에게 수혈하면 응집소 β와 결합하여 응집 반응을 일으킬 B형 응집원이 없으므로 응집 반응이 일어나지 않는다는 것을 추론할 수 있다.
③ (×) 응집소 β를 선택적으로 제거한 O형 혈장을 A형인 사람에게 수혈하면 A형 응집원과 응집소 α가 결합하여 응집 반응이 일어난다는 것을 추론할 수 있다.
④ (×) O형인 사람은 응집소 α와 응집소 β를 모두 가지고 있으므로 A형, B형, AB형 적혈구를 수혈 받을 경우 응집 반응이 일어난다는 것을 추론할 수 있다.

정답 ①

09 다음 글에서 추론할 수 있는 것만을 <보기>에서 모두 고르면?

2023년 국가직 7급 10번 변형

○○부는 올여름 폭염으로 국가적 전력 부족 사태가 예상됨에 따라 '공공기관 에너지 절약 세부 실천대책'을 발표하였다. 이에 따르면 공공기관은 냉방설비를 가동할 때 냉방 온도를 25°C 이상으로 설정하여야 한다. 또한 14~17시에는 불필요한 전기 사용을 자제하여야 한다.

○○부는 추가적으로, 예비전력을 기준으로 전력수급 위기단계를 준비단계(500만kW 미만 400만kW 이상), 관심단계(400만kW 미만 300만kW 이상), 주의단계(300만kW 미만 200만kW 이상), 경계단계(200만kW 미만 100만kW 이상), 심각단계(100만kW 미만) 순의 5단계로 설정하였다. 전력수급 상황에 따라 위기단계가 통보되면 공공기관은 아래 <표>에 따라 각 위기단계의 조치 사항을 이행하여야 한다. 이때의 조치 사항에는 그 전 위기단계까지의 조치 사항이 포함되어야 한다.

<표> 전력수급 위기단계별 조치 사항

위기단계	조치 사항
준비단계	실내조명과 승강기 사용 자제
관심단계	냉방 온도 28°C 이상으로 조정
주의단계	냉방기 사용 중지, 실내조명 50% 이상 소등
경계단계	필수 기기를 제외한 모든 사무기기 전원 차단
심각단계	실내조명 완전 소등, 승강기 가동 중지

다만 장애인 승강기는 전력수급 위기단계와 관계없이 상시 가동하여야 한다. 또한 의료기관, 아동 및 노인 등 취약계층 보호시설은 냉방 온도 제한 예외 시설로서 자체적으로 냉방 온도를 설정하여 운영할 수 있다.

보기
ㄱ. 예비전력이 50만kW일 때 모든 공공기관은 실내조명을 완전 소등하여야 하며, 예비전력이 180만kW일 때는 50% 이상 소등하여야 한다.
ㄴ. 취약계층 보호시설에 해당하지 않는 공공기관은 예비전력이 280만kW일 때 냉방 온도를 24°C로 설정할 수 없으나, 예비전력이 750만kW일 때는 설정할 수 있다.
ㄷ. 전력수급 위기단계가 심각단계일 때 취약계층 보호시설에 해당하는 공공기관은 장애인 승강기를 가동할 수 있으나 취약계층 보호시설에 해당하지 않는 공공기관은 장애인 승강기 가동을 중지하여야 한다.

① ㄱ　　　② ㄱ, ㄴ　　　③ ㄴ, ㄷ　　　④ ㄱ, ㄴ, ㄷ

난이도 ★★★★☆

핵심 포인트
<표>에 제시된 위기단계별 조치 사항과 각 위기단계의 기준을 확인하는 것이 선택지를 판단하는 원칙이 된다.

오답 분석
ㄱ. (O) 예비전력이 50만kW일 때는 심각단계이므로 모든 공공기관은 실내조명을 완전 소등하여야 한다. 예비전력이 180만kW일 때는 경계단계이고, 조치 사항에는 그 전 위기단계까지의 조치 사항이 포함되므로 50% 이상 소등하여야 한다.
ㄴ. (×) 공공기관은 냉방 온도를 25°C 이상으로 설정해야 하므로 취약계층 보호시설에 해당하지 않는 공공기관은 예비전력이 280만kW 때나 750만kW일 때 모두 냉방 온도를 24°C로 설정할 수 없다.
ㄷ. (×) 장애인 승강기는 전력수급 위기단계와 관계없이 상시 가동하여야 하므로 전력수급 위기단계가 심각단계일 때 취약계층 보호시설에 해당하는 공공기관뿐만 아니라 취약계층 보호시설에 해당하지 않는 공공기관도 장애인 승강기를 가동할 수 있다.

정답 ①

해커스공무원 조은정 암기없는 국어 **유형별 기출 200제**

PART 4

문맥

공무원 시험 전문 해커스공무원
gosi.Hackers.com

대표유형 13 빈칸 추론
대표유형 14 밑줄 추론
대표유형 15 글의 수정
대표유형 16 문단 배열

대표유형 13 빈칸 추론

유형 정복 필승전략

유형 소개
일반적인 줄글 형태의 지문이나 대화체 지문의 중간에 빈칸을 한 개 이상 제시하고, 문맥에 따라 그 빈칸에 들어갈 가장 적절한 내용을 선택지에서 고르는 문제 유형이다.

유형 특징
① 지문에 한 개 이상의 빈칸이 포함된 1~3단락 정도의 지문이 제시된다.
② 선택지나 <보기>는 구체적인 내용을 담고 있기보다는 전반적인 글의 흐름을 파악할 수 있는 내용으로 구성된다.

풀이 전략
① 선택지나 <보기>를 읽기 전에 빈칸 앞뒤의 문장을 먼저 읽는다.
② 빈칸의 앞이나 뒤의 문장을 먼저 확인하여 내용이 어떻게 연결되고 있는지 흐름을 파악한다.
③ 선택지나 <보기> 중 전반적인 지문의 흐름과 방향이 비슷하게 이어지는 내용을 선택한다.

01 다음 글의 (가)와 (나)에 들어갈 말을 적절하게 나열한 것은?

2025년 국가직 9급 3번

> 두 개 이상의 형태소로 이루어진 단어를 복합어라 한다. 복합어를 처음 두 개로 쪼갰을 때의 구성 요소를 직접구성요소라고 한다. 이 직접구성요소를 분석한 결과, 둘 중 어느 하나가 접사이면 파생어이고, 둘 다 어근이면 합성어이다. 즉 합성어는 '어근 + 어근'의 구성인데, 이는 합성어를 구성하는 두 구성 요소 중 어느 것도 접사가 아니라는 말이다.
> 그런데 '쓴웃음'과 같은 단어에는 접사 '-음'이 있으니까 ──(가)── 가 아니냐고 반문할 수 있다. 그러나 이는 복합어 구분의 기준을 온전히 이해하지 못했기 때문에 나올 수 있는 질문이다. 전술한 바와 같이 복합어가 파생어인지 합성어인지를 결정하는 기준은 처음 두 개로 쪼갰을 때 두 구성 요소의 성격이며, 2차, 3차로 쪼갠 결과는 복합어 구분에 관여하지 않는다. 즉 '쓴웃음'의 두 구성 요소 중의 하나인 '웃음'은 파생어이지만 이 '웃음'이 또 다른 단어 형성에 참여할 때는 ──(나)── (으)로 참여하는 것이다.

	(가)	(나)
①	합성어	접사
②	합성어	어근
③	파생어	접사
④	파생어	어근

난이도 ★★★☆☆

핵심 포인트

빈칸에 들어갈 말이 '합성어', '파생어', '접사', '어근'이므로 지문에 제시된 각 단어의 개념에 주목한다.

오답 분석

(가) 복합어를 구성하는 두 구성 요소 중 어느 하나가 접사이면 파생어이고, 어느 것도 접사가 아니면 합성어이다. 그렇다면 접사가 있는 단어는 복합어로 판단될 것이다. 따라서 '쓴웃음'과 같은 단어에는 접사 '-음'이 있으니까 '파생어'가 아니냐고 반문할 수 있다는 내용이 들어가는 것이 적절하다.

(나) 빈칸 (가)의 뒤 문장에서 '쓴웃음'을 파생어로 보는 것은 잘못된 것이라고 설명되어 있다. 즉, '쓴웃음'은 파생어가 아니라 합성어라는 의미이다. 따라서 '웃음'은 접사가 아니어야 하므로 (나)에 들어갈 단어는 '어근'이 적절하다.

정답 ④

02 <지침>에 따라 <개요>를 작성할 때 (가)~(라)에 들어갈 내용으로 적절하지 않은 것은?

2025년 지방직 9급 4번

지침
- 서론은 보고서 작성의 배경과 필요성을 포함할 것.
- 본론은 제목에서 밝힌 내용을 2개의 장으로 구성하되, 2장의 하위 항목이 3장의 하위 항목과 서로 대응하도록 할 것.
- 결론은 기대 효과와 향후 과제를 순서대로 제시할 것.

개요
- 제목: 국내 방송 산업의 친환경 제작 현황과 그 확산을 위한 정책 지원 방안

1장 서론
  1. 환경 위기에 대응하기 위한 해외 방송 산업의 정책 변화
  2. (가)

2장 국내 방송 산업의 친환경 제작 현황
  1. (나)
  2. 국내 친환경 방송 제작 관련 전문 인력 부재

3장 국내 방송 산업의 친환경 제작 확산을 위한 정책 지원 방안
  1. 국내 방송 산업의 특성을 반영한 친환경 제작 지침의 마련
  2. (다)

4장 결론
  1. (라)
  2. 현장 적용을 위한 정책 실행의 단계적 평가 및 개선

① (가): 국내 방송 산업의 친환경 제작 전략의 필요성
② (나): 국내 방송 산업 내 친환경 제작을 위한 지침 부재
③ (다): 국내 친환경 방송 제작 관련 전문 인력 채용의 제도화
④ (라): 친환경 방송 제작을 위한 세부 지침과 인력 채용 방안 제시

핵심 포인트   난이도 ★★☆☆☆

지문에 제시된 <지침>에 따라 <개요>에 들어갈 구체적인 내용을 판단한다.

오답 분석

① (○) '국내 방송 산업의 친환경 제작 전략의 필요성'은 국내 방송 산업의 친환경 제작 확산을 위한 정책 지원 방안의 필요성에 해당하므로 (가)에 들어가기에 적절하다.

② (○) '국내 방송 산업 내 친환경 제작을 위한 지침 부재'는 국내 방송 산업의 특성을 반영한 친환경 제작 지침의 마련이라는 지원 방안에 대한 제작 현황에 해당하므로 (나)에 들어가기에 적절하다.

③ (○) '국내 친환경 방송 제작 관련 전문 인력 채용의 제도화'는 국내 친환경 방송 제작 관련 전문 인력 부재라는 제작 현황에 대한 지원 방안에 해당하므로 (다)에 들어가기에 적절하다.

④ (×) (라)에는 국내 방송 산업의 친환경 제작 확산을 위한 정책 지원 방안의 기대 효과가 들어가야 한다. '친환경 방송 제작을 위한 세부 지침과 인력 채용 방안 제시'는 국내 방송 산업의 친환경 제작 확산을 위한 정책 지원 방안의 기대 효과와 관련이 없으므로 (라)에 들어가기에 적절하지 않다.

정답 ④

03 다음 글의 (가), (나)에 들어갈 말을 적절하게 나열한 것은?

2025년 지방직 9급 15번

자아 개념이란 자신에 대한 주관적 견해로서 개인이 가지고 있는 능력, 성격, 태도, 느낌 등을 모두 포괄한다. 자아의 형성에 영향을 미치는 요인 중 하나로 타인에게서 듣게 되는 나와 관련된 메시지를 들 수 있다. 물론 타인 중에는 자신이 느끼기에 나에게 관련이 적은 사람도 있고 중요한 사람도 있다. 예를 들어 "너의 글은 인상적이야. 앞으로 좋은 작품을 쓸 수 있을 것 같아."라는 말을 누군가에게 들었을 때, 그 사람이 나에게 중요하다면 그 평가는 자아 개념 형성에 큰 영향을 미칠 수 있다. 그런 범주에 들어갈 수 있는 사람들로는 부모, 친구, 선생님 등이 있을 것이다. 나에게 (가) 의 말은 기억에 오래 남기 마련이다.

한편, 타인에게 영향을 받는 자아를 설명하는 개념 중에는 (나) 라는 것도 있다. 이 개념에 따르면 우리는 타인과 상호작용하는 과정에서 단순히 타인을 모범으로 삼아 따라 하거나 타인의 훈육을 통해 자아를 형성한다기보다는 타인에게 비치는 나의 모습을 상상하고 그 모습에 대한 타인의 판단을 추정한다. 그러한 추정을 통해 자기에게 생겨난 감정을 알아 가는 과정에서 성숙한 자아를 형성해 나간다.

	(가)	(나)
①	관련이 적은 타인	거울에 비친 자아
②	중요한 타인	모범적인 타인을 따르는 자아
③	관련이 적은 타인	모범적인 타인을 따르는 자아
④	중요한 타인	거울에 비친 자아

난이도 ★★☆☆☆

핵심 포인트

빈칸에 들어갈 말이 '관련이 적은 타인', '중요한 타인' 중 하나, '거울에 비친 자아', '모범적인 타인을 따르는 자아' 중 하나이므로 각 단어 간의 비교 대조에 주목한다.

오답 분석

(가) 빈칸 (가) 앞에는 나에게 중요한 범주에 들어가는 사람의 평가는 자아 개념 형성에 큰 영향을 미칠 수 있고, 그런 범주에 들어갈 수 있는 사람들로 부모, 친구, 선생님이 제시되어 있다. 따라서 기억에 오래 남는 말은 나에게 '중요한 타인'의 말이라는 내용이 들어가는 것이 적절하다.

(나) 빈칸 (나)의 개념에 따르면, 우리는 타인과 상호작용하는 과정에서 단순히 타인을 모범으로 삼아 따라 하거나 타인의 훈육을 통해 자아를 형성한다기보다는 타인에게 비치는 나의 모습을 상상하고 그 모습에 대한 타인의 판단을 추정한다. 따라서 (나)에 들어갈 말은 '거울에 비친 자아'가 적절하다.

정답 ④

04 (가)~(다)에 들어갈 예시를 <보기>에서 골라 알맞게 짝지은 것은?

2012년 민간경력자 채용 5번 변형

첫째, 필요조건으로서 원인은 "어떤 결과의 원인이 없었다면 그 결과도 없다"는 말로 표현할 수 있다. 예를 들어 (가) 만일 원치 않는 결과를 제거하고자 할 때 그 결과의 원인이 필요조건으로서 원인이라면, 우리는 그 원인을 제거하여 결과가 일어나지 않게 할 수 있다.

둘째, 충분조건으로서 원인은 "어떤 결과의 원인이 있었다면 그 결과도 있다"는 말로 표현할 수 있다. 예를 들어 (나) 만일 특정한 결과를 원할 때 그것의 원인이 충분조건으로서 원인이라면, 우리는 그 원인을 발생시켜 그것의 결과가 일어나게 할 수 있다.

셋째, 필요충분조건으로서 원인은 "어떤 결과의 원인이 없다면 그 결과는 없고, 동시에 그 원인이 있다면 그 결과도 있다"는 말로 표현할 수 있다. 예를 들어 (다) 필요충분조건으로서 원인의 경우, 원인을 일으켜서 그 결과를 일으키고 원인을 제거해서 그 결과를 제거할 수 있다.

보기

ㄱ. 물체 속도 변화의 원인은 물체에 힘을 가하는 것이다. 물체에 힘이 가해지면 물체의 속도가 변하고, 물체에 힘이 가해지지 않는다면 물체의 속도는 변하지 않는다.

ㄴ. 뇌염모기에 물리는 것은 뇌염 발생의 원인이다. 뇌염모기에 물린다고 해서 언제나 뇌염에 걸리는 것은 아니다. 하지만 뇌염모기에 물리지 않으면 뇌염은 발생하지 않는다. 그래서 원인에 해당하는 뇌염모기를 박멸한다면 뇌염 발생을 막을 수 있다.

ㄷ. 콜라병이 총알에 맞는 것은 콜라병이 깨지는 원인이다. 콜라병을 깨뜨리는 원인은 콜라병을 맞히는 총알 이외에도 다양하다. 누군가 던진 돌도 콜라병을 깨뜨릴 수 있다. 하지만 콜라병이 총알에 맞는다면 그것이 깨지는 것은 분명하다.

	(가)	(나)	(다)
①	ㄱ	ㄴ	ㄷ
②	ㄱ	ㄷ	ㄴ
③	ㄴ	ㄱ	ㄷ
④	ㄴ	ㄷ	ㄱ

핵심 포인트 난이도 ★★★☆☆

빈칸에 들어갈 내용이 예시이므로 지문에 제시된 주요 개념인 '필요조건으로서 원인', '충분조건으로서 원인', '필요충분조건으로서의 원인'에 주목한다.

오답 분석

(가) 필요조건으로서 원인은 "어떤 결과의 원인이 없었다면 그 결과도 없다"는 말로 표현할 수 있다. 따라서 (가)에 들어갈 예시로 가장 적절한 것은 '뇌염모기에 물리지 않으면 뇌염은 발생하지 않는다.'는 ㄴ이다.

(나) 충분조건으로서 원인은 "어떤 결과의 원인이 있었다면 그 결과도 있다"는 말로 표현할 수 있다. 따라서 (나)에 들어갈 예시로 가장 적절한 것은 '콜라병이 총알에 맞는다면 그것이 깨지는 것은 분명하다.'는 ㄷ이다.

(다) 필요충분조건으로서 원인은 "어떤 결과의 원인이 없다면 그 결과는 없고, 동시에 그 원인이 있다면 그 결과도 있다"는 말로 표현할 수 있다. 따라서 (다)에 들어갈 예시로 가장 적절한 것은 '물체에 힘이 가해지면 물체의 속도가 변하고, 물체에 힘이 가해지지 않는다면 물체의 속도는 변하지 않는다.'는 ㄱ이다.

정답 ④

05 다음 글의 빈칸에 들어갈 내용으로 가장 적절한 것은?

2015년 민간경력자 채용 8번 변형

> 다른 사람의 증언은 얼마나 신뢰할 만할까? 증언의 신뢰성은 두 가지 요인에 의해서 결정된다. 첫 번째 요인은 증언하는 사람이다. 만약 증언하는 사람이 거짓말을 자주 해서 신뢰하기 어려운 사람이라면 그의 말의 신뢰성은 떨어질 수밖에 없다. 두 번째 요인은 증언 내용이다. 만약 증언 내용이 우리의 상식과 상당히 동떨어져 있어 보인다면 증언의 신뢰성은 떨어질 수밖에 없다. 그렇다면 이 두 요인이 서로 대립하는 경우는 어떨까? 가령 매우 신뢰할 만한 사람이 기적이 일어났다고 증언하는 경우에 우리는 그 증언을 얼마나 신뢰해야 하는가?
> 이 질문에는 _____ 는 원칙을 적용해서 답할 수 있다. 이 원칙을 기적에 대한 증언에 적용시키기 위해서는 먼저 기적에 대해서 생각해 볼 필요가 있다. 기적이란 자연법칙을 위반한 사건이다. 여기서 자연법칙이란 지금까지 우주의 전체 역사에서 일어났던 모든 사건들이 따랐던 규칙이다. 그렇다면 자연법칙을 위반하는 사건 즉 기적은 아직까지 한 번도 일어나지 않은 사건이다. 한편 우리는 충분히 신뢰할 만한 사람이 자신의 의지와 무관하게 거짓을 말하는 경우를 이따금 관찰할 수 있다. 따라서 그런 사건이 일어날 확률은 매우 신뢰할 만한 사람이 거짓 증언을 할 확률보다 작을 수밖에 없다. 결국 우리는 기적이 일어났다는 증언을 신뢰해서는 안 된다.

① 어떤 사람이 참인 증언을 할 확률이 그 증언 내용이 실제로 일어날 확률보다 작은 경우에만 증언을 신뢰해야 한다

② 어떤 사람이 거짓 증언을 할 확률이 그 증언 내용이 실제로 일어날 확률보다 작은 경우에만 증언을 신뢰해야 한다

③ 어떤 사람이 거짓 증언을 할 확률이 그 증언 내용이 실제로 일어나지 않을 확률보다 작은 경우에만 증언을 신뢰해야 한다

④ 어떤 사람이 제시한 증언 내용이 일어날 확률이 그것이 일어나지 않을 확률보다 더 큰 경우에만 그 증언을 신뢰해야 한다

난이도 ★★★☆☆

핵심 포인트

빈칸 주변의 문장을 확인하여 '매우 신뢰할 만한 사람이 기적이 일어났다고 증언하는 경우에 우리는 그 증언을 얼마나 신뢰해야 하는가?'라는 질문에 대해 답할 수 있는 원칙을 찾는다.

오답 분석

빈칸에 들어가야 할 내용은 위의 질문에 답할 수 있는 원칙이다. 원칙의 내용은 기적이 일어날 확률은 매우 신뢰할 만한 사람이 거짓 증언을 할 확률보다 작을 수밖에 없으므로 우리는 기적이 일어났다는 증언을 신뢰해서는 안 된다는 것이다. 즉, 기적이 일어날 확률이 매우 신뢰할 만한 사람이 거짓 증언을 할 확률보다 작으면 기적이 일어났다는 증언을 신뢰해서는 안 된다는 것이다. 따라서 빈칸에 들어갈 내용은 '어떤 사람이 거짓 증언을 할 확률이 그 증언 내용이 실제로 일어날 확률보다 작은 경우에만 증언을 신뢰해야 한다.'가 가장 적절하다.

정답 ②

06 다음 글의 (가)~(다)에 들어갈 진술을 <보기>에서 골라 짝지은 것으로 가장 적절한 것은?

2017년 민간경력자 채용 14번 변형

비어즐리는 '제도론적 예술가'와 '낭만주의적 예술가'의 개념을 대비시킨다. 낭만주의적 예술가는 사회의 모든 행정과 교육의 제도로부터 독립하여 작업하는 사람이다. 그는 자기만의 상아탑에 칩거하며, 혼자 캔버스 위에서 일하고, 자신의 돌을 깎고, 자신의 소중한 서정시의 운율을 다듬는다.

그러나 사회와 동떨어져 혼자 작업하더라도 예술가는 작품을 만드는 동안 예술 제도로부터 단절될 수 없다. (가) 즉 예술가는 특정 예술 제도 속에서 예술의 사례들을 경험하고, 예술적 기술의 훈련이나 교육을 받음으로써 예술에 대한 배경지식을 얻게 된다. 그리고 이와 같은 배경지식이 예술가의 작품 활동에 반영된다.

낭만주의적 예술가 개념은 예술 창조의 주도권이 완전히 개인에게 있으며 예술가가 문화의 진공 상태 안에서 작품을 창조할 수 있다고 가정한다. 하지만 그런 낭만주의적 예술가는 사실상 존재하기 어렵다. 심지어 어린 아이들의 그림이나 놀이조차도 문화의 진공 상태에서 이루어지지 않는다. (나)

어떤 사람이 예술작품을 전혀 본 적 없는 상태에서 진흙으로 어떤 형상을 만들어냈다고 가정해 보자. 이것이 지금까지 본 적이 없던 새로운 형상이라 하더라도, 그 사람은 예술작품을 창조한 것이라 볼 수 없다. (다) 비어즐리의 주장과는 달리 예술가는 아무 맥락 없는 진공 상태에서 창작하지 않는다. 예술은 어떤 사람이 문화적 역할을 수행한 산물이며, 언제나 문화적 주형(鑄型) 안에 존재한다.

보기

ㄱ. 왜냐하면 어떤 사람이 예술작품을 창조하였다고 하기 위해서는 그는 예술작품이 무엇인가에 대한 개념을 가지고 있어야 하기 때문이다.

ㄴ. 왜냐하면 사람은 두세 살만 되어도 인지구조가 형성되고, 이 과정에서 문화의 영향을 받을 수밖에 없기 때문이다.

ㄷ. 왜냐하면 예술가들은 예술작품을 만들 때 의식적이든 무의식적이든 예술교육을 받으면서 수용한 가치 등을 고려하는데, 그러한 교육은 예술 제도 안에서 이루어지기 때문이다.

	(가)	(나)	(다)
①	ㄴ	ㄱ	ㄷ
②	ㄴ	ㄷ	ㄱ
③	ㄷ	ㄱ	ㄴ
④	ㄷ	ㄴ	ㄱ

핵심 포인트 난이도 ★★★☆☆

빈칸에 들어갈 문장을 <보기>에서 찾아내기 위해 빈칸 주변의 문장과 <보기>에 제시된 문장 간에 연결될 수 있는 단서에 주목한다.

오답 분석

(가) 예술가는 특정 예술 제도 속에서 예술의 사례들을 경험하고, 예술적 기술의 훈련이나 교육을 받음으로써 예술에 대한 배경지식을 얻게 된다는 내용이 <보기> ㄷ의 '예술교육'과 연결된다.

(나) 어린 아이들의 그림이나 놀이조차도 문화의 진공 상태에서 이루어지지 않는다는 내용이 <보기> ㄴ의 '문화의 영향을 받을 수밖에 없다'와 연결된다.

(다) 예술가는 아무 맥락 없는 진공 상태에서 창작하지 않는다는 내용이 <보기> ㄱ의 '예술작품이 무엇인가에 대한 개념'과 연결된다.

정답 ④

07 다음 글의 문맥상 (가)~(라)에 들어갈 내용으로 적절하지 않은 것은?

2019년 민간경력자 채용 1번 변형

> '방언(方言)'이라는 용어는 표준어와 대립되는 개념으로 사용될 수 있다. 이때 방언이란 '교양 있는 사람들이 두루 쓰는 현대 서울말'로서의 표준어가 아닌 말, 즉 비표준어라는 뜻을 갖는다. 가령 (가) 는 생각에는 방언을 비표준어로서 낮잡아 보는 인식이 담겨 있다. 이러한 개념으로서의 방언은 '사투리'라는 용어로 바꾸어 쓰이는 수가 많다. '충청도 사투리', '평안도 사투리'라고 할 때의 사투리는 대개 이러한 개념으로 쓰이는 경우이다. 이때의 방언이나 사투리는, 말하자면 표준어인 서울말이 아닌 어느 지역의 말을 가리키거나, 더 나아가 (나) 을 일컫는다. 이러한 용법에는 방언이 표준어보다 열등하다는 오해와 편견이 포함되어 있다. 여기에는 표준어보다 못하다거나 세련되지 못하고 규칙에 엄격하지 않다와 같은 부정적 평가가 담겨 있는 것이다.
>
> 언어학에서의 방언은 한 언어를 형성하고 있는 하위 단위로서의 언어 체계 전부를 일컫는 말로 사용된다. 가령 한국어를 예로 들면 한국어를 이루고 있는 각 지역의 말 하나하나, 즉 그 지역의 언어 체계 전부를 방언이라 한다. 서울말은 이 경우 표준어이면서 한국어의 한 방언이다. 그리고 나머지 지역의 방언들은 (다) . 이러한 의미에서의 '충청도 방언'은, 충청도에서만 쓰이는, 표준어에도 없고 다른 도의 말에도 없는 충청도 특유의 언어 요소만을 가리키는 것이 아니다. '충청도 방언'은 충청도의 토박이들이 전래적으로 써 온 한국어 전부를 가리킨다. 이 점에서 한국어는 (라) .

① (가): 바른말을 써야 하는 아나운서가 방언을 써서는 안 된다
② (나): 표준어가 아닌, 세련되지 못하고 격을 갖추지 못한 말
③ (다): 한국어라는 한 언어의 하위 단위이기 때문에 방언이다
④ (라): 표준어와 지역 방언의 공통부분을 지칭하는 개념이다

핵심 포인트

난이도 ★★★★☆

빈칸 주변의 문장에서 제시하고 있는 정보를 파악하여 전체적인 글의 흐름을 잡는 데 주목한다.

오답 분석

① (O) '바른말을 써야 하는 아나운서가 방언을 써서는 안 된다'는 것은 방언을 비표준어로서 낮잡아 보는 인식이 담겨 있으므로 (가)에 들어갈 내용으로 적절하다.
② (O) 방언이나 사투리가 '표준어가 아닌, 세련되지 못하고 격을 갖추지 못한 말'을 일컫는다는 데에는 방언이 표준어보다 열등하다는 오해와 편견이 포함되어 있다고 볼 수 있으므로 (나)에 들어갈 내용으로 적절하다.
③ (O) 언어학에서의 방언은 한 언어를 형성하고 있는 하위 단위로서의 언어 체계 전부를 일컫는 말로 사용되므로 나머지 지역의 방언들은 '한국어라는 한 언어의 하위 단위이기 때문에 방언이다'는 (다)에 들어갈 내용으로 적절하다.
④ (×) 언어학에서의 방언은 한 언어를 형성하고 있는 하위 단위로서의 언어 체계 전부를 일컫는 말로 사용되고, 이때 '충청도 방언'은 충청도의 토박이들이 전래적으로 써 온 한국어 전부를 가리킨다. 따라서 '표준어와 지역 방언의 공통부분을 지칭하는 개념이다'라는 것은 (라)에 들어갈 내용으로 적절하지 않다.

정답 ④

08 다음 글의 빈칸에 들어갈 내용으로 가장 적절한 것은?

2019년 민간경력자 채용 6번 변형

알레르기는 도시화와 산업화가 진행되는 지역에서 매우 빠르게 증가하고 있는데, 알레르기의 발병 원인에 대한 20세기의 지배적 이론은 알레르기는 병원균의 침입에 의해 발생하는 감염성 질병이라는 것이다. 하지만 1989년 영국 의사 S는 이 전통적인 이론에 맞서 다음 가설을 제시했다.

[   ]

S는 1958년 3월 둘째 주에 태어난 17,000명 이상의 영국 어린이를 대상으로 그들이 23세가 될 때까지 수집한 개인 정보 데이터베이스를 분석하여, 이 가설을 뒷받침하는 증거를 찾았다. 이들의 가족 관계, 사회적 지위, 경제력, 거주 지역, 건강 등의 정보를 비교 분석한 결과, 두 개 항목이 꽃가루 알레르기와 상관관계를 가졌다. 첫째, 함께 자란 형제자매의 수이다. 외동으로 자란 아이의 경우 형제가 서넛인 아이에 비해 꽃가루 알레르기에 취약했다. 둘째, 가족 관계에서 차지하는 서열이다. 동생이 많은 아이보다 손위 형제가 많은 아이가 알레르기에 걸릴 확률이 낮았다.

S의 주장에 따르면 가족 구성원이 많은 집에 사는 아이들은 가족 구성원, 특히 손위 형제들이 집안으로 끌고 들어오는 온갖 병균에 의한 잦은 감염 덕분에 장기적으로는 알레르기 예방에 오히려 유리하다. S는 유년기에 겪은 이런 감염이 꽃가루 알레르기를 비롯한 알레르기성 질환으로부터 아이들을 보호해 왔다고 생각했다.

① 알레르기는 유년기에 병원균 노출의 기회가 적을수록 발생 확률이 높아진다.
② 알레르기는 가족 관계에서 서열이 높은 가족 구성원에게 더 많이 발생한다.
③ 알레르기는 성인보다 유년기의 아이들에게 더 많이 발생한다.
④ 알레르기는 도시화에 따른 전염병의 증가로 인해 유발된다.

핵심 포인트

난이도 ★★★★☆

빈칸에 들어갈 내용을 추론하기 위해 빈칸 주변에서 단서를 잡는 것이 필요하다. 빈칸 앞에 '하지만'으로 시작하고 있는 문장이 있으므로 이에 주목한다.

오답 분석

① (O) 알레르기와 상관관계를 가지는 항목으로 제시된 것이 함께 자란 형제자매의 수와 가족 관계에서 차지하는 서열이고, 이를 바탕으로 S는 가족 구성원이 많은 집에 사는 아이들이 장기적으로는 알레르기 예방에 오히려 유리하다고 주장한다. 따라서 빈칸에 들어갈 문장으로 가장 적절한 것은 '알레르기는 유년기에 병원균 노출의 기회가 적을수록 발생 확률이 높아진다.'는 것이다.
② (×) 알레르기는 가족 관계에서 서열이 높은 가족 구성원에게 더 많이 발생한다는 것은 알레르기와 상관관계를 가지는 두 번째 항목에만 관련된 것이므로 빈칸에 들어가기에 적절하지 않다.
③ (×) 알레르기가 성인과 유년기의 아이들 중 누구에게 더 많이 발생하는지는 지문에 제시되어 있지 않으므로 알레르기는 성인보다 유년기의 아이들에게 더 많이 발생한다는 것은 빈칸에 들어가기에 적절하지 않다.
④ (×) 알레르기는 도시화에 따른 전염병의 증가로 인해 유발된다는 것은 전통적인 이론에 해당하므로 새로운 가설인 빈칸에 들어갈 내용으로 적절하지 않다.

정답 ①

09 다음 글의 빈칸에 들어갈 말로 가장 적절한 것은?

2021년 민간경력자 채용 5번 변형

서구사회의 기독교적 전통 하에서 이 전통에 속하는 이들은 자신들을 정상적인 존재로, 이러한 전통에 속하지 않는 이들을 비정상적인 존재로 구별하려 했다. 후자에 해당하는 대표적인 것이 적그리스도, 이교도들, 그리고 나병과 흑사병에 걸린 환자들이었는데, 그들에게 부과한 비정상성을 구체적인 형상을 통해 재현함으로써 그들이 전통 바깥의 존재라는 사실을 명확히 했다.

당연하게도 기독교에서 가장 큰 적으로 꼽는 것은 사탄의 대리인 적그리스도였다. 기독교 초기, 몽티에랑 데르나 힐데가르트 등이 쓴 유명한 저서들뿐만 아니라 적그리스도의 얼굴이 묘사된 모든 종류의 텍스트들에서 그의 모습은 충격적일 정도로 외설스러울 뿐만 아니라 받아들이기 힘들 정도로 추악하게 나타난다.

두 번째는 이교도들이었는데, 서유럽과 동유럽의 기독교인들이 이교도들에 대해 사용했던 무기 중 하나가 그들을 추악한 얼굴의 악마로 묘사하는 것이었다. 또한 이교도들이 즐겨 입는 의복이나 진미로 여기는 음식을 끔찍하게 묘사하여 이교도들을 자신들과는 분명히 구분되는 존재로 만들었다.

마지막으로, 나병과 흑사병에 걸린 환자들을 꼽을 수 있다. 당시의 의학 수준으로 그런 병들은 치료가 불가능했으며, 전염성이 있다고 믿어졌다. 때문에 자신을 정상적 존재라고 생각하는 사람들은 해당 병에 걸린 불행한 사람들을 신에게서 버림받은 죄인이자 공동체에서 추방해야 할 공공의 적으로 여겼다. 그들의 외모나 신체 또한 실제 여부와 무관하게 항상 뒤틀어지고 지극히 흉측한 모습으로 형상화되었다.

정리하자면, _____

① 서구의 종교인과 예술가들은 이방인을 추악한 이미지로 각인시키는 데 있어 중심적인 역할을 하였다.
② 서구의 기독교인들은 자신들보다 강한 존재를 추악한 존재로 묘사함으로써 심리적인 우월감을 확보하였다.
③ 정상적 존재와 비정상적 존재의 명확한 구별을 위해 추악한 형상을 활용하는 것은 동서고금을 막론하고 지속되어 왔다.
④ 서구의 기독교적 전통 하에서 추악한 형상은 그 전통에 속하지 않는 이들을 전통에 속한 이들과 구분짓기 위해 활용되었다.

난이도 ★★★☆☆

핵심 포인트

빈칸이 지문 마지막 문장에 배치되어 있으므로 지문 전체의 맥락에 주목하여 빈칸의 내용을 추론할 수 있는 단서를 파악한다.

오답 분석

빈칸은 지문 전체의 내용을 정리한 내용이 들어가야 한다. 앞 단락에서 서구사회의 기독교적 전통 하에서 이 전통에 속하지 않는 이들인 적그리스도, 이교도들, 나병과 흑사병에 걸린 환자들은 모두 추악하고 흉측한 모습으로 형상되어 있다는 공통점을 가지고 있다. 따라서 빈칸에 들어가기에 가장 적절한 말은 '서구의 기독교적 전통 하에서 추악한 형상은 그 전통에 속하지 않는 이들을 전통에 속한 이들과 구분짓기 위해 활용되었다.'는 것이다.

정답 ④

10 다음 글의 (가)와 (나)에 들어갈 말을 적절하게 짝지은 것은?

2023년 국가직 7급 8번 변형

> 갑은 국민 개인의 삶의 질을 1부터 10까지의 수치로 평가하고 이 수치를 모두 더해 한 국가의 행복 정도를 정량화한다. 예를 들어, 삶의 질이 모두 5인 100명의 국민으로 구성된 국가의 행복 정도는 500이다.
>
> 갑은 이제 국가의 행복 정도가 클수록 더 행복한 국가라고 하면서 어느 국가가 더 행복한 국가인지까지도 서로 비교하고 평가할 수 있다고 주장한다. 하지만 갑의 주장은 받아들이기 어렵다. 행복한 국가라면 그 국가의 대다수 국민이 높은 삶의 질을 누리고 있다고 보는 것이 일반적인 직관인데, 이 직관과 충돌하는 결론이 나오기 때문이다. 예를 들어, A국과 B국의 행복 정도를 비교하는 다음의 경우를 생각해 보자. (가) , B국에서 가장 높은 삶의 질을 지닌 국민이 A국에서 가장 낮은 삶의 질을 지닌 국민보다 삶의 질 수치가 낮다. 그러면 갑은 (나) . 그러나 이러한 결론에 동의할 사람은 거의 없을 것이다.

① (가): A국의 행복 정도가 B국의 행복 정도보다 더 크지만
　(나): B국이 A국보다 더 행복한 국가라고 말해야 할 것이다

② (가): A국의 행복 정도가 B국의 행복 정도보다 더 크지만
　(나): A국이 B국보다 더 행복한 국가라고 말해야 할 것이다

③ (가): B국의 행복 정도가 A국의 행복 정도보다 더 크지만
　(나): A국이 B국보다 더 행복한 국가라고 말해야 할 것이다

④ (가): B국의 행복 정도가 A국의 행복 정도보다 더 크지만
　(나): B국이 A국보다 더 행복한 국가라고 말해야 할 것이다

핵심 포인트

난이도 ★★★★★

A국과 B국의 행복 정도를 비교하는 예시 부분에 빈칸 (가)와 (나)가 배치되어 있으므로 행복 정도의 비교에 대한 기본 원칙이 제시된 부분에 주목해야 한다.

오답 분석

(가) 갑은 국민 개인의 삶의 질을 1부터 10까지의 수치로 평가하고 이 수치를 모두 더해 한 국가의 행복 정도를 정량화하여 어느 국가가 더 행복한 국가인지 비교할 수 있다고 주장한다. 하지만 필자는 갑의 주장은 일반적인 직관과 충돌하는 결론이 나오기 때문에 받아들이기 어렵다고 본다. 따라서 (가)에는 행복한 국가라면 그 국가의 대다수 국민이 높은 삶의 질을 누리고 있다고 보는 일반적인 직관과 충돌하는 사례가 들어가야 한다. (가) 뒤쪽에 'B국에서 가장 높은 삶의 질을 지닌 국민이 A국에서 가장 낮은 삶의 질을 지닌 국민보다 삶의 질 수치가 낮다.'는 문장이 제시되어 있으므로 (가)에 들어갈 말로 가장 적절한 것은 'B국의 행복 정도가 A국의 행복 정도보다 더 크지만'이다.

(나) (나)에는 위 사례에 대한 갑의 주장이 들어가야 하고, (나) 뒤쪽에 '그러나 이러한 결론에 동의할 사람은 거의 없을 것이다.'라는 문장이 제시되어 있으므로 (나)에 들어갈 말로 가장 적절한 것은 'B국이 A국보다 더 행복한 국가라고 말해야 할 것이다.'이다.

정답 ④

공무원 시험 전문 해커스공무원
gosi.Hackers.com

대표유형 14 밑줄 추론

유형 정복 필승전략

유형 소개
지문의 특정 단어나 구절에 밑줄을 긋고, 밑줄 그어진 단어나 구절이 지문에서 나타내는 의미를 문맥에 따라 파악하여 선택지의 옳고 그름을 판단하는 문제 유형이다.

유형 특징
① 특정 단어나 구절에 밑줄이 그어져 있는 1~3단락 정도의 지문이 제시된다.
② 선택지나 <보기>는 지문에서 파악할 수 있는 밑줄의 의미나 그 의미를 적용한 사례로 구성된다.

풀이 전략
① 선택지나 <보기>를 읽기 전에 지문에서 밑줄 앞뒤의 문장을 먼저 읽는다.
② 밑줄의 내용을 나타내는 핵심어나 문장을 체크하여 밑줄의 의미를 추론할 수 있는 단서를 파악한다.
③ 선택지나 <보기>의 내용이 지문에서 체크한 핵심어나 문장과 일치하는지 비교한다.

01 다음 글의 ㉠의 사례가 포함되어 있지 않은 것은?

출제기조 전환 예시 1차 3번

> 존경 표현에는 주어 명사구를 직접 존경하는 '직접존경'이 있고, 존경의 대상과 긴밀한 관련을 가지는 인물이나 사물 등을 높이는 ㉠'간접존경'도 있다. 전자의 예로 "할머니는 직접 용돈을 마련하신다."를 들 수 있고, 후자의 예로는 "할머니는 용돈이 없으시다."를 들 수 있다. 전자에서 용돈을 마련하는 행위를 하는 주어는 할머니이므로 '마련한다'가 아닌 '마련하신다'로 존경 표현을 한 것이다. 후자에서는 용돈이 주어이지만 할머니와 긴밀한 관련을 가진 사물이라서 '없다'가 아니라 '없으시다'로 존경 표현을 한 것이다.

① 고모는 자식이 다섯이나 있으시다.
② 할머니는 다리가 아프셔서 병원에 다니신다.
③ 언니는 아버지가 너무 건강을 염려하신다고 말했다.
④ 할아버지는 젊었을 때부터 수염이 많으셨다고 들었다.

난이도 ★★★☆☆

핵심 포인트
㉠의 '간접존경'의 개념을 확인하고, 이와 '직접존경'의 차이점을 확인하여 선택지에 제시된 사례가 어디에 해당하는지 판단한다.

오답 분석
① (○) ㉠의 '간접존경'이란 존경의 대상과 긴밀한 관련을 가지는 인물이나 사물 등을 높이는 것이다. 따라서 "고모는 자식이 다섯이나 있으시다."는 고모를 직접 높이는 것이 아니라 고모와 관련이 있는 '고모의 자식'을 높이는 것이므로 ㉠에 해당하는 사례이다.
② (○) "할머니는 다리가 아프셔서 병원에 다니신다."는 할머니와 관련이 있는 '다리'를 높이는 것이므로 ㉠에 해당하는 사례이다.
③ (×) "언니는 아버지가 너무 건강을 염려하신다고 말했다."는 '아버지'가 '염려하신다'고 직접 높이고 있는 것이므로 '직접존경'의 사례에 해당한다.
④ (○) "할아버지는 젊었을 때부터 수염이 많으셨다고 들었다."는 할아버지와 관련이 있는 '수염'을 높이는 것이므로 ㉠에 해당하는 사례이다.

정답 ③

02 ㉠ ~ ㉢ 중 문맥상 (가)에 해당하는 의미로 사용되지 않은 것은?

출제기조 전환 예시 2차 10번

> 생물은 자신의 종에 속하는 개체들과 의사소통을 한다. 꿀벌은 춤을 통해 식량의 위치를 같은 무리의 동료들에게 알려주며, 녹색원숭이는 포식자의 접근을 알리기 위해 소리를 지른다. 침팬지는 고통, 괴로움, 기쁨 등의 감정을 표현할 때 각각 다른 ㉠ 소리를 낸다.
> 말한다는 것을 단어에 대해 ㉡ 소리 낸다는 의미로 보게 되면, 침팬지가 사람처럼 말하도록 하는 것은 불가능하다. 침팬지는 인간과 게놈의 98%를 공유하고 있지만, 발성 기관에 차이가 있다.
> 인간의 발성 기관은 아주 정교하게 작용하여 여러 ㉢ 소리를 낼 수 있는데, 초당 십여 개의 (가) 소리를 쉽게 만들어 낸다. 이는 성대, 후두, 혀, 입술, 입천장을 아주 정확하게 통제할 수 있기 때문에 가능한 것이다. 침팬지는 이만큼 정확하게 통제를 하지 못한다. 게다가 인간의 발성 기관은 유인원의 그것과 현저하게 다르다. 주요한 차이는 인두의 길이에 있다. 인두는 혀 뒷부분부터 식도에 이르는 통로로 음식물과 공기가 드나드는 길이다. 인간의 인두는 여섯 번째 목뼈에까지 이른다. 반면에 대부분의 포유류에서는 인두의 길이가 세 번째 목뼈를 넘지 않으며 개의 경우는 두 번째 목뼈를 넘지 않는다. 다른 동물의 인두에 비해 과도하게 긴 인간의 인두는 공명 상자 기능을 하여 세밀하게 통제되는 ㉣ 소리를 만들어 낸다.

① ㉠　　　　② ㉡　　　　③ ㉢　　　　④ ㉣

핵심 포인트　　　　　　　　　　　　　　　　　　　　난이도 ★★★☆☆

동일한 '소리'라는 단어가 문맥에 따라 갖는 다른 의미를 파악한다.

오답 분석

(가)에 해당하는 소리는 말하는 것과 관련된 소리, 단어에 대한 소리를 내는 것을 의미한다.
㉠: 고통, 괴로움, 기쁨 등의 감정을 표현할 때 내는 소리를 의미한다.
㉡: 단어에 대해 내는 소리를 의미한다.
㉢: 말하는 것과 관련된 소리를 의미한다.
㉣: 말하는 것과 관련된 소리를 의미한다.
따라서 (가)에 해당하는 의미로 사용되지 않은 것은 ㉠이다.

정답 ①

03 밑줄 친 표현이 문맥상 ⊙의 의미와 가장 가까운 것은?

출제기조 전환 예시 2차 12번

> 방각본 출판은 책을 목판에 새겨 대량으로 찍어내는 방식이다. 이 경우 소수의 작품으로 많은 판매 부수를 올리는 것이 유리하다. 즉, 하나의 책으로 500부를 파는 것이 세 권의 책으로 합계 500부를 파는 것보다 이윤이 높다. 따라서 방각본 출판업자는 작품의 종류를 늘리기보다는 시장성이 좋은 작품을 집중적으로 출판하였다. 또한 작품의 규모가 커서 분량이 많은 경우에는 생산 비용이 ⊙ <u>올라가</u> 책값이 비싸지기 때문에 자연스럽게 분량이 적은 작품을 선호하였다. 이에 따라 방각본 출판에서는 규모가 큰 작품을 기피하였으며, 일단 선택된 작품에도 종종 축약적 윤색이 가해지고는 하였다.
>
> 일종의 도서대여업인 세책업은 가능한 여러 종류의 작품을 가지고 있는 편이 유리하고, 한 작품의 규모가 큰 것도 환영할 만한 일이었다. 소설을 빌려 보는 독자들은 하나를 읽고 나서 대개 새 작품을 찾았으니, 보유한 작품의 종류가 많을수록 좋았다. 또한 한 작품의 분량이 많아서 여러 책으로 나뉘어 있으면 그만큼 세책료를 더 받을 수 있으니, 세책업자들은 스토리를 재미있게 부연하여 책의 권수를 늘리기도 했다. 따라서 세책업자들은 많은 종류의 작품을 모으는 데에 주력했고, 이 과정에서 원본의 확장 및 개작이 적잖이 이루어졌다.

① 습도가 <u>올라가는</u> 장마철에는 건강에 유의해야 한다.
② 내가 키우던 반려견이 하늘나라로 <u>올라갔다</u>.
③ 그녀는 승진해서 본사로 <u>올라가게</u> 되었다.
④ 그는 시험을 보러 서울로 <u>올라갔다</u>.

난이도 ★★☆☆☆

핵심 포인트

지문에 제시된 ⊙의 의미를 파악하여 선택지에 제시된 다른 의미와 비교한다.

오답 분석

⊙의 '올라가'는 생산 비용의 수치가 높아지는 것을 의미한다.

① (○) '습도가 <u>올라가는</u> 장마철에는 건강에 유의해야 한다.'에서 '올라가는'은 습도의 수치가 높아지는 것을 의미하므로 ⊙과 문맥상 의미가 가장 가깝다.
② (×) '내가 키우던 반려견이 하늘나라로 <u>올라갔다</u>.'에서 '올라갔다'는 죽음을 의미하는 것으로 장소나 위치가 위쪽으로 향하는 것을 비유하는 표현이므로 ⊙의 의미와 다르다.
③ (×) '그녀는 승진해서 본사로 <u>올라가게</u> 되었다.'에서 '올라가게'는 장소나 위치가 위쪽으로 향하는 것을 비유하는 표현이므로 ⊙의 의미와 다르다.
④ (×) '그는 시험을 보러 서울로 <u>올라갔다</u>.'에서 '올라갔다'는 장소나 위치가 위쪽으로 향하는 것을 비유하는 표현이므로 ⊙의 의미와 다르다.

정답 ①

04 다음 글의 ㉠~㉢과 바꿔 쓸 수 있는 유사한 표현으로 적절하지 않은 것은?

2025년 국가직 9급 8번

　동물이 신체의 내부 온도를 정상 범위 안에서 유지하는 과정을 '체온조절'이라고 한다. 체온조절을 위하여 동물은 신체 내부의 물질대사를 통해 열을 발생시키거나 외부 환경에서부터 열을 ㉠획득한다. 조류나 포유류는 체내의 물질대사에 의하여 생성된 열로 체온을 유지하기 때문에 '내온동물'이라고 부른다. 대부분의 내온동물은 외부 온도가 변화해도 안정적으로 체온을 유지한다. 추운 환경에 노출되어도 내온동물은 충분한 열을 생성해서 주변보다 더 따뜻하게 체온을 유지할 수 있다.

　이와 달리 양서류나 많은 종류의 파충류와 어류는 열을 외부에서부터 획득하기 때문에 '외온동물'이라고 부른다. 외온동물은 체온조절을 위한 충분한 열을 생성하지는 않지만 그늘을 찾거나 햇볕을 쬐는 것과 같은 행동을 통해 체온을 ㉡조절한다. 외온동물은 열을 외부에서 얻기 때문에 체내의 물질대사를 통해 큰 에너지를 생성할 필요가 없어서 동일한 크기의 내온동물보다 먹이를 적게 섭취한다.

　한편 체온의 안정성을 기준으로 동물을 '항온동물'과 '변온동물'로 ㉢구분하기도 한다. 주위 환경과 관계없이 비교적 일정한 체온을 유지하는 동물을 항온동물, 주위 환경에 따라서 체온이 변하는 동물을 변온동물이라고 부른다. 한때는 내온동물과 외온동물을 각각 항온동물과 변온동물이라고 부르기도 했다.

　그런데 체온조절을 위해 열을 획득하는 방식과 체온의 안정성을 유지하는 것은 별개의 문제이다. 외온동물에 속하는 많은 종류의 해양 어류는 일정한 온도가 유지되는 물에서 ㉣서식하기 때문에 체온이 크게 변하지 않는다. 반대로 어떤 내온동물은 체온의 변화가 급격하게 일어나기도 한다. 예컨대 박쥐 중에는 겨울잠을 자면서 체온을 40℃나 떨어뜨리는 종류도 있다. 내온동물과 외온동물을 구분하는 방식과 항온동물과 변온동물을 구분하는 방식 사이에는 어떠한 상관관계도 없다.

① ㉠: 얻는다
② ㉡: 올린다
③ ㉢: 나누기도
④ ㉣: 살기

05 다음 글의 ㉠에 해당하는 것은?

2011년 민간경력자 채용 18번 변형

> 시각도란 대상물의 크기가 관찰자의 눈에 파악되는 상대적인 각도이다. 대상의 윤곽선으로부터 관찰자 눈의 수정체로 선을 확장시킴으로써 시각도를 측정할 수 있는데, 대상의 위아래 또는 좌우의 최외각 윤곽선과 수정체가 이루는 두 선 사이의 예각이 시각도가 된다. 시각도는 대상의 크기와 대상에서 관찰자까지의 거리 두 가지 모두에 의존하며, 대상이 가까울수록 그 시각도가 커진다. 따라서 ㉠ <u>다른 크기의 대상들이 동일한 시각도를 만들어 내는 사례들이 생길 수 있다.</u>
>
> 작은 원이 관찰자에게 가까이 위치하도록 하고, 큰 원이 멀리 위치하도록 해서 두 원이 1도의 시각도를 유지하도록 하는 실험을 한다고 가정해보자. 이 실험에서 눈과 원의 거리를 가늠할 수 있게 하는 모든 정보를 제거하면 두 원의 크기가 같다고 판단된다. 즉 두 원은 관찰자의 망막에 동일한 크기의 영상을 낳기 때문에 다른 정보가 없는 한 동일한 크기의 원으로 인식된다. 왜냐하면 관찰자의 크기 지각이 대상의 실제 크기에 의해 결정되지 않고 관찰자의 망막에 맺힌 영상의 크기에 의해 결정되기 때문이다.

① 어떤 물체의 크기가 옆에 같이 놓인 연필의 크기를 통해 지각된다.
② 고공을 날고 있는 비행기에서 지상에 있는 사물은 매우 작게 보인다.
③ 가까운 화분의 크기가 멀리 떨어진 고층 빌딩과 같은 크기로 지각된다.
④ 차창 밖으로 보이는 집의 크기를 이용해 차와 집과의 거리를 지각한다.

난이도 ★★★☆☆

핵심 포인트
밑줄 친 부분에 해당하는 사례를 찾아야 하므로 밑줄 친 부분에서 '시각도'의 의미가 무엇인지에 주목한다.

오답 분석
① (×) 어떤 물체의 크기가 옆에 같이 놓인 연필의 크기를 통해 지각된다는 것은 다른 크기의 대상들이 동일한 시각도를 만들어 내는 사례에 해당하지 않는다.
② (×) 고공을 날고 있는 비행기에서 지상에 있는 사물은 매우 작게 보인다는 것은 다른 크기의 대상들이 동일한 시각도를 만들어 내는 사례에 해당하지 않는다.
③ (○) 시각도란 대상물의 크기가 관찰자의 눈에 파악되는 상대적인 각도를 의미하므로 밑줄 친 부분에 해당하는 사례를 찾기 위해서는 다른 크기의 대상들이 동일한 시각도를 만들어 내는 사례를 찾아야 한다. 가까운 화분의 크기가 멀리 떨어진 고층 빌딩과 같은 크기로 지각된다는 것은 다른 크기의 대상이 동일한 시각도를 가지는 사례에 해당한다.
④ (×) 차창 밖으로 보이는 집의 크기를 이용해 차와 집과의 거리를 지각한다는 것은 다른 크기의 대상들이 동일한 시각도를 만들어 내는 사례에 해당하지 않는다.

정답 ③

06 다음 글의 ㉠으로 가장 적절한 것은?

2014년 민간경력자 채용 19번 변형

> 골란드는 자신의 가설을 검증하기 위해서 20가구가 소유한 488곳의 밭에서 나온 연간 작물 수확량을 수십 년 동안 조사했다. 그는 수십 년간 각 밭들의 1m²당 연간 수확량 자료를 축적했다.
> 골란드가 Q라고 명명한 3인 가구를 예로 들어 보자. Q가 경작할 밭의 총면적을 감안하여, Q가 당해에 기아를 피하려면 1m² 당 연간 334g 이상의 감자를 수확해야 했다. 그들이 한 구역에 몰려 있는 밭들에 감자를 심었다고 가정할 경우, 1m² 당 연간 수확량의 수십 년간 평균은 상당히 높게 나왔다. 하지만 이와 같은 방식으로 경작할 경우, 1m² 당 연간 수확량이 334g 미만으로 떨어진 해들이 자료가 수집된 전체 기간 중 1/3이 넘는 것으로 계산되었다. 어떤 해는 풍작으로 많이 수확하지만 어떤 해는 흉작으로 1m² 당 연간 수확량이 334g 미만으로 떨어진다는 말이다. 총면적은 동일하게 유지하면서 6군데로 분산된 밭들에서 경작했을 때도 기아의 위험에서 완전히 자유롭지 않았다. 하지만 7군데 이상으로 분산했을 때 수확량은 매년 1m² 당 연간 371g 이상이었다. 골란드는 구성원이 Q와 다른 가구들의 경우에도 같은 방식으로 추산해 보았다. 경작할 밭들을 몇 군데로 분산시켜야 기아를 피할 최소 수확량이 보장되는지에 대해서는 가구마다 다른 값들이 나왔지만, 연간 수확량들의 패턴은 Q의 경우와 크게 다르지 않았다. 이로써 골란드는 ㉠자신의 가설이 통계 자료들에 의해 뒷받침된다는 것을 보일 수 있었다.

① 넓은 면적을 경작하는 것은 기아의 위험에서 벗어나는 데 도움이 되지 못한다.
② 경작하는 밭들을 일정 군데 이상으로 분산시킨다면 기아의 위험을 피할 수 있다.
③ 경작할 밭들을 몇 군데로 분산시켜야 단위면적 당 연간 수확량이 최대가 되는지는 가구마다 다르다.
④ 경작하는 밭들을 여러 군데로 분산시킬수록 단위면적 당 연간 수확량의 평균이 증가하여 기아의 위험이 감소한다.

핵심 포인트

난이도 ★★★★☆

㉠은 통계 자료들에 뒷받침되는 것이므로 통계 자료의 구체적인 내용에 주목한다.

오답 분석

① (×) 넓은 면적을 경작하는 것은 기아의 위험에서 벗어나는 데 도움이 되지 못한다는 것은 ㉠의 내용과 관련이 없다.
② (○) 통계 자료의 내용은 '6군데로 분산된 밭들에서 경작했을 때도 기아의 위험에서 완전히 자유롭지 않았다.', '7군데 이상으로 분산했을 때 수확량은 매년 1m² 당 연간 371g 이상이었다.'는 것이다. 기아를 피하려면 1m² 당 연간 334g 이상의 감자를 수확해야 하므로 ㉠의 내용으로 가장 적절한 것은 '일정 군데 이상으로 분산시키면 기아의 위험을 피할 수 있다.'는 것이다.
③ (×) 경작할 밭들을 몇 군데로 분산시켜야 단위면적 당 연간 수확량이 최대가 되는지는 가구마다 다른 값들이 나왔지만, 가설이 되는 내용은 연간 수확량의 패턴이 Q의 경우와 크게 다르지 않았다는 것이므로 이것이 ㉠의 내용이 될 수 없다.
④ (×) 경작하는 밭들을 여러 군데로 분산시킬수록 단위면적 당 연간 수확량의 평균이 증가하여 기아의 위험이 감소하는 것이 아니라, 7군데 이상으로 분산했을 경우에 비로소 기아의 위험이 감소하는 것이므로 ㉠의 내용으로 적절하지 않다.

정답 ②

07 다음 글의 ㉠과 ㉡이 모방하는 군집 현상의 특성을 가장 적절하게 짝지은 것은? 2016년 민간경력자 채용 15번 변형

> 군집 현상은 무질서한 개체들이 외부 작용 없이 스스로 질서화된 상태로 변해가는 현상을 총칭하며, 분리성, 정렬성, 확장성, 결합성의 네 가지 특성을 나타낸다. 첫째, 분리성은 각 개체가 서로 일정한 간격을 유지하여 독립적 공간을 확보하는 특성을 의미하고 둘째, 정렬성은 각 개체가 다수의 개체들이 선택하는 경로를 이용하여 자신의 이동 방향을 결정하는 특성을 의미하며 셋째, 확장성은 개체수가 증가해도 군집의 형태를 유지하는 특성을 의미한다. 마지막으로 결합성은 각 개체가 주변 개체들과 동일한 행동을 하는 특성을 의미한다.
>
> ㉠ 알고리즘A는 시력이 없는 개미 집단이 개미집으로부터 멀리 떨어져 있는 먹이를 가장 빠른 경로를 통해 운반하는 행위로부터 영감을 얻어 개발된 알고리즘이다. 개미가 먹이를 발견하면 길에 남아 있는 페로몬을 따라 개미집으로 먹이를 운반하게 된다. 이러한 방식으로 개미 떼가 여러 경로를 통해 먹이를 운반하다 보면 개미집과 먹이와의 거리가 가장 짧은 경로에 많은 페로몬이 쌓이게 된다. 개미는 페로몬이 많은 쪽의 경로를 선택하여 이동하는 특징이 있어 일정 시간이 지나면 개미 떼는 가장 짧은 경로를 통해서 먹이를 운반하게 된다.
>
> ㉡ 알고리즘B는 반딧불이들이 반짝거릴 때 초기에는 각자의 고유한 진동수에 따라 반짝거리다가 점차 시간이 지날수록 상대방의 반짝거림에 맞춰 결국엔 한 마리의 거대한 반딧불이처럼 반짝거리는 것을 지속하는 현상에서 영감을 얻어 개발된 알고리즘이다. 개체들이 초기 상태에서는 각자 고유의 진동수에 따라 진동하지만, 점차 상호 작용을 통해 그 고유 진동수에 변화가 생기고 결국에는 진동수가 같아지는 특성을 반영한 것이다.

	㉠	㉡
①	정렬성	결합성
②	확장성	정렬성
③	분리성	결합성
④	결합성	분리성

난이도 ★★★☆☆

핵심 포인트

밑줄 친 알고리즘A와 알고리즘B의 의미를 파악하는 단서를 확인하고, 정렬성, 결합성, 확장성, 분리성의 의미도 확인한다.

오답 분석

㉠: 알고리즘A는 페로몬이 많은 쪽의 경로를 선택하여 이동하는 것으로 설명되는데, 이것은 각 개체가 다수의 개체들이 선택하는 경로를 이용하여 자신의 이동 방향을 결정하는 특성인 '정렬성'과 연결된다.

㉡: 알고리즘B는 상대방의 반짝거림에 맞춰 결국엔 한 마리의 거대한 반딧불이처럼 반짝거리는 것을 지속하는 것으로 설명되는데, 이것은 각 개체가 주변 개체들과 동일한 행동을 하는 특성인 '결합성'과 연결된다.

정답 ①

08 다음 대화의 ㉠으로 적절한 것만을 <보기>에서 모두 고르면?

2023년 국가직 7급 8번 변형

> 갑: 최근 전동킥보드, 전동휠 등 개인형 이동장치 사고가 급증하고 있습니다. 도대체 무엇 때문에 이러한 현상이 나타나는 것일까요? 이에 대해 여러분은 어떤 의견을 가지고 있나요?
>
> 을: 원동기 면허만 있으면 19세 미만 미성년자도 개인형 이동장치를 이용할 수 있습니다. 하지만 원동기 면허가 없는 사람들도 많이 이용하고 있습니다. 안전 의식이 부족한 이용자가 증가해 사고가 더 많이 발생하는 것이지요.
>
> 병: 저는 개인형 이동장치의 경음기 부착 여부가 사고 발생 확률에 유의미한 영향을 미친다고 생각합니다. 현재 상당수의 개인형 이동장치는 경고음을 낼 수 있는 경음기가 부착되어 있지 않기 때문에 개인형 이동장치가 빠른 속도로 달려와도 주변에서 이를 인지하지 못하는 경우가 많습니다. 이것이 사고가 발생하는 주요한 원인이라고 생각합니다.
>
> 정: 저는 개인형 이동장치를 이용할 수 있는 인프라가 부족하다는 점이 가장 큰 원인이라고 생각합니다. 개인형 이동장치 이용자들은 안전한 운행이 가능한 도로를 원하고 있으나, 그러한 개인형 이동장치 전용도로를 갖춘 지역은 드뭅니다. 이처럼 인프라 수요를 공급이 따라가지 못해 사고가 발생하는 것입니다.
>
> 갑: 여러분 좋은 의견 제시해주셔서 감사합니다. 그렇다면 말씀하신 의견을 검증하기 위해 ㉠ <u>필요한 자료를</u> 조사해 주세요.

보기

ㄱ. 미성년자 중 원동기 면허 취득 비율과 19세 이상 성인 중 원동기 면허 취득 비율

ㄴ. 경음기가 부착된 개인형 이동장치 1대당 평균 사고 발생 건수와 경음기가 부착되지 않은 개인형 이동장치 1대당 평균 사고 발생 건수

ㄷ. 개인형 이동장치 등록 대수가 가장 많은 지역의 개인형 이동장치 사고 발생 건수와 개인형 이동장치 등록 대수가 가장 적은 지역의 개인형 이동장치 사고 발생 건수

① ㄱ ② ㄴ ③ ㄱ, ㄷ ④ ㄴ, ㄷ

핵심 포인트 난이도 ★★★☆

밑줄의 앞뒤 문장을 읽고, 밑줄의 의미를 파악할 수 있는 핵심어나 문장을 체크하는 것이 필요하다.

오답 분석

ㄱ. (×) 을이 문제 삼는 것은 원동기 면허가 없는 사람들도 개인형 이동장치를 많이 이용한다는 것이다. 미성년자 중 원동기 면허 취득 비율과 19세 이상 성인 중 원동기 면허 취득 비율은 이와는 직접적인 관련성이 없으므로 의견을 검증하기 위해 필요한 자료라고 볼 수 없다.

ㄴ. (○) 경음기가 부착된 개인형 이동장치 1대당 평균 사고 발생 건수와 경음기가 부착되지 않은 개인형 이동장치 1대당 평균 사고 발생 건수는 경음기 부착 여부가 사고 발생에 유의미한 영향을 미친다고 보는 병의 의견을 검증하기 위해 필요한 자료가 될 수 있다.

ㄷ. (×) 개인형 이동장치 등록 대수가 가장 많은 지역의 개인형 이동장치 사고 발생 건수와 개인형 이동장치 등록 대수가 가장 적은 지역의 개인형 이동장치 사고 발생 건수는 의견을 검증하기 위해 필요한 자료라고 볼 수 없다.

정답 ②

공무원 시험 전문 해커스공무원
gosi.Hackers.com

대표유형 15 글의 수정

유형 정복 필승전략

유형 소개
지문의 특정 구절이나 문장에 밑줄을 긋고 그중에서 전체 글의 흐름에 맞지 않는 부분을 찾아 수정하는 문제 유형이다.

유형 특징
① 지문의 특정 구절이나 문장 등에 5개의 밑줄이 그어져 있는 1~2단락 정도의 지문이 제시된다.
② 선택지는 각 밑줄에 대한 수정 내용으로 구성되어 글의 문맥에 따라 전체적인 흐름을 파악하는 능력을 평가하거나, 지문에 수정의 기준이 제시되고 그 기준에 따라 지문의 내용이 바르게 수정되어 있는지를 확인하는 방식으로 출제된다.

풀이 전략
① 밑줄 그어진 문장을 수정하는 문제인 경우, 지문을 처음부터 순서대로 읽으면서 밑줄이 나오면 밑줄 앞뒤 문장의 핵심어를 확인하여 내용의 흐름을 파악한다.
② 밑줄이 나올 때마다 바로바로 해당 밑줄을 수정하는 선택지를 확인하여 선택지의 핵심어가 글의 흐름과 자연스러운지 판단한다.
③ 지문에 제시된 기준을 바탕으로 수정해야 하는 문제인 경우, 기준을 우선적으로 확인한 후 지문을 읽는다.

01. <공공언어 바로 쓰기 원칙>에 따라 수정한 것으로 적절하지 않은 것은?

출제기조 전환 예시 2차 1번

> **공공언어 바로 쓰기 원칙**
> ○ 주어와 서술어의 호응
>   - ㉠ 능동과 피동의 관계를 정확하게 사용함.
> ○ 여러 뜻으로 해석되는 표현 삼가기
>   - ㉡ 중의적인 문장을 사용하지 않음.
> ○ 명료한 수식어구 사용
>   - ㉢ 수식어와 피수식어의 관계를 분명하게 표현함.
> ○ 대등한 구조를 보여 주는 표현 사용
>   - ㉣ '-고', '와/과' 등으로 접속될 때에는 대등한 관계를 사용함.

① "이번 총선에서 국회의원 ○○○명을 선출되었다."를 ㉠에 따라 "이번 총선에서 국회의원 ○○○명이 선출되었다."로 수정한다.
② "시장은 시민의 안전에 관하여 건설업계 관계자들과 논의하였다."를 ㉡에 따라 "시장은 건설업계 관계자들과 시민의 안전에 관하여 논의하였다."로 수정한다.
③ "5킬로그램 정도의 금 보관함"을 ㉢에 따라 "금 5킬로그램 정도를 담은 보관함"으로 수정한다.
④ "음식물의 신선도 유지와 부패를 방지해야 한다."를 ㉣에 따라 "음식물의 신선도를 유지하고, 부패를 방지해야 한다."로 수정한다.

난이도 ★★★☆☆

핵심 포인트

<공공언어 바로 쓰기 원칙>에 따라 선택지에 제시된 사례가 적절히 수정되어 있는지 판단한다.

오답 분석

① (○) "이번 총선에서 국회의원 ○○○명을 선출되었다."를 ㉠에 따라 "이번 총선에서 국회의원 ○○○명이 선출되었다."로 수정하는 것은 적절하다.
② (×) "시장은 시민의 안전에 관하여 건설업계 관계자들과 논의하였다."는 ㉡에 따를 때 적절한 문장이다. "시장은 건설업계 관계자들과 시민의 안전에 관하여 논의하였다."로 수정하면 ㉡에 따를 때 중의적으로 해석되어 적절하지 않다.
③ (○) "5킬로그램 정도의 금 보관함"을 ㉢에 따라 "금 5킬로그램 정도를 담은 보관함"으로 수정하는 것은 적절하다.
④ (○) "음식물의 신선도 유지와 부패를 방지해야 한다."를 ㉣에 따라 "음식물의 신선도를 유지하고, 부패를 방지해야 한다."로 수정하는 것은 적절하다.

정답 ②

02 다음 글의 ㉠~㉣ 중 어색한 곳을 찾아 가장 적절하게 수정한 것은?

언어는 랑그와 파롤로 구분할 수 있다. 랑그는 머릿속에 내재되어 있는 추상적인 언어의 모습으로, 특정한 언어공동체가 공유하고 있는 기호체계를 가리킨다. 반면에 파롤은 구체적인 언어의 모습으로, 의사소통을 위해 랑그를 사용하는 개인적인 행위를 의미한다.

언어학자들은 흔히 ㉠ 랑그를 악보에 비유하고, 파롤을 실제 연주에 비유하곤 하는데, 악보는 고정되어 있지만 실제 연주는 그 고정된 악보를 연주하는 사람에 따라 달라지기 마련이다. 그러니까 ㉡ 랑그는 여러 상황에도 불구하고 변하지 않고 기본을 이루는 언어의 본질적인 모습에 해당한다. 한편 '책상'이라는 단어를 발음할 때 사람마다 발음되는 소리는 다르기 때문에 '책상'에 대한 발음은 제각각일 수밖에 없다. 여기서 ㉢ 실제로 발음되는 제각각의 소리값이 파롤이다.

랑그와 파롤 개념과 비슷한 것으로 언어능력과 언어수행이 있다. 자기 모국어에 대해 사람들이 내재적으로 가지고 있는 지식이 언어능력이고, 사람들이 실제로 발화하는 행위가 언어수행이다. ㉣ 파롤이 언어능력에 대응한다면, 랑그는 언어수행에 대응한다.

① ㉠: 랑그를 실제 연주에 비유하고, 파롤을 악보에 비유하곤
② ㉡: 랑그는 여러 상황에 맞춰 변화하는 언어의 본질적인 모습
③ ㉢: 실제로 발음되는 제각각의 소리값이 랑그
④ ㉣: 랑그가 언어능력에 대응한다면, 파롤은 언어수행에 대응

핵심 포인트

난이도 ★★☆☆☆

밑줄 친 문장이 글의 흐름에 맞는지 확인하기 위해 밑줄 친 문장의 방향이나 키워드가 전체 맥락에 어긋나는 부분이 있는지 확인한다.

오답 분석

① (×) ㉠: 랑그는 머릿속에 내재되어 있는 추상적인 언어의 모습으로, 특정한 언어공동체가 공유하고 있는 기호체계를 가리킨다. 반면에 파롤은 구체적인 언어의 모습으로, 의사소통을 위해 랑그를 사용하는 개인적인 행위를 의미한다. 악보는 고정되어 있지만 실제 연주는 그 고정된 악보를 연주하는 사람에 따라 달라지기 마련이므로 '랑그를 악보에 비유하고, 파롤을 실제 연주에 비유하곤' 하는 것은 적절하다.

② (×) ㉡: 랑그는 머릿속에 내재되어 있는 추상적인 언어의 모습으로, 특정한 언어공동체가 공유하고 있는 기호체계를 가리킨다. 따라서 '랑그는 여러 상황에도 불구하고 변하지 않고 기본을 이루는 언어의 본질적인 모습'에 해당한다고 보는 것은 적절하다.

③ (×) ㉢: 파롤은 구체적인 언어의 모습으로, 의사소통을 위해 랑그를 사용하는 개인적인 행위를 의미한다. '실제로 발음되는 제각각의 소리값이 파롤'이라고 보는 것은 적절하다.

④ (○) ㉣: 사람들이 내재적으로 가지고 있는 지식이 언어능력이고, 사람들이 실제로 발화하는 행위가 언어수행이다. 따라서 '랑그가 언어능력에 대응한다면, 파롤은 언어수행에 대응'로 수정하는 것이 적절하다.

정답 ④

03 <공공어 바로 쓰기 원칙>에 따라 수정한 것으로 적절하지 않은 것은?

2025년 지방직 9급 1번

> 공공어 바로 쓰기 원칙
> ○ 표현의 정확성
>   ㉠ 의미에 맞는 정확한 단어 쓰기.
>   ㉡ 부적절한 피·사동 표현에 유의함.
> ○ 여러 뜻으로 해석되는 표현 삼가기
>   ㉢ 하나의 뜻으로 해석되는 문장을 사용함.
> ○ 대등한 것끼리 접속
>   ㉣ '-고', '-(으)며', '와/과' 등으로 접속되는 말에는 구조가 같은 표현을 사용함.

① "납세자의 결정세액이 기납부세액보다 적은 경우 그 차이만큼 납세자에게 환급할 예정이다."를 ㉠에 따라 "납세자의 결정세액이 기납부세액보다 적은 경우 그 차이만큼 납세자에게 환수할 예정이다."로 수정한다.

② "경제 성장에 방해가 되는 요소를 배제시켜야 한다."를 ㉡에 따라 "경제 성장에 방해가 되는 요소를 배제해야 한다."로 수정한다.

③ "시의회는 관련 단체와 시민들을 초청하기로 결정하였다."를 ㉢에 따라 "시의회는 관련 단체와 협의하여 시민들을 초청하기로 결정하였다."로 수정한다.

④ "사업 전체 목표 수립과 세부 사업별 추진 전략을 제시한다."를 ㉣에 따라 "사업 전체 목표를 수립하고 세부 사업별 추진 전략을 제시한다."로 수정한다.

핵심 포인트 난이도 ★★★☆☆

<공공어 바로 쓰기 원칙>에 따라 선택지에 제시된 사례가 적절히 수정되어 있는지 판단한다.

오답 분석

① (×) "납세자의 결정세액이 기납부세액보다 적은 경우 그 차이만큼 납세자에게 환급할 예정이다."는 ㉠에 따를 때 적절하다. 문장의 의미상 '환수'라는 단어는 적절하지 않으므로 "납세자의 결정세액이 기납부세액보다 적은 경우 그 차이만큼 납세자에게 환수할 예정이다."로 수정하는 것은 적절하지 않다.

② (○) "경제 성장에 방해가 되는 요소를 배제시켜야 한다."를 ㉡에 따라 피동과 사동 표현에 맞춰 수정하면, "경제 성장에 방해가 되는 요소를 배제해야 한다."로 수정하는 것이 적절하다.

③ (○) "시의회는 관련 단체와 시민들을 초청하기로 결정하였다."를 ㉢에 따라 수정하면, "시의회는 관련 단체와 협의하여 시민들을 초청하기로 결정하였다."로 수정하는 것이 적절하다.

④ (○) "사업 전체 목표 수립과 세부 사업별 추진 전략을 제시한다."를 ㉣에 따라 수정하면, "사업 전체 목표를 수립하고 세부 사업별 추진 전략을 제시한다."로 수정하는 것이 적절하다.

정답 ①

04 다음 글의 ㉠~㉣ 중 문맥상 어색한 곳을 수정한 것으로 가장 적절한 것은?

2025년 지방직 9급 5번

> 면역반응에는 '자연면역'과 '획득면역'이 있다. 먼저, 자연면역이란 외부 이물질에 대해 내 몸이 태어날 때부터 지니게 된 저항 능력을 가리킨다. 자연면역에서는 항원과 항체 사이의 ㉠ 직접적인 일대일 반응 관계가 존재하지 않는다. 외부에서 들어온 특정 항원에만 반응하는 유일의 항체가 별도로 존재하지 않는다는 것이다. 자연면역은 세균과 같은 미생물 등을 외부 이물질로 인식하여 제거한다. 예컨대 코나 폐에는 점막조직이 발달해 있어 외부 이물질을 걸러 낸다. 세포 차원에서는 대식세포의 기능이 자연면역인데, 이 세포는 ㉡ 외부 미생물이 어떤 종류인지에 관계없이 대상을 제거한다.
>
> 특정 항원에만 반응하는 유일의 항체를 생성하는 면역반응을 획득면역이라고 한다. 획득면역에서는 자연면역과 달리 ㉢ 항원의 종류와 무관하게 특정 항원에 대해 여러 종류의 항체가 반응한다. 일례로 B림프구의 세포 표면에는 특정 항원을 인식하고 그 특정 항원에 결합하는 부위가 있는데, 이를 '항원 수용체'라고 한다. ㉣ 항원 수용체는 세포 표면에 형성되는 단백질의 일종으로, 항원에 의해 자극된다. 이 수용체가 림프구 세포로부터 떨어져 나와 혈액 안으로 들어간 단백질 단위를 항체라고 부른다.

① ㉠: 직접적인 일대일 반응 관계가 존재한다
② ㉡: 특정한 외부 미생물에 유일하게 반응하며 그 외의 대상은 제거하지 않는다
③ ㉢: 특정 항체가 특정 항원에 대해서만 반응한다
④ ㉣: 항원 수용체는 세포 내부에 형성되는 단백질의 일종으로, 항체에 의해 자극된다

핵심 포인트   난이도 ★★☆☆☆

밑줄 친 문장이 글의 흐름에 맞는지 확인하기 위해 밑줄 친 문장의 방향이나 키워드가 전체 맥락에 어긋나는 부분이 있는지 확인한다.

오답 분석

① (×) ㉠: 자연면역은 외부에서 들어온 특정 항원에만 반응하는 유일의 항체가 별도로 존재하지 않는다. 따라서 '직접적인 일대일 반응 관계가 존재하지 않는다'가 적절하다.
② (×) ㉡: 자연면역은 외부에서 들어온 특정 항원에만 반응하는 유일의 항체가 별도로 존재하지 않는다. 따라서 '외부 미생물이 어떤 종류인지에 관계없이 대상을 제거한다'가 적절하다.
③ (○) ㉢: '획득면역'은 특정 항원에만 반응하는 유일의 항체를 생성하는 면역반응이므로 ㉢에서 '항원의 종류와 무관하게'라는 표현이 적절하지 않다. 따라서 ㉢을 '특정 항체가 특정 항원에 대해서만 반응한다'로 수정하는 것이 적절하다.
④ (×) ㉣: 항원 수용체는 세포 표면에서 특정 항원을 인식하고 그 특정 항원에 결합하는 부위다. 따라서 '항원 수용체는 세포 표면에 형성되는 단백질의 일종으로, 항원에 의해 자극된다'가 적절하다.

정답 ③

05 다음 글의 흐름에 맞지 않는 곳을 ㉠~㉣에서 찾아 수정할 때 가장 적절한 것은? `2020년 민간경력자 채용 16번 변형`

> 경제적 차원에서 가장 불리한 계층, 예컨대 노예와 날품팔이는 ㉠ 특정한 종교 세력에 편입되거나 포교의 대상이 된 적이 없었다. 기독교 등 고대 종교의 포교활동은 이들보다는 소시민층, 즉 야심을 가지고 열심히 노동하며 경제적으로 합리적인 생활을 하는 계층을 겨냥하였다. 고대사회의 대농장에서 일하던 노예들에게 관심을 갖는 종교는 없었다.
> 　모든 시대의 하층 수공업자 대부분은 ㉡ 독특한 소시민적 종교 경향을 지니고 있었다. 이들은 특히 공인되지 않은 종파적 종교성에 기우는 경우가 매우 흔하였다. 곤궁한 일상과 불안정한 생계 활동에 시달리며 동료의 도움에 의존해야 하는 하층 수공업자층은 공인되지 않은 신흥 종교집단이나 비주류 종교집단의 주된 포교 대상이었다.
> 　근대에 형성된 프롤레타리아트는 ㉢ 종교에 우호적이며 관심이 많았다. 이들은 자신의 처지가 자신의 능력과 업적에 의존한다는 의식이 약하고 그 대신 사회적 상황이나 경기 변동, 법적으로 보장된 권력관계에 종속되어 있다는 의식이 강하였다. 이에 반해 자신의 처지가 주술적 힘, 신이나 우주의 섭리와 같은 것에 종속되어 있다는 견해에는 부정적이었다.
> 　프롤레타리아트가 스스로의 힘으로 ㉣ 특정 종교 이념을 창출하는 것은 쉽지 않았다. 이들에게는 비종교적인 이념들이 삶을 지배하는 경향이 훨씬 우세했기 때문이다.

① ㉠을 "고대 종교에서는 주요한 세력이자 포섭 대상이었다."로 수정한다.
② ㉡을 "종교나 정치와는 괴리된 삶을 살았다."로 수정한다.
③ ㉢을 "종교에 우호적이지도 관심이 많지도 않았다."로 수정한다.
④ ㉣을 "특정 종교 이념을 창출한 경우가 많았다."로 수정한다.

난이도 ★★★☆☆

핵심 포인트
밑줄 친 문장이 글의 흐름에 맞는지 확인하는 것이 핵심이므로 지문의 세부적인 내용보다는 밑줄 친 부분에 전체 맥락에 어긋나는 키워드가 있는지를 확인하는 것이 중요하다.

오답 분석
① (×) ㉠은 첫 번째 단락의 '고대사회의 대농장에서 일하던 노예들에게 관심을 갖는 종교는 없었다.'는 내용과 연결되므로 이를 "고대 종교에서는 주요한 세력이자 포섭 대상이었다."로 수정하는 것은 적절하지 않다.
② (×) ㉡이 두 번째 단락의 '공인되지 않은 종파적 종교성에 기우는 경우가 매우 흔하였다.'는 내용과 연결되므로 이를 "종교나 정치와는 괴리된 삶을 살았다."로 수정하는 것은 적절하지 않다.
③ (○) ㉢은 세 번째 단락의 '근대에 형성된 프롤레타리아트는 자신의 처지가 주술적 힘, 신이나 우주의 섭리와 같은 것에 종속되어 있다는 견해에는 부정적이었다.'는 내용과 맞지 않는다. 따라서 ㉢을 "종교에 우호적이지도 관심이 많지도 않았다."로 수정하는 것이 적절하다.
④ (×) ㉣이 네 번째 단락의 '비종교적인 이념들이 삶을 지배하는 경향이 훨씬 우세했기 때문이다.'라는 내용과 연결되므로 이를 "특정 종교 이념을 창출한 경우가 많았다."로 수정하는 것은 적절하지 않다.

정답 ③

06 다음 (가)에 제시된 <작성 원칙>에 따라 (나)의 <A시 보도자료>를 수정하거나 보완하고자 할 때, 가장 적절한 것은?

2020년 국가직 7급 예시 1번 변형

(가) <작성 원칙>
○ 보도자료의 제목 및 부제는 전체 내용을 압축적으로 제시하는 내용을 담아야 한다.
○ 첫 단락인 '리드'에서 '누가, 언제, 무엇을, 어떻게, 왜'의 핵심 정보를 제시해야 한다.
○ 제목과 부제에서 드러내고 있는 핵심 정보를 본문에서 빠짐없이 제시해야 한다.
○ 불필요한 잉여 정보를 포함하거나 동일 정보를 필요 이상 반복해서는 안 된다.
○ 정보 전개에 필요한 표, 그래프, 그림 등을 적절하게 제공해야 한다.

(나) <A시 보도자료>

㉠ 봄철 불청객 '황사' 이렇게 대처하겠습니다!
- 대응 체계 강화와 시민 행동 요령 안내 등 철저한 대비로 황사 피해 최소화 -

㉡ A시는 매년 봄철(3~5월) 불청객으로 찾아오는 황사 피해를 최소화하기 위해 적극적인 대처 방안을 마련했다. 이에 따라 A시는 황사 대응 체계를 신속하게 가동하고, 시민 행동 요령을 적극적으로 안내할 예정이다. 또 관련부서 및 유관기관과 유기적으로 협조하기로 했다.

매년 봄철이면 반갑지 않은 손님인 황사가 찾아온다. 황사는 우리 인체에 악영향을 주기 때문에, 시민들의 건강 피해 예방을 위해 철저한 대비가 필요하다. 기상청의 기상 전망에 따르면 A시의 황사 발생 일수는 4월에는 평년(1.9일)과 비슷하겠으나, 5월에는 평년(2.5일)보다 많을 것으로 전망된다. 특히 ㉢ 최근 중국 북부지역의 가뭄으로 평년보다 더 강한 황사가 발생할 가능성이 있어 철저하게 대비해야 한다.

A시에서는 황사 발생 시 관련부서 및 유관기관과 유기적으로 협조하여 기후 상황 전파, 도로변과 대규모 공사장 물 뿌리기, 진공청소차를 활용한 청소 등 체계적인 대응을 신속하게 실시하여 황사 피해를 최소화할 계획이다.

㉣

① ㉠을 '불청객 황사, 봄철 국민 건강을 위협하는 주범입니다'로 수정한다.
② ㉡은 아래 부분에서 반복적으로 설명되는 내용이므로 삭제한다.
③ ㉢에 이어 중국 북부지역 가뭄 원인과 중국 정부의 대처 방안을 추가한다.
④ ㉣에 시민들이 황사 피해를 최소화할 수 있는 행동 요령과 그 안내 계획을 추가한다.

핵심 포인트

난이도 ★★★★☆

(가)의 <작성 원칙>에 따라 ㉠, ㉡, ㉢의 내용이 적합한지 판단하고, ㉣에 들어갈 내용을 판단한다.

오답 분석

① (×) 보도자료의 제목은 전체 내용을 포괄하여 제시해야 하므로 '불청객 황사, 봄철 국민 건강을 위협하는 주범입니다'로 수정하는 것은 적절하지 않다.
② (×) 보도자료의 주제와 방향을 설정하는 문장이므로 삭제하는 것은 적절하지 않다.
③ (×) 중국 북부지역 가뭄 원인과 중국 정부의 대처 방안은 보도 자료의 내용과 관련성이 없으므로 이를 추가하는 것은 적절하지 않다.
④ (○) 보도자료의 부제에 '시민 행동 요령 안내'에 대한 언급이 있는데도 불구하고 본문 내용에는 이에 대한 언급이 없으므로, 시민들이 황사 피해를 최소화할 수 있는 행동 요령과 그 안내 계획을 추가하는 것이 적절하다.

정답 ④

07 다음 대화의 ㉠에 따라 <계획안>을 수정한 것으로 적절하지 않은 것은?

> 2020년 국가직 7급 모의평가 7번 변형

> 갑: 지금부터 회의를 시작하겠습니다. 이 자리는 '보고서 작성법 특강'의 개최계획 검토를 위한 자리입니다. 특강을 성공적으로 개최하기 위해서 어떻게 해야 하는지 각자의 의견을 자유롭게 말씀해주시기 바랍니다.
> 을: 특강 참석 대상을 명확하게 정하고 그에 따라 개최 일시가 조정되었으면 좋겠습니다. 주중에 계속 근무하는 현직 공무원인 경우, 아무래도 주말에는 특강 참석률이 저조합니다. 특강을 평일에 개최하되 참석 시간을 근무시간으로 인정해 준다면 참석률이 높아질 것 같습니다.
> 병: 공무원이 되기 위해 준비하고 있는 예비공무원들에게는 서울이 더 낫겠지만, 중앙부처 소속 공무원에게는 세종시가 접근성이 더 좋습니다. 특강 참석 대상이 누구인가에 따라 장소를 조정할 필요가 있습니다.
> 정: 주제가 너무 막연하게 표현되어 있습니다. 보고서의 형식이나 내용은 누구에게 보고하느냐에 따라 크게 달라집니다. 보고 대상이 명시적으로 드러날 수 있도록 주제를 더 구체적으로 표현하면 좋겠습니다.
> 무: 특강과 관련된 정보가 부족합니다. 강의에 관심이 있는 사람이라면 별도 비용이 있는지, 있다면 구체적으로 금액은 어떠한지 등이 궁금할 겁니다.
> 갑: 얼마 전에 비슷한 특강이 서울에서 개최되었으니 이번 특강은 현직 중앙부처 소속 공무원을 대상으로 진행하도록 하겠습니다. ㉠오늘 회의에서 논의된 내용을 반영하여 특강 계획을 수정하도록 하겠습니다. 감사합니다.

계획안

보고서 작성법 특강

○ 주제: 보고서 작성 기법
○ 일시: 2021. 11. 6.(토) 10:00 ~ 12:00
○ 장소: 정부서울청사 본관 5층 대회의실
○ 대상: 현직 공무원 및 공무원을 꿈꾸는 누구나

① 주제를 '효율적 정보 제시를 위한 보고서 작성 기법'으로 변경한다.
② 일시를 '2021. 11. 10.(수) 10:00~12:00(특강 참여 시 근무시간으로 인정)'으로 변경한다.
③ 장소를 '정부세종청사 6동 대회의실'로 변경한다.
④ 대상을 '보고서 작성 능력을 키우고 싶은 현직 중앙부처 공무원'으로 변경한다.

난이도 ★★★☆☆

핵심 포인트

㉠에 해당하는 '오늘 회의에서 논의된 내용' 중 <계획안>에 언급된 사항과 관련된 내용을 파악하는 것이 핵심이다.

오답 분석

① (×) 정은 보고 대상이 명시적으로 드러날 수 있도록 주제를 더 구체적으로 표현하는 것이 필요하다고 주장한다. 그러나 주제를 '효율적 정보 제시를 위한 보고서 작성 기법'으로 변경하면 보고 대상이 드러나 있지 않으므로 ㉠에 따라 <계획안>을 수정한 것으로 적절하지 않다.
② (○) 을은 특강을 평일에 개최하되 참석 시간을 근무시간으로 인정해 준다면 참석률이 높아질 것이라고 주장한다. 따라서 일시를 '2021. 11. 10.(수) 10:00~12:00(특강 참여 시 근무시간으로 인정)'으로 변경하는 것은 ㉠에 따라 <계획안>을 수정한 것으로 적절하다.
③ (○) 병은 특강 참석 대상이 누구인가에 따라 장소를 조정할 필요가 있고, 중앙부처 소속 공무원에게는 세종시가 접근성이 더 좋다고 주장한다. 갑은 이번 특강은 현직 중앙부처 소속 공무원을 대상으로 진행한다고 언급하고 있으므로 장소를 '정부세종청사 6동 대회의실'로 변경하는 것은 ㉠에 따라 <계획안>을 수정한 것으로 적절하다.
④ (○) 갑은 이번 특강은 현직 중앙부처 소속 공무원을 대상으로 진행한다고 언급하고 있으므로 대상을 '보고서 작성 능력을 키우고 싶은 현직 중앙부처 공무원'으로 변경하는 것은 ㉠에 따라 <계획안>을 수정한 것으로 적절하다.

정답 ①

대표유형 16 문단 배열

유형 정복 필승전략

유형 소개
지문에 순서에 맞지 않게 나열되어 있는 단락들을 전체 맥락에 맞게 배열하는 문제 유형이다.

유형 특징
① 3~5단락 정도의 지문이 순서가 맞지 않은 상태로 제시된다.
② 글에 개요를 제시하고 그에 따라 각 챕터의 내용을 찾는 형태로 출제되거나, 지문의 앞이나 뒤에 올 단락을 찾는 형태로 출제되기도 한다.

풀이 전략
① 지문을 읽기 전에 선택지를 먼저 보고 대강의 단락 순서를 파악한다.
② 선택지에서 확인한 순서에 맞춰 전체적인 글의 맥락이 맞는지 확인한다.
③ 글의 방향을 잡기 위해 문장 간의 흐름을 알려주는 접속사나 지시어 등에 주목한다.

01 (가) ~ (라)를 맥락에 따라 가장 자연스럽게 배열한 것은?

2024년 국가직 9급 1번

약물은 질병을 치료하거나 예방할 목적으로 사용되는 의약품이다. 우리 주변에는 약물이 오남용되는 경우가 있다.

(가) 더구나 약물은 내성이 있어 이전보다 더 많은 양을 사용하기 마련이므로 피해는 점점 커지게 된다.
(나) 오남용은 오용과 남용을 합친 말로서 오용은 본래 용도와 다르게 사용하는 일, 남용은 함부로 지나치게 사용하는 일을 가리킨다.
(다) 그러므로 약물을 사용할 때는 반드시 의사나 약사와 상의하고 설명서를 확인하여 목적에 맞게 적정량을 사용해야 한다.
(라) 약물을 오남용하면 신체적 피해는 물론 정신적 피해를 입을 수 있다.

① (나) - (다) - (라) - (가)
② (나) - (라) - (가) - (다)
③ (라) - (가) - (나) - (다)
④ (라) - (다) - (나) - (가)

난이도 ★★☆☆☆

핵심 포인트
첫 단락이 제시되어 있으므로 뒤의 문단을 배열하기 위한 연결고리인 핵심적인 단서를 찾는 데에 주목한다.

오답 분석
첫 번째 단락에 '약물이 오남용되는 경우가 있다'고 얘기하고 있고, (나)에 '오남용'에 대한 개념 정의가 제시되어 있으므로 첫 번째 순서로 올 단락은 (나)가 적절하다. 그리고 (라)와 (가)에는 약물 오남용의 피해에 대해 언급하고 있는데, (가) 앞에 '더구나'라는 표현이 있으므로 (라), (가) 순서로 제시되는 것이 적절하다. (다)는 '그러므로'로 시작하여 최종적인 결론을 제시하고 있으므로 마지막에 오는 것이 적절하다.

정답 ②

02 (가) ~ (다)를 맥락에 맞게 순서대로 나열한 것은?

출제기조 전환 예시 2차 7번

> 북방에 사는 매는 덩치가 크고 사냥도 잘한다. 그래서 아시아에서는 몽골 고원과 연해주 지역에 사는 매들이 인기가 있었다.
>
> (가) 조선과 일본의 단절된 관계는 1609년 기유조약이 체결되면서 회복되었다. 하지만 이때는 조선과 일본이 서로를 직접 상대했던 것이 아니라 두 나라 사이에 끼어 있는 대마도를 매개로 했다. 대마도는 막부로부터 조선의 외교·무역권을 위임받았고, 조선은 그러한 대마도에게 시혜를 베풀어줌으로써 일본과의 교린 체계를 유지해 나가려고 했다.
>
> (나) 일본에서 이 북방의 매에 접근할 수 있는 길은 한반도를 통하는 것 외에는 없었다. 그래서 한반도와 일본 간의 교류에 매가 중요한 물품으로 자리 잡았던 것이다. 하지만 임진왜란으로 인하여 교류는 단절되었다.
>
> (다) 이러한 외교관계에 매 교역이 자리하고 있었다. 대마도는 조선과의 공식적, 비공식적 무역을 통해서도 상당한 이익을 취했다. 따라서 조선 후기에 이루어진 매 교역은 경제적인 측면과 정치·외교적인 성격이 강했다.

① (가) - (다) - (나)
② (나) - (가) - (다)
③ (나) - (다) - (가)
④ (다) - (나) - (가)

핵심 포인트 난이도 ★★☆☆☆

첫 단락이 제시되어 있으므로 뒤의 문단을 배열하기 위한 연결고리인 핵심적인 단서를 찾는 데에 주목한다.

오답 분석

첫 번째 단락에 '북방에 사는 매'에 대한 설명이 있고, 이 '북방에 사는 매'에 대한 얘기가 (나)에 제시되어 있으므로 첫 번째 순서로 올 단락은 (나)가 적절하다. (나)의 마지막 부분에 제시된 임진왜란으로 인하여 교류가 단절된 것에 대해 (가)에서 서술하고 있으므로 (나) 다음에 올 단락으로 적절한 것은 (가)이다. (다)는 (가)에서 언급한 외교관계에 대해 설명하고 있으므로 마지막에 위치하는 것이 가장 적절하다.

정답 ②

03 (가)~(라)를 맥락에 맞추어 가장 적절하게 나열한 것은?

2025년 국가직 9급 6번

> (가) 그 원리를 알려면 LCD와 OLED의 차이를 이해해야 한다. LCD는 다른 조명 장치의 도움을 받아 시각적 효과를 낸다. 다시 말해 스스로 빛을 내지 못한다는 것이다. 따라서 LCD는 화면 뒤에 빛을 공급하는 백라이트가 필요하다는 특성을 갖는다.
>
> (나) 자유롭게 말았다 펼 수 있는 '롤러블 TV'가 개발되었다. 평소에는 말거나 작게 접어서 간편하게 가지고 다니다가 필요할 때 펴서 사용하는 태블릿이나 노트북이 상용화될 날도 머지않았다. 기존에 우리가 생각하는 텔레비전 화면이나 모니터는 평평하고 딱딱한 것인데, 어떻게 접거나 말 수 있을까?
>
> (다) OLED 기술은 모양을 자유롭게 변형할 수 있는 모니터 개발을 가능하게 하였다. 딱딱한 유리 대신에 쉽게 휘어지는 특수 유리나 플라스틱을 이용함으로써 둥글게 말았다가 펼 수 있는 화면을 생산할 수 있게 된 것이다.
>
> (라) 반면 OLED는 화소 단위로 빛의 삼원색을 내는 유기 반도체로 구성되어 있어 스스로 빛을 낼 수 있다. OLED 제품은 화면 뒤에 백라이트를 설치할 필요가 없기 때문에 얇게 만들 수도 있고 특수 유리나 플라스틱으로 제작할 수도 있다.

① (나) - (가) - (다) - (라)
② (나) - (가) - (라) - (다)
③ (다) - (가) - (라) - (나)
④ (다) - (나) - (라) - (가)

핵심 포인트 난이도 ★★★☆☆

문단을 배열하기 위해서 앞뒤 문단을 연결해주는 핵심적인 단서를 찾아 내용의 흐름을 잡는 데에 주목한다.

오답 분석

(나)에 '롤러블 TV'의 개념 정의가 제시되고, '기존에 우리가 생각하는 텔레비전 화면이나 모니터는 평평하고 딱딱한 것인데, 어떻게 접거나 말 수 있을까?'라는 문제 제기 부분이 제시되어 있으므로 가장 첫 단락으로 적절하다. (나)에서 롤러블 TV의 원리에 대해 묻고 있으므로 '그 원리를 알려면'으로 답변이 시작되는 (가)가 (나) 다음으로 오는 것이 적절하다. (가)에서는 LCD와 OLED의 차이를 언급하며 LCD에 대해 설명하고 있으므로 그 뒤에는 OLED를 비교해 설명하고 있는 (라)가 오는 것이 적절하다. 그리고 마지막으로는 OLED 기술이 롤러블 TV의 원리임을 말하고 있는 (다)가 오는 것이 적절하다.

정답 ②

04 (가)~(라)를 맥락에 맞추어 가장 적절하게 나열한 것은?

2025년 지방직 9급 6번

> (가) 픽셀 단위로 수치화된 이미지 데이터는 하나의 긴 데이터 형태로 컴퓨터에 저장된다. 초기 컴퓨터의 경우 흑백만 표현할 수 있었기 때문에 이미지는 하나의 픽셀에 대해 흑과 백이 0과 1로 표현되는 1비트로 저장되었다.
> (나) 높은 해상도의 구현은 데이터 저장 용량의 문제를 일으켰고, 용량을 줄이기 위한 여러 방법도 함께 고안되었다. 이를 통해 고해상도의 이미지도 웹사이트를 비롯한 다양한 분야에서 활발하게 사용할 수 있게 되었다.
> (다) 컴퓨터에서 이미지를 처리하기 위해서는 아날로그 영상 신호를 디지털로 변환하는 과정을 거쳐야 한다. 이미지를 디지털로 저장하는 가장 기본적인 방법은 픽셀 단위로 수치화하여 저장하는 것이다.
> (라) 하지만 현재는 컴퓨터 비전 기술이 발달하면서 하나의 픽셀에 여러 색상의 정보를 담게 되었다. 초기 색상 표현은 하나의 픽셀이 흑과 백의 1비트였으나, 최근에는 높은 해상도를 구현하기 위해 픽셀 하나에 32비트까지 사용한다.

① (나) - (가) - (라) - (다)
② (나) - (다) - (가) - (라)
③ (다) - (가) - (라) - (나)
④ (다) - (라) - (가) - (나)

핵심 포인트

난이도 ★★★☆☆

문단을 배열하기 위해서 앞뒤 문단을 연결해주는 핵심적인 단서를 찾아 내용의 흐름을 잡는 데에 주목한다.

오답 분석

(다)에서 이미지를 디지털로 저장하는 가장 기본적인 방법은 픽셀 단위로 수치화하여 저장하는 것이라고 얘기하고 있고, 이 '픽셀 단위로 수치화된 이미지 데이터'에 대한 설명이 (가)에 제시되어 있으므로 (다) 다음에 (가)가 오는 것이 적절하다. (가)에는 '픽셀 단위로 수치화된 이미지 데이터'에 대해 '초기 컴퓨터의 경우'를 얘기하고 있고, (라)에는 '현재'의 상황이 제시되어 있으므로 (가) 다음에 (라)가 오는 것이 적절하다. (라)의 마지막 문장에서 '최근에는 높은 해상도를 구현'하기 위한 방법이 제시되어 있고, (나)에는 그 방법의 문제점과 해결 방안이 제시되어 있다. 따라서 (라) 다음에 (나)가 오는 것이 적절하다.

정답 ③

05 문맥상 다음 글에 이어질 내용으로 가장 적절한 것은?

2015년 민간경력자 채용 2번 변형

> 테레민이라는 악기는 손을 대지 않고 연주하는 악기이다. 이 악기를 연주하기 위해 연주자는 허리 높이쯤에 위치한 상자 앞에 선다. 연주자의 오른손은 상자에 수직으로 세워진 안테나 주위에서 움직인다. 오른손의 엄지와 집게손가락으로 고리를 만들고 손을 흔들면서 나머지 손가락을 하나씩 펴면 안테나에 손이 닿지 않고서도 음이 들린다. 이때 들리는 음은 피아노 건반을 눌렀을 때 나는 것처럼 정해진 음이 아니고 현악기를 연주하는 것과 같은 연속음이며, 소리는 손과 손가락의 움직임에 따라 변한다. 왼손은 손가락을 펼친 채로 상자에서 수평으로 뻗은 안테나 위에서 서서히 오르내리면서 소리를 조절한다.
>
> 오른손으로는 수직 안테나와의 거리에 따라 음고(音高)를 조절하고 왼손으로는 수평 안테나와의 거리에 따라 음량을 조절한다. 따라서 오른손과 수직 안테나는 음고를 조절하는 회로에 속하고 왼손과 수평 안테나는 음량을 조절하는 또 다른 회로에 속한다. 이 두 회로가 하나로 합쳐지면서 두 손의 움직임에 따라 음고와 음량을 변화시킬 수 있다.
>
> 어떻게 테레민에서 다른 음고의 음이 발생되는지 알아보자. 음고를 조절하는 회로는 가청주파수 범위 바깥의 주파수를 갖는 서로 다른 두 개의 음파를 발생시킨다. 이 두 개의 음파 사이에 존재하는 주파수의 차이값에 의해 가청주파수를 갖는 새로운 진동이 발생하는데 그것으로 소리를 만든다. 가청주파수 범위 바깥의 주파수 중 하나는 고정된 주파수를 갖고 다른 하나는 연주자의 손 움직임에 따라 주파수가 바뀐다. 이렇게 발생한 주파수의 변화에 의해 진동이 발생되고 이 진동의 주파수는 가청주파수 범위 내에 있기 때문에 그 진동을 증폭시켜 스피커로 보내면 소리가 들린다.

① 수직 안테나에 손이 닿으면 소리가 발생하는 원리
② 왼손의 손가락의 모양에 따라 음고가 바뀌는 원리
③ 수평 안테나와 왼손 사이의 거리에 따라 음량이 조절되는 원리
④ 음고를 조절하는 회로에서 가청주파수의 진동이 발생하는 원리

난이도 ★★★☆☆

핵심 포인트
지문 다음에 이어질 내용을 추론해야 하므로 지문의 단락별 흐름과 전체적인 글의 구조에 주목한다.

오답 분석
두 번째 단락에서 오른손으로 음고를 조절하고, 왼손으로 음량을 조절한다는 내용이 있고, 세 번째 단락에서 오른손으로 음고를 조절하는 원리가 구체적으로 제시되어 있으므로, 이어질 네 번째 단락에서는 왼손으로 음량이 조절되는 원리가 제시될 것임을 알 수 있다.

정답 ③

해커스공무원 조은정 암기없는 국어 **유형별 기출 200제**

부록

기출 변형 모의고사

공무원 시험 전문 해커스공무원
gosi.Hackers.com

1회 기출 변형 모의고사
2회 기출 변형 모의고사

기출 변형 모의고사

제한시간: 20분   시작: 시   분 ~ 종료: 시   분   점수 확인: / 20개

01 <공공언어 바로 쓰기 원칙>에 따라 <공문서>의 ㉠ ~ ㉣을 수정한 것으로 적절하지 않은 것은?

2025년 국가직 9급 1번

공공언어 바로 쓰기 원칙
○ 생소한 외래어나 외국어는 우리말로 다듬을 것.
○ 주어와 서술어의 관계를 명확하게 표현할 것.
○ 문맥에 맞는 정확한 어휘를 사용할 것.
○ 지나친 명사 나열을 피하고 적절한 조사와 어미를 활용하여 문장을 구성할 것.

공문서
　　　　　　　　□□개발연구원
수신　수신처 참조
제목　종합 성과 조사 협조 요청

1. 귀 기관의 무궁한 발전을 기원합니다.
2. 본원은 디지털 교육 ㉠마스터플랜 수립을 위해 종합 성과 조사를 실시합니다. 본 조사의 대상은 지난 3년간 □□개발연구원의 주요 사업을 수행한 ㉡기업을 대상으로 합니다.
3. 별도의 전문 평가 기관에 조사를 ㉢위탁하며, 이 조사 결과를 바탕으로 ㉣학교 현장 교수 학습 환경 개선 정책 개발 및 디지털 교육 문화를 정착시키는 데에 기여하고자 합니다. 귀 기관의 협조를 부탁드립니다.

① ㉠: 기본 계획
② ㉡: 기업입니다
③ ㉢: 수주하며
④ ㉣: 학교 현장의 교수 학습 환경을 개선하는 정책을 개발하고

02 다음 글의 빈칸에 들어갈 진술로 가장 적절한 것은?

2018년 민간경력자 채용 19번 변형

모두가 서로를 알고 지내는 작은 규모의 사회에서는 거짓이나 사기가 번성할 수 없다. 반면 그렇지 않은 사회에서는 누군가를 기만하여 이득을 보는 경우가 많이 발생한다. 이런 현상이 발생하는 이유를 확인하는 연구가 이루어졌다. A 교수는 그가 마키아벨리아니즘이라고 칭한 성격 특성을 지닌 사람을 판별하는 검사를 고안해냈다. 이 성격 특성은 다른 사람을 교묘하게 이용하고 기만하는 능력을 포함한다. 그의 연구는 사람들 중 일부는 다른 사람들을 교묘하게 이용하거나 기만하여 자기 이익을 챙긴다는 사실을 보여준다. 수백 명의 학생을 대상으로 한 조사에서, 마키아벨리아니즘을 갖는 것으로 분류된 학생들은 대체로 대도시 출신임이 밝혀졌다.

위 연구들이 보여주는 바를 대도시 사람들의 상호작용을 이해하기 위해 확장시켜 보자. 일반적으로 낯선 사람들이 모여 사는 대도시에서는 자기 이익을 위해 다른 사람을 이용하는 성향을 지닌 사람이 많다고 생각하기 쉽다. 대도시 사람들은 모두가 사기꾼처럼 보인다는 주장이 일리 있게 들리기도 한다. 그러나 다른 사람들의 협조 성향을 이용하여 도움을 받으면서도 다른 사람에게 도움을 주지 않는 사람이 존재하기 위해서는 일정한 틈새가 만들어져 있어야 한다. ☐☐☐☐☐☐☐ 때문에 이 틈새가 존재할 수 있는 것이다. 이는 기생 식물이 양분을 빨아먹기 위해서는 건강한 나무가 있어야 하는 것과 같다. 나무가 건강을 잃게 되면 기생 식물 또한 기생할 터전을 잃게 된다. 그렇다면 어떤 의미에서는 모든 사람들이 사기꾼이라는 냉소적인 견해는 낯선 사람과의 상호작용을 잘못 이해한 것이다. 모든 사람들이 사기꾼이라면 사기를 칠 가능성도 사라지게 된다고 이해하는 것이 맞다.

① 대도시라는 환경적 특성
② 인간은 사회를 필요로 하기
③ 많은 사람들이 진정으로 협조하기
④ 많은 사람들이 이기적 동기에 따라 행동하기

03 다음 글의 ㉠~㉣에 들어갈 내용에 대한 설명으로 가장 적절한 것은? 2021년 국가직 7급 17번 변형

○○도는 2022년부터 '공공 기관 통합 채용' 시스템을 운영하여 공공 기관의 채용에 대한 체계적 관리와 비리 발생 예방을 도모할 계획이다. 기존에는 ○○도 산하 공공 기관들이 채용 전(全) 과정을 각기 주관하여 시행하였으나, 2022년부터는 ○○도가 채용 과정에 참여하기로 하였다. ○○도와 산하 공공 기관들이 '따로, 또 같이'하는 통합 채용을 통해 채용 과정의 투명성을 확보하고 기관별 특성에 맞는 인재 선발을 용이하게 하려는 것이다.

○○도는 채용 공고와 원서 접수를 하고 필기시험을 주관한다. 나머지 절차는 ○○도 산하 공공 기관이 주관하여 서류 심사 후 면접시험을 거쳐 합격자를 발표한다. 기존 채용 절차에서 서류 심사에 이어 필기시험을 치던 순서를 맞바꾸었는데, 이는 지원자에게 응시 기회를 확대 제공하기 위해서이다. 절차 변화에 대한 지원자의 혼란을 줄이기 위해 기존의 나머지 채용 절차는 그대로 유지하였다. 또 ○○도는 기존의 필기시험 과목인 영어·한국사·일반상식을 국가직무능력표준 기반 평가로 바꾸어 기존과 달리 실무 능력을 평가해서 인재를 선발할 수 있도록 제도를 보완하였다. ○○도는 이런 통합 채용 절차를 알기 쉽게 기존 채용 절차와 개선 채용 절차를 비교해서 도표로 나타내었다.

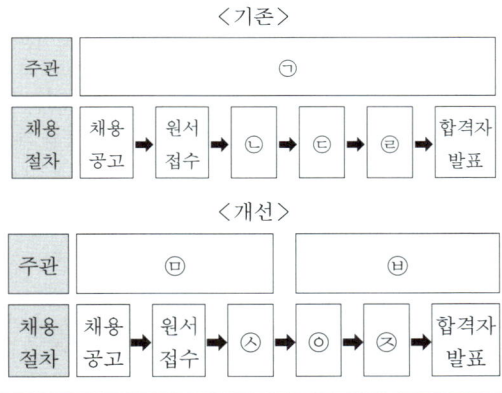

① ㉠과 같은 주관 기관이 들어가는 것은 ㉥이 아니라 ㉤이다.
② ㉡과 ㉧에는 같은 채용 절차가 들어간다.
③ ㉢과 ㉦에서 지원자들이 평가받는 능력은 같다.
④ ㉣을 주관하는 기관과 ㉨을 주관하는 기관은 다르다.

04 다음 중 ㉠에 해당하는 사례로 적절한 것은? 2025년 지방직 9급 3번

하나의 단어는 하나의 품사에 속하는 것이 일반적이지만 어떤 단어는 두 가지 이상의 품사에 속할 수 있다. 예를 들어 '밝다'의 경우 '날이 밝았다.'에서는 '밤이 지나고 환해지며 새날이 오다'라는 의미의 동사이지만, '햇살이 밝은 날'에서는 '불빛 따위가 환하다'라는 의미의 형용사이다. 이렇듯 하나의 단어가 둘 이상의 품사로 사용되는 것을 품사 통용이라고 한다. 품사 통용은 동음이의 현상과 구별된다. 즉 품사 통용은 서로 관련된 두 의미가 같은 형태로 나타난 것인 반면, ㉠동음이의 현상은 먹는 '배'와 타는 '배'가 구별되는 것과 같이 서로 무관한 두 의미가 우연히 같은 형태로 나타난 것이다.

① 그는 여러 문화를 비교적 관점에서 연구했다. / 삼촌은 교통이 비교적 편리한 곳에 산다.
② 내가 언니보다 키가 더 크다. / 이번 여름에는 비가 많이 와서 마당의 풀이 잘 큰다.
③ 오늘이 드디어 기다리던 시험일이다. / 친구는 국립 박물관에 오늘 갈 것이라 한다.
④ 나는 어제 산 모자를 쓰고 나갔다. / 형님은 시를 쓰고 누님은 그림을 그렸다.

05 다음 글의 흐름에 맞지 않는 곳을 ㉠~㉣에서 찾아 수정할 때 가장 적절한 것은?

2021년 민간경력자 채용 6번 변형

에르고딕 이론에 따르면 그룹의 평균을 활용해 개인에 대한 예측치를 이끌어낼 수 있는데, 이를 위해서는 다음의 두 가지 조건을 먼저 충족해야 한다. 첫째는 그룹의 모든 구성원이 ㉠ 질적으로 동일해야 하며, 둘째는 그 그룹의 모든 구성원이 미래에도 여전히 동일해야 한다는 것이다. 특정 그룹이 이 두 가지 조건을 충족하면 해당 그룹은 '에르고딕'으로 인정되면서, ㉡ 그룹의 평균적 행동을 통해 해당 그룹에 속해 있는 개인에 대한 예측을 이끌어낼 수 있다.

그런데 이 이론에 대해 심리학자 몰레나는 다음과 같은 설명을 덧붙였다. "그룹 평균을 활용해 개인을 평가하는 것은 인간이 모두 동일하고 변하지 않는 냉동 클론이어야만 가능하겠지요? 그런데 인간은 냉동 클론이 아닙니다." 그런데도 등급화와 유형화 같은 평균주의의 결과물들은 정책 결정의 과정에서 중요한 근거로 쓰였다. 몰레나는 이와 같은 위험한 가정을 '에르고딕 스위치'라고 명명했다. 이는 평균주의의 유혹에 속아 집단의 평균에 의해 개인을 파악함으로써 ㉢ 실재하는 그룹 간 편차를 모조리 무시하게 되는 것을 의미한다. 지금 타이핑 실력이 뛰어나지 않은 당신이 타이핑 속도의 변화를 통해 오타를 줄이고 싶어 한다고 가정해 보자. 평균주의식으로 접근할 경우 여러 사람의 타이핑 실력을 측정한 뒤에 평균 타이핑 속도와 평균 오타 수를 비교하게 된다. 그 결과 평균적으로 타이핑 속도가 더 빠를수록 오타 수가 더 적은 것으로 나타났다고 하자. 이때 평균주의자는 당신이 타이핑의 오타 수를 줄이고 싶다면 ㉣ 타이핑을 더 빠른 속도로 해야 한다고 말할 것이다. 바로 여기가 '에르고딕 스위치'에 해당하는 지점인데, 사실 타이핑 속도가 빠른 사람들은 대체로 타이핑 실력이 뛰어난 편이며 그만큼 오타 수는 적을 수밖에 없다.

① ㉠을 '질적으로 다양해야 하며'로 고친다.
② ㉡을 '개인의 특성을 종합하여 집단의 특성에 대한 예측'으로 고친다.
③ ㉢을 '실재하는 개인적 특성을 모조리 무시'로 고친다.
④ ㉣을 '타이핑을 더 느린 속도로 해야 한다'로 고친다.

06 다음 글의 내용 흐름상 가장 적절한 문단 배열의 순서는?

2018년 민간경력자 채용 12번 변형

(가) 회전문의 축은 중심에 있다. 축을 중심으로 통상 네 짝의 문이 계속 돌게 되어 있다. 마치 계속 열려 있는 듯한 착각을 일으키지만, 사실은 네 짝의 문이 계속 안 또는 밖을 차단하도록 만든 것이다. 실질적으로는 열려 있는 순간 없이 계속 닫혀 있는 셈이다.

(나) 문은 열림과 닫힘을 위해 존재한다. 이 본연의 기능을 하지 못한다는 점에서 계속 닫혀 있는 문이 무의미하듯이, 계속 열려 있는 문 또한 그 존재 가치와 의미가 없다. 그런데 현대 사회의 문은 대부분의 경우 닫힌 구조로 사람들을 맞고 있다. 따라서 사람들을 환대하는 것이 아니라 박대하고 있다고 할 수 있다. 그 대표적인 예가 회전문이다. 가만히 회전문의 구조와 그 기능을 머릿속에 그려보라. 그것이 어떤 식으로 열리고 닫히는지 알고는 놀랄 것이다.

(다) 회전문은 인간이 만들고 실용화한 문 가운데 가장 문명적이고 가장 발전된 형태로 보일지 모르지만, 사실상 열림을 가장한 닫힘의 연속이기 때문에 오히려 가장 야만적이며 가장 미개한 형태의 문이다.

(라) 또한 회전문을 이용하는 사람들은 회전문의 구조와 운동 메커니즘에 맞추어야 실수 없이 문을 통과해 안으로 들어가거나 밖으로 나올 수 있다. 어린아이, 허약한 사람, 또는 민첩하지 못한 노인은 쉽게 그것에 맞출 수 없다. 더구나 휠체어를 탄 사람이라면 더 말할 나위도 없다. 이들에게 회전문은 문이 아니다. 실질적으로 닫혀 있는 기능만 하는 문은 문이 아니기 때문이다.

① (가) - (나) - (라) - (다)
② (가) - (라) - (나) - (다)
③ (나) - (가) - (라) - (다)
④ (나) - (다) - (라) - (가)

[07~08] 다음 글을 읽고 물음에 답하시오.

경제적으로 보면 우리의 삶은 끊임없이 무언가를 소비한다. 의식주 같은 기본 생활에 더해 문화생활과 사회 활동도 소비를 떼어 놓고 생각할 수 없다. 소비되는 것을 흔히 '상품'이라고 부르지만 실은 '재화'라고 해야 하는데, 재화는 소비를 목적으로 하고 상품은 시장에서의 판매를 목적으로 한다는 점에서 구분되기 때문이다. 이렇게 볼 때 재화는 인류 역사상 늘 있었지만, 상품은 자본주의 시대에 이르러 출현하였다.

냉전 시대에는 다음과 같은 말이 있었다. "자본주의에서는 상인이 최고이고, 사회주의에서는 공직자가 최고이다." 자본주의는 자유경쟁을 기본으로 하기에 ㉠ 물건을 싸게 사서 비싸게 파는 상인이 돈을 가장 많이 벌 수 있으며, 사회주의는 관료제의 폐해로 국가 기관이 부패해서 고위 관료라든가 고급 당원이 배불리 먹고산다는 의미이다.

자본주의의 역사를 볼 때 이 말은 사실에 가깝다. 자본주의는 애초부터 상업의 발달과 밀접한 관계가 있었다. 중세의 상인들이 물건을 시장에 팔아 이윤을 얻기 위해 수공업자들을 조직하여 그들에게 자본과 도구를 빌려주고 물건을 대신 생산하게 한 데에서 자본주의가 출발하였다. 이처럼 자본주의는 ㉡ 상품에 기초한 사회로, 상품은 그것이 판매될 수 있는 시장을 전제로 생산되는 것이기 때문에 시장이 형성되어 있지 않다면 상품도 존재할 수 없다. 목수가 ㉢ 집에서 쓰기 위해 만든 의자와 시장에 팔기 위해 만든 의자는 동일한 의자임에도 재화와 상품의 관점에서 볼 때 서로 다르다.

이와 같이 상품에는 생산과 유통이라는 두 가지 측면이 있다. ㉣ 자본주의 사회에서 생산되는 물품의 유통을 맡은 사람이 바로 상인이다. "자본주의에서는 상인이 최고이다."라는 말은 만드는 이에 비해서 파는 이가 더 많은 이익을 남긴다는 뜻이다. 자본주의화가 진행될수록 전자와 후자 사이의 차이는 더 커진다. 기술 혁신이 이루어져 상품을 생산하는 과정은 갈수록 단순해지고 상품의 대량생산은 쉬워지는 반면, 유통의 경우 상품과 최종 소비자 사이의 관계가 갈수록 복잡해지므로 생산에 비해 우회로를 더 많이 거치게 된다. 따라서 자본주의가 성숙할수록 제조업의 이윤은 적어지고 유통업의 이윤은 많아진다.

07 윗글에서 추론한 내용으로 가장 적절한 것은?

① 사회주의에서는 유통이 생산보다 중요하다.
② 상품이 존재한다는 것은 시장이 형성되어 있다는 것이다.
③ 자본주의가 성숙할수록 제조업과 유통업의 이윤 차이는 줄어든다.
④ 중세의 상인들은 물건의 생산 단가를 낮추기 위해 시장에 팔 물건을 손수 생산하였다.

08 윗글의 ㉠~㉣ 중 문맥상 의미가 나머지와 다른 하나는?

① ㉠
② ㉡
③ ㉢
④ ㉣

[09~10] 다음 글을 읽고 물음에 답하시오.

　조선 시대 소설은 표기 문자에 따라 한자로 ㉠ 표기한 한문소설과 한글로 표기한 한글소설, 두 가지로 나뉜다. 한문소설은 중국에서 들어온 한문소설, 조선에서 창작한 한문소설, 조선의 한글소설을 ㉡ 번역한 한문소설로 나뉜다. 그리고 한글소설은 중국소설을 번역한 한글소설, 조선에서 창작한 한문소설을 번역한 한글소설, 조선에서 창작한 한글소설로 나뉜다. 조선 시대에 많은 한글소설이 창작되어 읽혔지만, 이를 저급한 오락물로 여겼던 당대의 지식인들은 한글소설을 외면했으므로 그에 관해 ㉢ 기록한 문헌을 거의 남기지 않았다. 반면에 이들은 한문소설, 특히 중국에서 들어온 한문소설을 즐겨 읽고 이에 관한 많은 기록을 남겼다.
　중국에서 들여온 한문소설은 조선에서도 인쇄된 책으로 읽혔기 때문에 필사본이 거의 없다. 이와 대조적으로 조선에서 창작한 한문소설은 필사본으로 유통되었다. 조선의 필사본 소설은 뚜렷한 특징을 보이는데, 한문소설을 ㉣ 필사한 경우는 이본별 내용 차이가 거의 없는 반면 한글소설을 필사한 경우는 그렇지 않다는 점이다. 한글소설은 같은 제목의 소설이라도 내용이 상당히 다른 다양한 이본이 있었다. 이는 한문소설의 독자는 문자 그대로 독자였던 것에 비하여 한글소설의 독자는 독자이면서 이야기를 개작하는 작자이기도 했기 때문이다. 한자에 비해 한글은 익히기 쉽고 그만큼 쓰기도 편해서 한글소설의 필사자는 내용을 바꾸고 싶다는 의지가 있다면 쉽게 바꿀 수 있었다. 한글소설은 인쇄본이 아니라 필사본으로 많이 유통되었기 때문에 (가) 옮겨 쓰는 과정에서 다양한 이본이 생겨났다.
　조선 시대 소설을 이해하는 데 있어서 소설을 표기한 문자는 무엇보다 중요하다. 표기 문자는 소설의 종류를 나누는 기준이 되었을 뿐만 아니라, 소설의 감상 및 유통, 이본 생산에 직접적인 영향을 미쳤다.

09 윗글에서 추론한 내용으로 가장 적절한 것은?

① 조선 시대의 소설은 한글소설보다 한문소설의 종류가 훨씬 다양했다.
② 조선 시대의 지식인들은 조선에서 창작한 한문소설을 저급한 오락물로 여겼다.
③ 한자로 필사할 때보다 한글로 필사할 때 필사자의 의견이 반영되어 개작되기 쉬웠다.
④ 조선의 필사본 소설 중 한문소설을 필사한 것은 소수였고 한글소설을 필사한 것이 대부분이었다.

10 윗글의 ㉠~㉣ 중 문맥상 (가)의 의미와 가장 가까운 것은?

① ㉠　　　　　　　　② ㉡
③ ㉢　　　　　　　　④ ㉣

[11~12] 다음 글을 읽고 물음에 답하시오.

이광수와 김동인은 한국 근대 문학 초기의 대표적인 소설가로, 이 둘의 작품은 표준어와 사투리의 사용에서 두드러진 차이를 보인다. 이광수의 대표작 「무정」에서는 작중 배경과 등장인물의 출신지가 서울이 아닌데도 인물들이 주고받는 대화가 표준어로 되어 있다. 반면 김동인의 대표작 「배따라기」에서 인물들의 대화는 출신지와 작중 배경에 ㉠ 맞는 사투리로 이루어진다. 작품의 리얼리티를 얼마나 잘 구현했는가를 기준으로 본다면, 「무정」보다 「배따라기」가 더 뛰어나다고 볼 수 있다.

그러나 이광수의 「무정」을 리얼리티의 구현 정도를 기준으로 낮잡아 평가하는 것은 곤란하다. 근대 국민 국가 형성 과정에서 다양한 지방의 사투리를 통일하는 것은 중요한 화두였다. 이로 인해 표준어와 사투리의 위계가 공고해졌다. 당대의 지식인들은 표준어가 교양, 문화, 지식, 과학, 공적 영역 등의 근대적 가치를 나타내는 것으로, 사투리는 야만, 비문화, 무지, 비과학, 사적 영역 등의 전근대적인 가치를 ㉡ 나타내는 것으로 인식하였다. 이광수가 계몽주의 신봉자였음을 ㉢ 떠올리면, 그가 「무정」에서 표준어를 사용한 것은 근대적 가치를 실현하기 위한 의도적인 선택이었다.

이처럼 표준어의 사용은 작가의 의도를 드러내는 기능을 한다. 이는 현대 문학 안에서도 찾아볼 수 있다. 박경리의 「토지」에서 대부분의 인물들은 경상도나 함경도 사투리를 사용한다. 하지만 주인공 '서희'는 사투리를 구사하지 않는다. 이는 작품의 리얼리티 형성에 방해가 되지만 해당 인물의 고고함과 차가움을 드러내는 데에 더할 수 없이 적절한 기능을 한다. 「토지」에 사용된 표준어는 인물의 성격을 ㉣ 뚜렷하게 보여 주는 효과를 지닌다.

11 윗글을 이해한 내용으로 가장 적절한 것은?

2025년 지방직 9급 10번

① 「배따라기」는 표준어를 사용하여 작품의 리얼리티를 확보하였다.
② 「무정」에는 근대적 가치의 실현과 관련된 작가의 의도가 담겨 있다.
③ 「토지」는 '서희'의 사투리 사용을 통해 작품의 리얼리티를 구현하였다.
④ 작품의 리얼리티를 기준으로 할 때, 「무정」이 「배따라기」보다 더 뛰어나다.

12 윗글의 ㉠~㉣과 바꿔 쓸 수 있는 유사한 표현으로 적절하지 않은 것은?

2025년 지방직 9급 11번

① ㉠: 영합(迎合)하는
② ㉡: 표상(表象)하는
③ ㉢: 상기(想起)하면
④ ㉣: 분명(分明)하게

13 다음 글의 내용과 부합하는 것은?

2020년 민간경력자 채용 2번 변형

조선 시대에는 각 고을에 '유향소'라는 기구가 있었다. 이 기구는 해당 지역의 명망가들로 구성되어 있으며, 지방관을 보좌하고 아전을 감독하는 역할을 했다. 유향소는 그 회원들의 이름을 '향안'이라는 책자에 기록해 두었다. 향안에 이름이 오른 사람은 유향소의 장(長)인 좌수 혹은 별감을 선출하는 선거에 참여할 수 있었고, 유향소가 개최하는 회의에 참석해 지방 행정에 관한 의견을 개진할 수 있었다. 또 회원 자격을 획득한 후 일정한 기간이 지나면 좌수와 별감으로 뽑힐 수도 있었다.

향안에 이름이 오르는 것을 '입록'이라고 불렀다. 향안에 입록되는 것은 당시로서는 큰 영예였다. 16세기에 대부분의 유향소는 부친, 모친, 처가 모두 그 지역 출신이어야 향안에 입록될 수 있도록 했는데, 이 조건을 '삼향'이라고 불렀다. 그런데 당시에는 멀리 떨어진 고을의 가문과 혼인 관계를 맺는 일이 잦아 삼향의 조건을 갖춘 사람은 드물었다. 유향소가 이 조건을 고수한다면 전국적인 명망가라고 하더라도 유향소 회원이 되기 어려웠다. 이런 까닭에 삼향이라는 조건을 거두어들이는 유향소가 늘어났다. 그 결과 17세기에는 삼향의 조건을 갖추지 않았다는 이유로 향안 입록을 거부하는 유향소가 크게 줄었다.

한편 서얼이나 상민과 혼인한 사람은 어떤 경우라도 향안에 입록될 수 없었고, 이 규정이 사라진 적도 없었다. 향안에 들어가고자 하는 사람은 기존 유향소 회원들의 동의도 받아야 했다. 향안 입록 신청자가 생기면 유향소 회원들은 한 곳에 모여 투표를 해 허용 여부를 결정했다. 입록 신청자를 받아들일지 결정하는 투표를 '권점'이라고 불렀다. 권점을 통과하기 위해서는 일정한 비율 이상의 찬성표가 나와야 했다. 이 때문에 향안에 이름을 올리려는 자는 평소 나쁜 평판이 퍼지지 않게 행실에 주의를 기울였다.

① 향안에 입록된 사람은 해당 지역 유향소의 별감이나 좌수를 뽑는 데 참여할 수 있었다.
② 각 지역 유향소들은 아전의 부정행위를 막기 위해 17세기에 향안 입록 조건을 완화하였다.
③ 유향소 회의에 참여할 자격을 얻기 위해서는 향안에 입록된 후에 다시 권점을 통과해야 하였다.
④ 16세기에는 서얼 가문과 혼인한 사람이 향안에 입록될 수 없었으나, 17세기에는 입록될 수 있었다.

14 다음 글에서 추론할 수 있는 것은?

2024년 국가직 7급 16번 변형

사람의 근육 운동은 근육 세포의 수축과 이완이 반복되면서 일어나며, 근육 세포의 수축과 이완이 정상적으로 일어나지 않으면 근육 마비가 일어난다. 근육 세포의 수축과 이완은 근육 세포와 인접해 있는 운동 신경 세포에서 아세틸콜린의 방출을 조절함으로써 일어날 수 있다.

운동 신경 세포에 작용하는 신호에 의해 운동 신경 세포에서 아세틸콜린이 방출된다. 방출된 아세틸콜린은 근육 세포의 막에 있는 아세틸콜린 결합 단백질에 결합하고 이 근육 세포가 수축되게 한다. 뇌의 운동피질에서 유래한 신호가 운동 신경 세포에 작용하여 이와 같은 현상을 일으킬 수 있다.

운동 신경 세포에서 아세틸콜린의 방출은 운동 신경 세포와 접하고 있는 억제성 신경 세포에 의해서도 조절될 수 있다. 억제성 신경 세포는 글리신을 방출하는데, 이 글리신은 운동 신경 세포에 작용하여 아세틸콜린의 방출을 막음으로써 근육 세포가 이완되게 한다.

사람의 근육 운동에 영향을 미치는 물질 중에는 보툴리눔 독소와 파상풍 독소가 있다. 두 독소는 각각 병원균인 보툴리눔균과 파상풍균이 분비하는 독성 단백질이다. 보툴리눔 독소는 운동 신경 세포에 작용하여 아세틸콜린이 방출되는 것을 막아 근육 세포가 이완된 상태로 있게 하여 근육 마비를 일으킨다. 파상풍 독소는 억제성 신경 세포에 작용하여 글리신이 방출되는 것을 막아 근육 세포가 수축된 상태로 있게 하여 근육 마비를 일으킨다.

① 보툴리눔 독소는 근육 세포의 수축이 일어나지 않게 하여 근육 마비를 일으킨다.
② 운동 신경 세포에서 방출된 아세틸콜린은 억제성 신경 세포에서 글리신의 방출을 막는다.
③ 뇌의 운동피질에서 유래된 신호는 운동 신경 세포에서 아세틸콜린의 방출을 막아서 근육의 수축을 일으킨다.
④ 파상풍 독소는 운동 신경 세포에서 방출된 아세틸콜린이 근육 세포의 막에 있는 결합 단백질에 결합할 수 없게 한다.

15 다음 글의 빈칸에 들어갈 말로 가장 적절한 것은?

2025년 국가직 7급 17번 변형

심적 대상이 있다면, 심적 대상은 물리적 대상과 같지 않다. 만약 심적 대상이 있고 심적 대상이 물리적 대상과 같지 않다면, 심적 대상의 소유자는 심적 대상에 접근할 수 있는 인식적 특권을 지닌다. 그런데 심적 대상의 소유자가 심적 대상에 접근할 수 있는 인식적 특권을 지닌다면, 심적 대상에 관해 그 소유자만이 알 수 있는 부분이 있다. 심적 대상에 관해 그 소유자만이 알 수 있는 부분이 있다면, 심적 대상에 관해 검증 불가능한 지식이 존재한다. 그러므로 심적 대상은 없다. 왜냐하면 _____.

① 심적 대상은 물리적 대상과 같지 않기 때문이다
② 심적 대상이 물리적 대상과 같다면 심적 대상은 없기 때문이다
③ 심적 대상에 관해 그 소유자만이 알 수 있는 부분이 있기 때문이다
④ 심적 대상에 관해 검증 불가능한 지식은 존재하지 않기 때문이다

16 다음 논증 중 타당하지 않은 것은?

2008년 5급 채용 15번 변형

① 과학자인 동시에 수학자인 사람은 모두 천재이다. 어떤 수학자도 천재가 아니다. 그러므로 수학자인 동시에 과학자인 사람은 아무도 없다.
② 모든 과학자는 신을 믿는다. 신을 믿는 모든 사람은 유물론자가 아니다. 어떤 유물론자는 진화론자이다. 그러므로 어떤 진화론자는 과학자가 아니다.
③ 만일 직녀가 부산 영화제에 참석한다면 광주의 동창회에는 불참할 것이다. 만일 직녀가 광주의 동창회에 불참한다면, 견우를 만나지 못할 것이다. 그러므로 직녀는 부산 영화제에 참석하지 않거나 견우를 만나지 못할 것이다.
④ 외국어학원에 다니는 사람들은 모두 외국문화에 관심이 있다. 외국문화에 관심을 가지는 사람들 중 한 번도 외국에 가본 적이 없는 사람들이 있다. 그러므로 외국에 한 번도 가본 적이 없는 사람들 중 일부는 외국어학원에 다니지 않는다.

17 다음 글의 내용이 참일 때, 반드시 참인 것만을 <보기>에서 모두 고르면?

2019년 민간경력자 채용 10번 변형

전통문화 활성화 정책의 일환으로 일부 도시를 선정하여 문화관광특구로 지정할 예정이다. 특구 지정 신청을 받아본 결과, A, B, C, D, 네 개의 도시가 신청하였다. 선정과 관련하여 다음 사실이 밝혀졌다.

○ A가 선정되면 B도 선정된다.
○ B와 C가 모두 선정되는 것은 아니다.
○ B와 D 중 적어도 한 도시는 선정된다.
○ C가 선정되지 않으면 B도 선정되지 않는다.

보기
ㄱ. A와 B 가운데 적어도 한 도시는 선정되지 않는다.
ㄴ. B도 선정되지 않고 C도 선정되지 않는다.
ㄷ. D는 선정된다.

① ㄱ
② ㄴ
③ ㄱ, ㄷ
④ ㄱ, ㄴ, ㄷ

18 다음 글의 ㉠과 ㉡에 대한 평가로 적절하지 않은 것은?
2019년 민간경력자 채용 22번 변형

미국 수정헌법 제1조는 국가가 시민들에게 진리에 대한 권위주의적 시각을 강제하는 일을 금지함으로써 정부가 다양한 견해들에 중립적이어야 한다는 중립성 원칙을 명시하였다. 특히 표현에 관한 중립성 원칙은 지난 수십 년에 걸쳐 발전해 왔다. 이 발전 과정의 초기에 미국 연방대법원은 표현의 자유를 부르짖는 급진주의자들의 요구에 선동적 표현의 위험성을 근거로 내세우며 맞섰다. 1940~50년대에 연방대법원은 수정헌법 제1조가 보호하는 표현과 그렇지 않은 표현을 구분하는 ㉠ 이중기준론을 표방하면서, 수정헌법 제1조의 보호 대상이 아닌 표현들이 있다고 판결했다. 추잡하고 음란한 말, 신성 모독적인 말, 인신공격이나 타인을 모욕하는 말, 즉 발언만으로도 누군가에게 해를 입히거나 사회의 양속을 해칠 말이 이에 포함되었다. 이중기준론의 비판자들은 연방대법원이 표현의 범주를 구분하는 과정에서 표현의 내용에 관한 가치 판단을 내림으로써 실제로 표현의 자유를 침해했다고 공격하였다. 1960~70년대를 거치며 연방대법원은 점차 비판자들의 견해를 수용했다. 정부가 모든 표현에 대해 중립적이어야 한다는 원칙은 1970~80년대에 ㉡ 내용중립성 원칙을 통해 한층 더 뚜렷이 표명되었다. 내용중립성 원칙이란, 정부가 어떤 경우에도 표현되는 내용에 대한 평가에 근거하여 표현을 제한해서는 안 된다는 것이다. 이렇게 해석된 수정헌법 제1조에 따르면, 미국 정부는 특정 견해를 편들 수 없을 뿐만 아니라 어떤 문제가 공공의 영역에서 토론하거나 논쟁할 가치가 있는지 없는지 미리 판단하여 선택해서도 안 된다.

① 시민을 보호하기 위해 제한해야 할 만큼 저속한 표현의 기준을 정부가 정하는 것은 ㉠과 상충하지 않는다.
② 음란물이 저속하고 부도덕하다는 이유에서 음란물 유포를 금하는 법령은 ㉠과 상충한다.
③ 어떤 영화의 주제가 나치즘 찬미라는 이유에서 상영을 금하는 법령은 ㉡에 저촉된다.
④ 경쟁 기업을 비방하는 내용의 광고라는 이유로 광고의 방영을 금지하는 법령은 ㉡에 저촉된다.

19 다음 글의 주장을 강화하는 것만을 <보기>에서 모두 고르면?
2018년 민간경력자 채용 17번 변형

우리는 물체까지의 거리 자체를 직접 볼 수는 없다. 거리는 눈과 그 물체를 이은 직선의 길이인데, 우리의 망막에는 직선의 한쪽 끝 점이 투영될 뿐이기 때문이다. 그러므로 물체까지의 거리 판단은 경험을 통한 추론에 의해서 이루어진다고 보아야 한다. 예컨대 우리는 건물, 나무 같은 친숙한 대상들의 크기가 얼마나 되는지, 이들이 주변 배경에서 얼마나 공간을 차지하는지 등을 경험을 통해 이미 알고 있다. 우리는 물체와 우리 사이에 혹은 물체 주위에 이런 친숙한 대상들이 어느 정도 거리에 위치해 있는지를 우선 지각한다. 이로부터 우리는 그 물체가 얼마나 멀리 떨어져 있는지를 추론하게 된다. 또한 그 정도 떨어진 다른 사물들이 보이는 방식에 대한 경험을 토대로, 그보다 작고 희미하게 보이는 대상들은 더 멀리 떨어져 있다고 판단한다. 거리에 대한 이런 추론은 과거의 경험에 기초하는 것이다.

반면에 물체가 손이 닿을 정도로 아주 가까이에 있는 경우, 물체까지의 거리를 지각하는 방식은 이와 다르다. 우리의 두 눈은 약간의 간격을 두고 서로 떨어져 있다. 이에 우리는 두 눈과 대상이 위치한 한 점을 연결하는 두 직선이 이루는 각의 크기를 감지함으로써 물체까지의 거리를 알게 된다. 물체를 바라보는 두 눈의 시선에 해당하는 두 직선이 이루는 각은 물체까지의 거리가 멀어질수록 필연적으로 더 작아진다. 대상까지의 거리가 몇 미터만 넘어도 그 각의 차이는 너무 미세해서 우리가 감지할 수 없다. 하지만 팔 뻗는 거리 안의 가까운 물체에 대해서는 그 각도를 감지하는 것이 가능하다.

보기
ㄱ. 100미터 떨어진 지점에 민수가 한 번도 본 적이 없는 대상만 보이도록 두고 다른 사물들은 보이지 않도록 민수의 시야 나머지 부분을 가리는 경우, 민수는 그 대상을 보고도 얼마나 떨어져 있는지 판단하지 못한다.
ㄴ. 아무것도 보이지 않는 캄캄한 밤에 안개 속의 숲길을 걷다가 앞쪽 멀리서 반짝이는 불빛을 발견한 태훈이가 불빛이 있는 곳까지의 거리를 어렵잖게 짐작한다.
ㄷ. 태어날 때부터 한쪽 눈이 실명인 영호가 30센티미터 거리에 있는 낯선 물체 외엔 어떤 것도 보이지 않는 상황에서 그 물체까지의 거리를 옳게 판단한다.

① ㄱ
② ㄷ
③ ㄱ, ㄴ
④ ㄱ, ㄷ

20 다음 글을 통해 알 수 있는 소크라테스의 견해가 아닌 것은?　2013년 민간경력자 채용 22번 변형

> **소크라테스**: 그림에다 적합한 색과 형태들을 모두 배정할 수도 있고, 어떤 것들은 빼고 어떤 것들은 덧붙일 수도 있는 것이네. 그런데 적합한 색이나 형태들을 모두 배정하는 사람은 좋은 그림과 상(像)을 만들어내지만, 덧붙이거나 빼는 사람은 그림과 상을 만들어내기는 하나 나쁜 것을 만들어내는 것이겠지?
> **크라튈로스**: 그렇습니다.
> **소크라테스**: 같은 이치에 따라서 적합한 음절이나 자모를 모두 배정한다면 이름이 훌륭하겠지만, 조금이라도 빼거나 덧붙인다면 훌륭하지는 않겠지?
> **크라튈로스**: 하지만 음절과 자모를 이름에 배정할 때 우리가 어떤 자모를 빼거나 덧붙인다면, 우리는 이름을 쓰기는 했지만 틀리게 쓴 것이 아니고 아예 쓰지 못한 것입니다.
> **소크라테스**: 그런 식으로 보아서는 우리가 제대로 살펴보지 못한 것이네.
> **크라튈로스**: 왜 그렇죠?
> **소크라테스**: 수(數)의 경우에는 자네 말이 적용되는 것 같네. 모든 수는 자신과 같거나 자신과 다른 수일 수밖에 없으니까. 이를테면 10에서 어떤 수를 빼거나 더하면 곧바로 다른 수가 되어 버리지. 그러나 이것은 상 일반에 적용되는 이치는 아니네. 오히려 정반대로 상은, 그것이 상이려면, 상이 묘사하는 대상의 성질 모두를 상에 배정해서는 결코 안 되네. 예컨대 어떤 신이 자네가 가진 모든 것의 복제를 자네 곁에 놓는다고 해보세. 이때 크라튈로스와 크라튈로스의 상이 있는 것일까, 아니면 두 크라튈로스가 있는 것일까?
> **크라튈로스**: 제가 보기에는 두 크라튈로스가 있을 것 같습니다.
> **소크라테스**: 그렇다면 상이나 이름에 대해서는 다른 종류의 이치를 찾아야 하며, 무엇이 빠지거나 더해지면 더 이상 상이 아니라고 해서는 안 된다는 것을 알겠지? 상은 상이 묘사하는 대상과 똑같은 성질을 갖지 못한다는 것을 깨닫지 않았나?

① 훌륭한 이름에 자모 한 둘을 더하거나 빼더라도 그것은 여전히 이름이다.
② 훌륭한 상에 색이나 형태를 조금 더하거나 빼더라도 그것은 여전히 상이다.
③ 이름에 자모를 더하거나 빼는 것과 수에 수를 더하거나 빼는 것은 같은 이치를 따른다.
④ 이름에 자모를 더하거나 빼는 것과 상에 색이나 형태를 더하거나 빼는 것은 같은 이치를 따른다.

기출 변형 모의고사

제한시간: 20분 시작: 시 분 ~ 종료: 시 분 점수 확인: / 20개

01 <공공언어 바로 쓰기 원칙>에 따라 <공문서>의 ㉠~㉣을 수정한 것으로 적절하지 않은 것은?

출제기조 전환 예시 1차 1번

> **공공언어 바로 쓰기 원칙**
> ○ 중복되는 표현을 삼갈 것.
> ○ 대등한 것끼리 접속할 때는 구조가 같은 표현을 사용할 것.
> ○ 주어와 서술어를 호응시킬 것.
> ○ 필요한 문장 성분이 생략되지 않도록 할 것.

> **공문서**
> 　　　　　　한국의약품정보원
> **수신** 국립국어원
> (경유)
> **제목** 의약품 용어 표준화를 위한 자문회의 참석 ㉠ 안내 알림
>
> 1. ㉡ 표준적인 언어생활의 확립과 일상적인 국어 생활을 향상하기 위해 일하시는 귀원의 노고에 감사드립니다.
> 2. 본원은 국내 유일의 의약품 관련 비영리 재단법인으로서 의약품에 관한 ㉢ 표준 정보가 제공되고 있습니다.
> 3. 의약품의 표준 용어 체계를 구축하고 ㉣ 일반 국민도 알기 쉬운 표현으로 개선하여 안전한 의약품 사용 환경을 마련하기 위해 자문회의를 개최하니 귀원의 연구원이 참석해 주시기를 바랍니다.

① ㉠: 안내
② ㉡: 표준적인 언어생활을 확립하고 일상적인 국어 생활의 향상을 위해
③ ㉢: 표준 정보를 제공하고 있습니다.
④ ㉣: 의약품 용어를 일반 국민도 알기 쉬운 표현으로 개선하여

02 <개요>의 빈칸에 들어갈 내용으로 적절하지 않은 것은?

2025년 국가직 9급 2번

> **개요**
> ○ 제목: 청소년 아르바이트의 실태와 노동 문제 개선 방안
> Ⅰ. 청소년 아르바이트의 실태
> 　1. 열악한 노동 환경 및 복지 혜택 부족
> 　2. 임금 체불 및 최저 임금제 위반
> 　3. 사업장 내의 빈번한 폭언 및 폭행 발생
> Ⅱ. 청소년 아르바이트의 노동 문제 발생 원인
> 　1. 청소년의 노동 환경에 대한 실효성 있는 제도 부족
> 　2. 노동 관계법에 관한 청소년 고용 업주의 인식 부족
> 　3. 청소년 노동자의 인권을 존중하지 않는 사회의 통념
> Ⅲ. 청소년 아르바이트의 노동 문제 개선 방안
> 　　　　　　　　　　　　　　　　　　

① 청소년의 노동 환경 개선을 위한 제도 정비
② 청소년 고용 업주에 대한 노동 관계법 교육과 지도 확대
③ 청소년 노동자의 인권 보호를 위한 사회적 교육 기관 설립
④ 청소년 고용 업체 규모 축소를 위한 정부의 지속적인 감독과 단속

03 다음 글의 중심 내용으로 가장 적절한 것은?

출제기조 전환 예시 2차 3번

플라톤의 『국가』에는 사람들이 살아가면서 가장 중요하게 생각하는 두 가지 요소에 대한 언급이 있다. 우리가 만약 이것들을 제대로 통제하고 조절할 수 있다면 좋은 삶을 살 수 있다고 플라톤은 말하고 있다. 하나는 대다수가 갖고 싶어하는 재물이며, 다른 하나는 대다수가 위험하게 생각하는 성적 욕망이다. 소크라테스는 당시 성공적인 삶을 살고 있다고 사람들에게 잘 알려진 케팔로스에게, 사람들이 좋아하는 재물이 많아서 좋은 점과 사람들이 싫어하는 나이가 많아서 좋은 점은 무엇인지를 물었다. 플라톤은 이 대화를 통해 우리가 어떻게 좋은 삶을 살 수 있는지를 보여준다. 케팔로스는 재물이 많으면 남을 속이거나 거짓말하지 않을 수 있어서 좋고, 나이가 많으면 성적 욕망을 쉽게 통제할 수 있어서 좋다고 말한다. 물론 재물이 적다고 남을 속이거나 거짓말을 하는 것은 아니며, 나이가 적다고 해서 성적 욕망을 쉽게 통제할 수 없는 것은 아니다. 그렇지만 누구나 살아가면서 이것들로 인해 힘들어하고 괴로워하는 경우가 많다는 것은 분명하다. 삶을 살아가면서 돈에 대한 욕망이나 성적 욕망만이라도 잘 다스릴 수 있다면 낭패를 당하거나 망신을 당할 일이 거의 없을 것이다. 인간에 대한 플라톤의 통찰력과 삶에 대한 지혜는 현재에도 여전히 유효하다.

① 재물욕과 성욕은 과거나 지금이나 가장 강한 욕망이다.
② 재물이 많으면서 나이가 많은 자가 좋은 삶을 살 수 있다.
③ 성공적인 삶을 살려면 재물욕과 성욕을 잘 다스려야 한다.
④ 잘 살기 위해서는 살면서 가장 중요한 것이 무엇인지 알아야 한다.

04 다음 글을 이해한 내용으로 가장 적절한 것은?

2021년 민간경력자 채용 3번 변형

비정규직 근로자들이 늘어나면서 '프레카리아트'라고 불리는 새로운 계급이 형성되고 있다. 프레카리아트란 '불안한(precarious)'이라는 단어와 '무산계급(proletariat)'이라는 단어를 합친 용어로 불안정한 고용 상태에 놓여 있는 사람들을 의미한다. 프레카리아트에 속한 사람들은 직장 생활을 하다가 쫓겨나 실업자가 되었다가 다시 직장에 복귀하기를 반복한다. 이들은 고용 보장, 직무 보장, 근로안전 보장 등 노동 보장을 받지 못하며, 직장 소속감도 없을 뿐만 아니라, 자신의 직업에 대한 전망이나 직업 정체성도 결여되어 있다. 프레카리아트는 분노, 무력감, 걱정, 소외를 경험할 수밖에 없는 '위험한 계급'으로 전락한다. 이는 의미 있는 삶의 길이 막혀 있다는 좌절감과 상대적 박탈감, 계속된 실패의 반복 때문이다. 이러한 사람들이 늘어나면 자연히 갈등, 폭력, 범죄와 같은 사회적 병폐들이 성행하여 우리 사회는 점점 더 불안해지게 된다.

프레카리아트와 비슷하지만 약간 다른 노동자 집단이 있다. 이른바 '긱 노동자'다. '긱(gig)'이란 기업들이 필요에 따라 단기 계약 등을 통해 임시로 인력을 충원하고 그때그때 대가를 지불하는 것을 의미한다. 예를 들어 방송사에서는 드라마를 제작할 때마다 적합한 사람들을 섭외하여 팀을 꾸리고 작업에 착수한다. 긱 노동자들은 고용주가 누구든 간에 자신이 보유한 고유의 직업 역량을 고용주에게 판매하면서, 자신의 직업을 독립적인 '프리랜서' 또는 '개인 사업자' 형태로 인식한다. 정보통신 기술의 발달은 긱을 더욱더 활성화한다. 정보통신 기술을 이용하면 긱 노동자의 모집이 아주 쉬워진다. 기업은 사업 아이디어만 좋으면 인터넷을 이용하여 필요한 긱 노동자를 모집할 수 있다. 기업이 긱을 잘 활용하면 경쟁력을 높여 정규직 위주의 기존 기업들을 앞서나갈 수 있다.

① 긱 노동자가 자신의 직업 형태에 대해 갖는 인식은 자신을 고용한 기업에 따라 달라지지 않는다.
② 정보통신 기술의 발달은 프레카리아트 계급과 긱 노동자 집단을 확산시킨다.
③ 긱 노동자 집단이 확산하면 프레카리아트 계급은 축소된다.
④ '위험한 계급'이 겪는 부정적인 경험이 적은 프레카리아트일수록 정규직 근로자로 변모할 가능성이 크다.

05 다음 글의 ㉠~㉣ 중 어색한 곳을 찾아 가장 적절하게 수정한 것은?

2025년 국가직 9급 5번

소리는 보통 귀로 듣는다고 생각한다. 그렇지만 앰프에서 강력한 저음이 흘러나오는 것을 듣고 몸이 흔들리는 것을 경험할 때, 우리는 소리를 몸으로 느낀다고 생각하기도 한다. 가청 주파수 대역의 하한인 20Hz보다 낮은 주파수의 진동이 발생하면 ㉠ 우리의 몸은 흔들리지만 귀로는 아무것도 듣지 못한다. 우리는 이 들리지 않는 진동을 '초저주파음'이라고 부른다. ㉡ 귀에 들리지 않는 진동도 소리로 간주할 수 있다는 생각에서이다.

높은 주파수의 영역에서도 귀에 들리지 않는 진동이 있다. ㉢ 사람은 보통 20,000Hz 이상의 진동이 귀에 도달하면 소리로 인식한다. 가청 주파수 대역의 상한을 넘어서 더 높은 주파수의 진동이 발생하면 사람의 귀에 들리지 않는 것이다. 이때의 음파를 '초음파'라고 부른다.

사람과 동물은 가청 주파수 대역이 다르다. 그래서 동물은 사람에게 들리지 않는 소리를 들을 수 있다. 예컨대 우리와 가까이 지내는 개의 경우, 가청 주파수 대역의 하한은 사람과 비슷하지만 50,000Hz의 진동까지 소리로 인식할 수 있다. 그래서 개는 사람이 듣지 못하는 기척을 알아차리기도 한다. 이는 개의 가청 주파수 대역이 ㉣ 사람의 가청 주파수 대역보다 넓기 때문이다.

① ㉠: 우리의 몸이 흔들리지 않을 뿐 귀로는 저음을 들을 수 있다
② ㉡: 귀에 들리지 않는 진동은 소리로 간주할 수 없다는 생각에서이다
③ ㉢: 사람은 보통 20,000Hz 이상의 진동이 귀에 도달하면 소리로 인식하지 못한다
④ ㉣: 사람의 가청 주파수 대역보다 좁기 때문이다

06 (가)~(라)를 맥락에 맞추어 가장 적절하게 나열한 것은?

출제기조 전환 예시 1차 7번

(가) 다음으로 시청자의 마음을 사로잡을 수 있는 참신한 인물을 창조해야 한다. 특히 주인공은 장애를 만나 새로운 목표를 만들고, 그것을 이루는 과정에서 최종적으로 영웅이 된다. 시청자는 주인공이 목표를 이루는 데 적합한 인물로 변화를 거듭할 때 그에게 매료된다.

(나) 스토리텔링 전략에서 제일 먼저 해야 할 일이 로그라인을 만드는 것이다. 로그라인은 '장애, 목표, 변화, 영웅'이라는 네 가지 요소를 담아야 하며, 3분 이내로 압축적이어야 한다. 이를 통해 스토리의 목적과 방향이 마련된다.

(다) 이 같은 인물 창조의 과정에서 스토리의 주제가 만들어진다. '사랑과 소속감, 안전과 안정, 자유와 자발성, 권력과 책임, 즐거움과 재미, 인식과 이해'는 수천 년 동안 성별, 나이, 문화를 초월하여 두루 통용된 주제이다.

(라) 시청자가 드라마나 영화에 대해 시청 여부를 결정하는 데 걸리는 시간은 8초에 불과하다. 제작자는 이 짧은 시간 안에 시청자를 사로잡을 수 있는 스토리텔링 전략이 필요하다.

① (나) - (가) - (라) - (다)
② (나) - (다) - (가) - (라)
③ (라) - (나) - (가) - (다)
④ (라) - (나) - (다) - (가)

[07~08] 다음 글을 읽고 물음에 답하시오.

일반적으로 한 나라의 문학, 즉 '국문학'은 "그 나라의 말과 글로 된 문학"을 지칭한다. 그래서 우리나라에서 국문학에 대한 근대적 논의가 처음 시작될 무렵에는 (가) 국문학에서 한문으로 쓰인 문학을 배제하자는 주장이 있었다. 국문학 연구가 점차 전문화되면서, 한문문학 배제론자와 달리 한문문학을 배제하는 데 있어 신축성을 두는 절충론자의 입장이 힘을 얻었다. 절충론자들은 국문학의 범위를 획정하는 데 있어 (나) 종래의 국문학의 정의를 기본 전제로 하되, 일부 한문문학을 국문학으로 인정하자고 주장했다. 즉 한문으로 쓰여진 문학을 국문학에서 완전히 배제하지 않고, ㉠ 전자 중 일부를 ㉡ 후자의 주변부에 위치시키는 것으로 국문학의 영역을 구성한 것이다. 이에 따라 국문학을 지칭할 때에는 '순(純)국문학'과 '준(準)국문학'으로 구별하게 되었다. 작품에 사용된 문자의 범주에 따라서 ㉢ 전자는 '좁은 의미의 국문학', ㉣ 후자는 '넓은 의미의 국문학'이라고도 칭할 수 있다.

하지만 이런 절충안을 취하더라도 순국문학과 준국문학을 구분하는 데에는 논자마다 차이가 있다. 어떤 이는 국문으로 된 것은 ㉤ 전자에, 한문으로 된 것은 ㉥ 후자에 귀속시켰다. 다른 이는 훈민정음 창제 이전과 이후로 나누어 국문학의 영역을 구분하였다. 훈민정음 창제 이전의 문학은 차자표기건 한문표기건 모두 국문학으로 인정하고, 창제 이후의 문학은 국문문학만을 순국문학으로 규정하고 한문문학 중 '국문학적 가치'가 있는 것을 준국문학에 귀속시켰다.

07 윗글의 (가)와 (나)의 주장에 대해 평가한 내용으로 가장 적절한 것은? _{출제기조 전환 예시 2차 17번}

① 국문으로 쓴 작품보다 한문으로 쓴 작품이 해외에서 문학적 가치를 더 인정받는다면 (가)의 주장은 강화된다.
② 국문학의 정의를 '그 나라 사람들의 사상과 정서를 그 나라 말과 글로 표현한 문학'으로 수정하면 (가)의 주장은 약화된다.
③ 표기문자와 상관없이 그 나라의 문화를 잘 표현한 문학을 자국문학으로 인정하는 것이 보편적인 관례라면 (나)의 주장은 강화된다.
④ 훈민정음 창제 이후에도 차자표기로 된 문학작품이 다수 발견된다면 (나)의 주장은 약화된다.

08 윗글의 ㉠~㉥ 중 지시하는 바가 같은 것끼리 짝지은 것은? _{출제기조 전환 예시 2차 18번}

① ㉠, ㉢
② ㉡, ㉣
③ ㉡, ㉥
④ ㉢, ㉤

09 다음 글의 내용이 참일 때, 반드시 참인 것만을 <보기>에서 모두 고르면? _{2022년 국가직 7급 18번 변형}

△△처에서는 채용 후보자들을 대상으로 A, B, C, D 네 종류의 자격증 소지 여부를 조사하였다. 그 결과 다음과 같은 사실이 밝혀졌다.

○ A와 D를 둘 다 가진 후보자가 있다.
○ B와 D를 둘 다 가진 후보자는 없다.
○ A나 B를 가진 후보자는 모두 C는 가지고 있지 않다.
○ A를 가진 후보자는 모두 B는 가지고 있지 않다는 것은 사실이 아니다.

보기
ㄱ. 네 종류 중 세 종류의 자격증을 가지고 있는 후보자는 없다.
ㄴ. 어떤 후보자는 B를 가지고 있지 않고, 또 다른 후보자는 D를 가지고 있지 않다.
ㄷ. D를 가지고 있지 않은 후보자는 누구나 C를 가지고 있지 않다면, 네 종류 중 한 종류의 자격증만 가지고 있는 후보자가 있다.

① ㄱ
② ㄱ, ㄴ
③ ㄴ, ㄷ
④ ㄱ, ㄴ, ㄷ

10 다음 글의 내용이 참일 때, 반드시 채택되는 업체의 수는?

2015년 5급 공채 32번 변형

농림축산식품부는 구제역 백신을 조달할 업체를 채택할 것이다. 예비 후보로 A, B, C, D, E 다섯 개 업체가 선정되었으며, 그 외 다른 업체가 채택될 가능성은 없다. 각각의 업체에 대해 농림축산식품부는 채택하거나 채택하지 않거나 어느 하나의 결정만을 내린다.
정부의 중소기업 육성 원칙에 따라, 일정 규모 이상의 대기업인 A가 채택되면 소기업인 B도 채택된다. A가 채택되지 않으면 D와 E 역시 채택되지 않는다. 그리고 수의학 산업 중점육성 단지에 속한 업체인 B가 채택된다면, 같은 단지의 업체인 C가 채택되거나 혹은 타지역 업체인 A는 채택되지 않는다. 마지막으로 지역 안배를 위해, D가 채택되지 않는다면, A는 채택되지만 C는 채택되지 않는다.

① 1개 ② 2개
③ 3개 ④ 4개

11 다음 글에서 추론할 수 있는 것은?

2024년 국가직 7급 22번 변형

현재 갑국의 소매업자가 상품을 판매할 수 있는 방식을 정리하면 〈표〉와 같다.

〈표〉 판매 유형 및 방법에 따른 구분

방법 유형	주문 방법	결제 방법	수령 방법
대면	영업장 방문	영업장 방문	영업장 방문
예약 주문	온라인	영업장 방문	영업장 방문
스마트 오더	온라인	온라인	영업장 방문
완전 비대면	온라인	온라인	배송

갑국은 주류에 대하여 국민 건강 증진 및 청소년 보호를 이유로 스마트 오더 및 완전 비대면 방식으로 판매하는 것을 금지해 왔다. 단, 전통주 제조자가 관할 세무서장의 사전 승인을 받은 경우, 그리고 음식점을 운영하는 음식업자가 주문 받은 배달 음식과 함께 소량의 주류를 배달하는 경우에 예외적으로 주류의 완전 비대면 판매가 가능했다.
그러나 IT 기술 발전으로 인터넷 상점이나 휴대전화 앱 등을 이용한 재화 및 서비스의 구매 비중이 커져 주류 판매 관련 규제도 변해야 한다는 각계의 요청이 있었다. 이에 갑국 국세청은 관련 고시를 최근 개정하여 주류 소매업자가 이전과 다른 방식으로 주류를 판매하는 것도 허용했다.
이전에는 슈퍼마켓, 편의점 등을 운영하는 주류 소매업자는 대면 및 예약 주문 방식으로만 주류를 판매할 수 있었다. 그러나 개정안에 따르면 주류 소매업자가 스마트 오더 방식으로도 소비자에게 주류를 판매할 수 있게 되었다. 다만 완전 비대면 판매는 이전처럼 예외적인 경우에만 허용된다.

① 고시 개정과 무관하게 음식업자는 주류만 완전 비대면으로 판매할 수 있다.
② 고시 개정 이전에는 슈퍼마켓을 운영하는 주류 소매업자는 온라인으로 주류 주문을 받을 수 없었다.
③ 고시 개정 이전에는 편의점을 운영하는 주류 소매업자는 주류 판매 대금을 온라인으로 결제 받을 수 없었다.
④ 고시 개정 이후에는 전통주를 구매하는 소비자는 전통주 제조자의 영업장에 방문하여 주류를 구입할 수 없다.

[12~13] 다음 글을 읽고 물음에 답하시오.

이집트 벽화에서 신, 파라오, 귀족은 특이한 모습으로 표현된다. 신체의 주요 부위를 이상적으로 보여줄 수 있도록 눈은 정면, 얼굴은 측면, 가슴은 정면, 발은 측면을 향하게 조합하여 그린 것이다. 이는 단일한 시점에서 대상을 표현한 것이 아니라 여러 시점에서 바라본 모습을 하나의 형상에 집약한 것이다. 이렇게 그려진 ⓘ 그들의 모습은 이상적인 부분끼리의 조합을 통해 완전하고 완벽하며 장중한 형상을 보여 주고자 한 의도의 결과이다. 그런데 벽화에 표현된 대상들 중 신, 파라오, 귀족과 같은 고귀한 존재는 이렇게 그려지고, 평범한 일반인은 곧잘 이런 방식과 관계없이 꽤 사실적으로 그려졌다. ⓛ 그들을 서로 다른 방식으로 표현하였다는 점은 이집트 미술이 특정한 이데올로기를 통해 양식화되어 있음을 선명하게 보여 준다.

이 이데올로기에 따르면, 신과 파라오, 나아가 귀족은 '존재하는 자'이고, 죽을 운명을 가진 평범한 사람들은 그저 '행위하는 자'이다. 평범한 사람들이 일하는 모습을 그릴 때 사실적으로, 그러니까 얼굴이 측면이면 가슴도 측면으로 자연스럽게 그리는 것은, 그들이 썩어 없어질 찰나의 인생을 살고 있기 때문이다. 그러기에 ⓒ 그들은 이 세상에서 실제로 행위하는 모습 그대로 그려진다. 반면 고귀한 존재는 삼라만상의 변화와 관계없이 영원한 세계의 이상을 반영한다. 그러기에 ⓔ 그들은 이상적 규범에 따라 불변의 양식으로 그려진다.

이렇게 같은 인간을 표현해도 위계에 따라 표현 방식을 달리한 것은 이집트 종교의 영향 때문이다. 이집트 종교는 수직적이고 이원적인 정신성에 그 토대를 두고 있다. 이런 이원론적인 정신성은 양식화된 이상주의적 미술로 표현되는 경향이 있다. 이집트의 벽화가 바로 그 대표적인 사례이다.

12 윗글에서 추론한 내용으로 가장 적절한 것은?
2025년 국가직 9급 9번

① 이집트의 벽화에서는 존재와 행위를 동등한 가치로 표현하고 있다.
② 이집트의 종교가 가지는 정신성은 이집트의 미술 양식에 영향을 끼쳤다.
③ 이집트의 이상주의적 미술에서는 평범한 사람들은 그리지 않고 고귀한 존재들만 표현하였다.
④ 이집트인들은 신체를 바라보는 독특한 시점을 토대로 예술에 관한 이데올로기를 형성하였다.

13 윗글의 ⓘ~ⓔ 중 문맥상 지시 대상이 같은 것만으로 묶인 것은?
2025년 국가직 9급 10번

① ⓘ, ⓔ
② ⓛ, ⓒ
③ ⓘ, ⓛ, ⓔ
④ ⓘ, ⓒ, ⓔ

14 다음 글의 내용에 부합하는 것은?

2017년 민간경력자 채용 12번 변형

우리들 대부분이 당연시하지만 세상을 이해하는 데 필요한 몇몇 범주는 표준화를 위해 노력한 국가적 사업에 그 기원이 있다. 성(姓)의 세습이 대표적인 사례이다.

부계(父系) 성의 고착화는 대부분의 경우 국가적 프로젝트였으며, 관리가 시민들의 신원을 분명하게 확인할 수 있도록 설계되었다. 이 프로젝트의 성공은 국민을 '읽기 쉬운' 대상으로 만드는 데 달려 있다. 개개인의 신원을 확보하고 이를 친족 집단과 연결시키는 방법 없이는 세금 징수, 소유권 증서 발행, 징병 대상자 목록 작성 등은 어렵기 때문이다. 여기서 짐작할 수 있는 것처럼 부계 성을 고착화하려는 노력은 한층 견고하고 수지맞는 재정 시스템을 구축하려는 국가의 의도에서 비롯되었다.

국민을 효율적으로 통치하기 위한 성의 세습은 시기적으로 일찍 발전한 국가에서 나타났다. 이 점과 관련해 중국은 인상적인 사례이다. 대략 기원전 4세기에 진(秦)나라는 세금 부과, 노역, 징집 등에 이용하기 위해 백성 대다수에게 성을 부여한 다음 그들의 호구를 파악한 것으로 알려져 있다. 이러한 시도가 '라오바이싱'[老百姓]이라는 용어의 기원이 되었으며, 이는 문자 그대로 '오래된 100개의 성'이란 뜻으로 중국에서 '백성'을 의미하게 되었다.

예로부터 중국에 부계전통이 있었지만 진나라 이전에는 몇몇 지배 계층의 가문 및 일족을 제외한 백성은 성이 없었다. 그들은 성이 없었을 뿐만 아니라 지배 계층을 따라 성을 가질 생각도 하지 않았다. 부계 성을 따르도록 하는 진나라의 국가 정책은 가족 내에서 남편에게 우월한 지위를 부여하고, 부인, 자식, 손아랫사람에 대한 법적인 지배권을 주면서 가족 전체에 대한 재정적 의무를 지도록 했다. 이러한 정책은 모든 백성에게 인구 등록을 요구했다. 아무렇게나 불리던 사람들의 이름에 성을 붙여 분류한 다음, 아버지의 성을 후손에게 영구히 물려주도록 한 것이다.

① 부계전통의 확립은 중국에서 처음 이루어졌다.
② 진나라는 모든 백성에게 새로운 100개의 성을 부여하였다.
③ 중국의 부계전통은 진나라가 부계 성 정책을 시행함에 따라 만들어졌다.
④ 진나라가 백성에게 성을 부여한 목적은 통치의 효율성을 높이고자 한 것이었다.

15 (가), (나)에 들어갈 말을 올바르게 짝지은 것은?

2012년 민간경력자 채용 17번 변형

갑: 예술가의 작업이란, 자신이 경험한 감정을 타인도 경험할 수 있도록 색이나 소리와 같이 감각될 수 있는 여러 형태로 표현하는 것이지.
을: 그렇다면 훌륭한 예술과 그렇지 못한 예술을 구분하는 기준은 무엇이지?
갑: 그것이야 예술가가 해야 할 작업을 성공적으로 수행하면 훌륭한 예술이고, 그런 작업에 실패한다면 훌륭하지 못한 예술이지. 즉 예술가가 경험한 감정이 잘 전달되어 감상자도 그런 감정을 느끼게 되는 예술을 훌륭한 예술이라고 할 수 있어.
을: 예술가가 느낀 감정 중에서 천박한 감정이 있을까? 아니면 예술가가 느낀 감정은 모두 고상하다고 할 수 있을까?
갑: 물론 어느 사람과 마찬가지로 예술가 역시 천박한 감정을 가질 수 있지. 만약 어떤 예술가가 남의 고통을 보고 고소함을 느꼈다면 이는 천박한 감정이라고 해야 할 텐데, 예술가라고 해서 모두 천박한 감정을 갖지 않는다고 할 수는 없어.
을: 그렇다면 천박한 감정을 느낀 예술가가 그 감정을 표현하여 감상자 역시 그런 감정을 느낀다면, 그런 예술이 훌륭한 예술인가?
갑: ☐ (가) ☐
을: 너의 대답은 모순이야. 왜냐하면 네 대답은 ☐ (나) ☐ 때문이야.

	(가)	(나)
①	그렇다.	훌륭한 예술에 대한 너의 정의와 앞뒤가 맞지 않기
②	그렇다.	예술가가 느낀 감정이 모두 고상하지는 않다는 너의 주장과 앞뒤가 맞지 않기
③	아니다.	훌륭한 예술에 대한 너의 정의와 앞뒤가 맞지 않기
④	아니다.	예술가가 느낀 감정이 모두 고상하지는 않다는 너의 주장과 앞뒤가 맞지 않기

16 다음 글의 빈칸에 들어갈 내용으로 적절하지 않은 것은?

<small>2023년 5급 공채 15번 변형</small>

> △△부에서는 국가 간 정책 교류를 위해 사무관 A~E 중 UN에 파견할 사무관을 선정하기로 했다. 파견 여부를 정하기 위해 다음의 기준을 세웠다.
>
> ○ A를 파견하면 B를 파견한다.
> ○ B를 파견하면 D를 파견하지 않는다.
> ○ C를 파견하면 E를 파견하지 않는다.
> ○ D를 파견하지 않으면 C를 파견한다.
> ○ E를 파견하지 않으면 D를 파견한다.
>
> 위의 기준으로는 사무관 세 명의 파견 여부가 확정되지만 두 명의 파견 여부는 확정되지 않는다. 하지만 "☐☐☐☐"를 기준으로 추가하면, 모든 사무관의 파견 여부를 확정할 수 있다.

① A를 파견하지 않으면 C를 파견한다.
② B를 파견하지 않으면 C를 파견한다.
③ C를 파견하지 않으면 E를 파견하지 않는다.
④ D나 E를 파견하면 C를 파견한다.

[17~18] 다음 글을 읽고 물음에 답하시오.

> 천상계와 지상계로 나누어진 영웅 소설의 세계 구조에서 서사적으로 중요한 것은 지상계의 일이지만 인과론적 구도로는 천상계가 우위에 있다. 천상계의 의지나 그 대리자의 개입에 의해서 지상계의 서사가 결정되기 때문이다. 천상계는 지상에서 ㉠<u>일어나는</u> 모든 사건의 발생과 귀결을 지배하는 초월적 세계로서, 일시적으로 고난에 빠졌던 주인공이 세상에 창궐한 악을 물리치고 승리하도록 해 주는 근거로 작용한다. 지상의 혼란이나 세계 질서의 모순은 일시적인 것일 뿐 현실의 구체적 갈등에 뿌리를 둔 것이 아니어서 초월적 세계가 이미 설계한 바에 따라 쉽사리 해소된다. 이런 모습의 세계 구조를 '이원적 세계상'이라고 부른다.
> 반면에 판소리계 소설의 세계상은 대체로 일원적이고 경험적이다. 판소리계 소설에는 초월적 세계가 지배적 장치로 나타나는 경우가 극히 드물며, 현실의 경험적 인과 관계에 의해 서사가 전개된다. 예컨대 변학도의 횡포로 인한 춘향의 수난, 흥부의 가난과 고난, 심청과 심봉사의 불행, 유혹에 넘어간 토끼의 위기 탈출, 배비장의 욕망과 봉변, 장끼의 죽음 등은 초월적 세계의 의지나 그 대리자의 개입 없이 현실적 삶의 인과에 따라 이루어지는 것이다.

17 윗글을 이해한 내용으로 적절하지 않은 것은?

<small>2025년 지방직 9급 7번</small>

① 영웅 소설은 이원적 세계상을 잘 보여 주는 문학적 갈래이다.
② 판소리계 소설에서 서사의 인과 관계는 경험적 현실에 바탕을 둔 경우가 많다.
③ 천상계의 대리자가 지상계의 서사를 결정하는 작품에서는 이원적 세계상이 발견된다.
④ 영웅 소설에 비해 판소리계 소설에서는 초월적 세계가 현실의 문제를 해결하는 양상이 두드러진다.

18 윗글의 문맥상 ㉠의 의미와 가장 가까운 것은?

<small>2025년 지방직 9급 8번</small>

① 언니는 뽀얗게 일어나는 물보라에 손을 대었다.
② 그는 가까스로 일어나는 불꽃을 바라보고 있었다.
③ 아침 일찍 일어나는 습관을 들이는 것이 중요하다.
④ 싸움이 일어나는 동안 그는 숨어 있을 수밖에 없었다.

19 다음 글의 A~C에 대한 분석으로 적절한 것만을 <보기>에서 모두 고르면?

2022년 국가직 7급 11번 변형

A: 인간 존엄성은 그 의미가 무엇인지에 대해 사람마다 생각이 달라서 불명료할 뿐 아니라 무용한 개념이다. 가령 존엄성은 존엄사를 옹호하거나 반대하는 논증 모두에서 각각의 주장을 정당화하는 데 사용된다. 어떤 이는 존엄성이란 말을 '자율성의 존중'이라는 뜻으로, 어떤 이는 '생명의 신성함'이라는 뜻으로 사용한다. 결국 쟁점은 존엄성이 아니라 자율성의 존중이나 생명의 가치에 관한 문제이며, 존엄성이란 개념 자체는 그 논의에서 실질적으로 중요한 기여를 하지 않는다.

B: 인간의 권리에 대한 문서에서 존엄성이 광범위하게 사용되는 것은 기독교 신학과 같이 인간 존엄성을 언급하는 많은 종교적 문헌의 영향으로 보인다. 이러한 종교적 뿌리는 어떤 이에게는 가치 있는 것이지만, 다른 이에겐 그런 존엄성 개념을 의심할 근거가 되기도 한다. 특히 존엄성을 신이 인간에게 부여한 독특한 지위로 생각함으로써 인간이 스스로를 지나치게 높게 보도록 했다는 점은 비판을 받아 마땅하다. 이는 인간으로 하여금 인간이 아닌 종과 환경에 대해 인간 자신들이 원하는 것을 마음대로 해도 된다는 오만을 낳았다.

C: 인간 존엄성은 인간이 이성적 존재임을 들어 동물이나 세계에 대해 인간 중심적인 견해를 옹호해 온 근대 휴머니즘의 유산이다. 존엄성은 인간종이 그 자체로 다른 종이나 심지어 환경 자체보다 더 큰 가치가 있다고 생각하는 종족주의의 한 표현에 불과하다. 인간 존엄성은 우리가 서로를 가치 있게 여기도록 만들기도 하지만, 인간 외의 다른 존재에 대해서는 그 대상이 인간이라면 결코 용납하지 않았을 폭력적 처사를 정당화하는 근거로 활용된다.

보기

ㄱ. 많은 논란에도 불구하고 존엄사를 인정한 연명의료결정법의 시행은 A의 주장을 약화시키는 사례이다.
ㄴ. C의 주장은 화장품의 안전성 검사를 위한 동물실험의 금지를 촉구하는 캠페인의 근거로 활용될 수 있다.
ㄷ. B와 C는 인간에게 특권적 지위를 부여하는 인간 중심적인 생각을 비판한다는 점에서 공통적이다.

① ㄴ
② ㄷ
③ ㄱ, ㄴ
④ ㄴ, ㄷ

20 다음 글에 대한 평가로 적절하지 않은 것은?

2019년 민간경력자 채용 7번 변형

당신은 '행복 기계'에 들어갈 것인지 망설이고 있다. 만일 들어간다면 그 순간 당신은 기계에 들어왔다는 것을 완전히 잊게 되고, 이 기계를 만나기 전에는 맛보기 힘든 멋진 시간을 가상현실 기술을 통해 경험하게 된다. 단, 누구든 한 번 그 기계에 들어가면 삶을 마칠 때까지 거기서 나올 수 없다. 이 기계에는 고장도 오작동도 없다. 당신은 이 기계에 들어가겠는가? 우리의 삶은 고난과 좌절로 가득 차 있지만, 우리는 그것들이 실제로 사라지기를 원하지 그저 사라졌다고 믿기를 원하지 않는다. 이러한 사실은, 참인 믿음이 우리에게 아무런 이익이 되지 않거나 심지어 손해를 가져오는 경우에도 우리가 거짓인 믿음보다 참인 믿음을 가지기를 선호한다는 견해를 뒷받침한다.

돈의 가치는 숫자가 적힌 종이 자체에 있지 않다. 돈이 가치를 지니는 것은 그것이 좋은 것들을 얻는 도구로 기능하기 때문이다. 참인 믿음을 가지는 것이 유용한 경우가 많은 것은 사실이지만, 다른 것들을 얻기 위한 수단인 돈과 달리 참인 믿음은 그 자체로 가치가 있다. 그리고 행복 기계에 관한 우리의 태도는 이를 분명하게 보여준다.

다른 것에 대한 선호로는 설명될 수 없는 원초적인 선호를 '기초 선호'라고 부른다. 가령 신체의 고통을 피하려는 것은 기초 선호로 보인다. 참인 믿음은 어떤가? 만약 참인 믿음이 기초 선호의 대상이 아니라면, 참인 믿음과 거짓인 믿음이 실용적 손익에서 동등할 경우 전자를 후자보다 더 선호해야 할 이유는 없다. 여기서 확인하게 되는 결론은, 참인 믿음이 기초 선호의 대상이라는 것이다. 그렇지 않다면, 사람들이 행복 기계에 들어가 행복한 거짓 믿음 속에 사는 편을 택하지 않을 이유가 없을 것이다.

① 대부분의 사람이 행복 기계에 들어가는 편을 택할 경우, 논지는 강화된다.
② 행복 기계가 현실에 존재하지 않는다는 사실이 논지를 약화하지는 않는다.
③ 행복 기계에 들어가지 않는 유일한 이유가 참과 무관한 실용적 이익임이 확인될 경우, 논지는 약화된다.
④ 실용적 이익이 없음에도 불구하고 우리가 수학적 참인 정리를 믿는 것을 선호한다는 사실은 논지를 강화한다.

기출 변형 모의고사
정답·해설

1회 기출 변형 모의고사 정답·해설

p. 200

01 ③	02 ③	03 ②	04 ④	05 ③
06 ③	07 ②	08 ③	09 ③	10 ④
11 ②	12 ①	13 ①	14 ①	15 ④
16 ④	17 ③	18 ②	19 ①	20 ③

01 글의 수정 정답 ③

오답 분석 난이도 ★★★☆☆

① (O) ㉠: '생소한 외래어나 외국어는 우리말로 다듬을 것' 원칙에 따라 '마스터플랜'은 '기본 계획'으로 수정하는 것이 적절하다.

② (O) ㉡: '주어와 서술어의 관계를 명확하게 표현할 것' 원칙에 따라 '기업을 대상으로 합니다'는 '기업입니다'로 수정하는 것이 적절하다.

③ (×) ㉢: '위탁한다'는 의미는 남에게 사물이나 사람의 책임을 맡기는 것이다. 따라서 <공공언어 바로 쓰기 원칙>의 '문맥에 맞는 정확한 어휘를 사용할 것'에 따라 판단할 때, ㉢의 '위탁하며'는 적절한 표현이다. '수주하다'는 물건을 생산하는 업자가 제품을 주문받는 것을 의미하므로 적절하지 않다.

④ (O) ㉣: '지나친 명사 나열을 피하고 적절한 조사와 어미를 활용하여 문장을 구성할 것' 원칙에 따라 '학교 현장 교수 학습 환경 개선 정책 개발 및'은 '학교 현장의 교수 학습 환경을 개선하는 정책을 개발하고'로 수정하는 것이 적절하다.

02 빈칸 추론 정답 ③

오답 분석 난이도 ★★☆☆☆

빈칸에 들어갈 내용을 추론하기 위해서는 '일정한 틈새'가 무엇을 의미하는지 알아야 한다. 빈칸 뒤의 문장을 보면 모든 사람들이 사기꾼이라서 사기를 칠 가능성이 사라지게 되는 것이 일정한 틈새가 없는 상태임을 알 수 있다. 따라서 이 틈새는 사기를 치지 않고, 다른 사람에게 협조하는 사람들이 존재하는 것이라 볼 수 있다.

03 빈칸 추론 정답 ②

오답 분석 난이도 ★★★☆☆

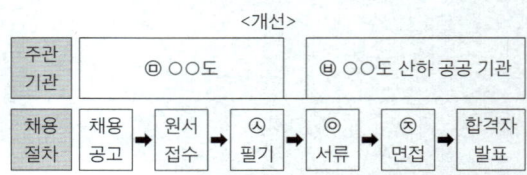

① (×) 위의 도표에 따르면 ㉠에 해당하는 기관인 ○○도 산하 공공 기관과 같은 주관 기관이 들어가는 것은 ㉤이 아니라 ㉥이다.

② (O) 위의 도표에 따르면 ㉡과 ㉣에는 '서류 심사'라는 같은 채용 절차가 들어간다.

③ (×) 위의 도표에 따르면 ㉢과 ㉧에는 모두 필기시험이 들어가지만, ○○도는 기존의 필기시험 과목인 영어·한국사·일반상식을 국가직무능력표준 기반 평가로 바꾸어 기존과 달리 실무 능력을 평가해서 인재를 선발할 수 있도록 제도를 보완하였으므로 지원자들이 평가받는 능력은 같다고 볼 수 없다.

④ (×) 위의 도표에 따르면 ㉣과 ㉨에 해당하는 면접시험을 주관하는 기관은 ○○도 산하 공공 기관으로 동일하다.

04 적용형 추론 정답 ④

오답 분석 난이도 ★★★☆☆

① (×) '그는 여러 문화를 비교적 관점에서 연구했다.'의 '비교적'은 관형사이고, '삼촌은 교통이 비교적 편리한 곳에 산다.'의 '비교적'은 부사이다. 이는 서로 관련된 두 의미가 같은 형태로 나타난 '품사 통용'에 해당한다.

② (×) '내가 언니보다 키가 더 크다.'의 '크다'는 형용사이고 '이번 여름에는 비가 많이 와서 마당의 풀이 잘 큰다.'의 '큰다'는 동사이다. 이는 서로 관련된 두 의미가 같은 형태로 나타난 '품사 통용'에 해당한다.

③ (×) '오늘이 드디어 기다리던 시험일이다.'의 '오늘'은 명사이고, '친구는 국립 박물관에 오늘 갈 것이라 한다.'의 '오늘'은 부사이다. 이는 서로 관련된 두 의미가 같은 형태로 나타난 '품사 통용'에 해당한다.

④ (O) 동음이의 현상은 서로 무관한 두 의미가 우연히 같은 형태로 나타난 것이다. '나는 어제 산 모자를 쓰고 나갔다.'의 '쓰고'는 몸에 착용하는 것을 의미하고, '형님은 시를 쓰고 누님은 그림을 그렸다.'의 '쓰고'는 글을 적는 것을 의미한다. 두 단어는 무관한 두 의미가 우연히 같은 형태로 나타난 것이므로 ㉠에 해당하는 사례로 적절하다.

05 글의 수정   정답 ③

오답 분석   난이도 ★★★☆☆

① (×) ㉠은 '둘째는 그 그룹의 모든 구성원이 미래에도 여전히 동일해야 한다는 것이다.'라는 내용과 연결되므로 이를 '질적으로 다양해야 하며'로 고치는 것은 적절하지 않다.

② (×) ㉡은 '에르고딕 이론에 따르면 그룹의 평균을 활용해 개인에 대한 예측치를 이끌어낼 수 있는데'라는 내용과 연결되므로 이를 '개인의 특성을 종합하여 집단의 특성에 대한 예측'으로 고치는 것은 적절하지 않다.

③ (○) ㉢은 '평균주의의 유혹에 속아 집단의 평균에 의해 개인을 파악함으로써'라는 내용과 연결되므로 이를 '실재하는 개인적 특성을 모조리 무시'로 고치는 것은 적절하다.

④ (×) ㉣은 '그 결과 평균적으로 타이핑 속도가 더 빠를수록 오타 수가 더 적은 것으로 나타났다고 하자.'라는 내용과 연결되므로 이를 '타이핑을 더 느린 속도로 해야 한다'로 고치는 것은 적절하지 않다.

06 문단 배열   정답 ③

오답 분석   난이도 ★★★☆☆

중심 소재인 회전문이 맨 처음 언급된 부분이 (나)의 "그 대표적인 예가 회전문이다."이므로 (나)를 제일 처음에 올 단락으로 확정된다. 첫 번째 단락인 (나)의 마지막 문장에서 회전문이 어떤 식으로 열리고 닫히는지에 대한 언급이 나와 있으므로 그 방식이 구체적으로 제시된 (가)를 두 번째 올 단락으로 확정된다. (다)와 (라) 중 (라)가 '또한'으로 시작하면서 (가)에서 언급된 회전문의 작동 방식에 대한 또 다른 구체적인 언급이 나와 있다. 따라서 세 번째 단락은 (라)이다. (다)는 (가)와 (라)의 내용을 종합하여 회전문의 작동 방식에 대한 평가를 내리고 있으므로 가장 마지막에 올 단락이다.

07 2차 정보 추론   정답 ②

오답 분석   난이도 ★★★☆☆

① (×) 네 번째 단락에 따르면 자본주의에서는 유통이 생산보다 더 많은 이익을 남긴다는 것을 알 수 있지만, 사회주의에서 유통이 생산보다 중요하다는 것을 추론할 수는 없다.

② (○) 세 번째 단락에 따르면 상품은 그것이 판매될 수 있는 시장을 전제로 생산되는 것이기 때문에 시장이 형성되어 있지 않다면 상품도 존재할 수 없다. 따라서 상품이 존재한다는 것은 시장이 형성되어 있다는 것을 추론할 수 있다.

③ (×) 네 번째 단락에 따르면 자본주의가 성숙할수록 제조업과 유통업의 이윤 차이는 커진다.

④ (×) 세 번째 단락에 따르면 중세의 상인들은 물건을 시장에 팔아 이윤을 얻기 위해 수공업자들을 조직하여 그들에게 자본과 도구를 빌려주고 물건을 대신 생산하게 했다. 따라서 중세의 상인들은 물건의 생산 단가를 낮추기 위해 시장에 팔 물건을 손수 생산하였다는 것은 적절한 추론이 아니다.

08 밑줄 추론   정답 ③

오답 분석   난이도 ★★☆☆☆

㉠: 판매를 목적으로 하는 '상품'에 해당한다.
㉡: 판매를 목적으로 하는 '상품'에 해당한다.
㉢: 소비를 목적으로 하는 '재화'에 해당한다.
㉣: 판매를 목적으로 하는 '상품'에 해당한다.
따라서 문맥상 의미가 다른 것은 ㉢이다.

09 2차 정보 추론   정답 ③

오답 분석   난이도 ★★★☆☆

① (×) 첫 번째 단락에 따르면 조선 시대의 소설은 한글소설이 세 종류, 한문소설도 세 종류로 나눠진다. 따라서 조선 시대의 소설은 한글소설보다 한문소설의 종류가 훨씬 다양했다는 것은 적절한 추론이 아니다.

② (×) 첫 번째 단락에 따르면 조선 시대에 많은 한글소설이 창작되어 읽혔지만, 당대의 지식인들은 이를 저급한 오락물로 여겨 외면했다. 따라서 조선 시대의 지식인들은 조선에서 창작한 한문소설을 저급한 오락물로 여겼다는 것은 적절한 추론이 아니다.

③ (○) 두 번째 단락에 따르면, 한문소설을 필사한 경우는 이본별 내용 차이가 거의 없는 반면 한글소설을 필사한 경우는 같은 제목의 소설이라도 내용이 상당히 다른 다양한 이본이 있었다. 따라서 한자로 필사할 때보다 한글로 필사할 때 필사자의 의견이 반영되어 개작되기 쉬웠다는 것은 적절한 추론이다.

④ (×) 두 번째 단락에 따르면 중국에서 들여온 한문소설은 조선에서도 인쇄된 책으로 읽혔기 때문에 필사본이 거의 없었고, 조선에서 창작한 한문소설은 필사본으로 유통되었다. 그러나 조선의 필사본 소설 중 한문소설을 필사한 것은 소수였고 한글소설을 필사한 것이 대부분이었다는 것은 지문의 내용으로 추론할 수 없다.

10 밑줄 추론   정답 ④

오답 분석   난이도 ★★☆☆☆

㉠ 표기한: 적어서 나타내는 것을 의미한다.
㉡ 번역한: 어떤 언어로 된 글을 다른 언어의 글로 옮기는 것을 의미한다.
㉢ 기록한: 후일에 남길 목적으로 어떤 사실을 적는 것을 의미한다.
㉣ 필사한: 베끼어 쓰는 것을 의미한다.

'한글소설은 인쇄본이 아니라 필사본으로 많이 유통되었기 때문에 옮겨 쓰는 과정에서 다양한 이본이 생겨났다."에서 (가)의 '옮겨 쓰는'의 의미는 필사하는 것을 의미한다. 따라서 문맥상 (가)의 의미와 가장 가까운 것은 ㉣이다.

11 내용 이해 및 부합   정답 ②

오답 분석   난이도 ★★★☆☆

① (×) 첫 번째 단락에 따르면 「배따라기」는 표준어가 아닌 사투리를 사용하여 작품의 리얼리티를 확보하였다.

② (○) 두 번째 단락에 따르면 이광수가 「무정」에서 표준어를 사용한 것은 근대적 가치를 실현하기 위한 의도적인 선택이었다. 따라서 「무정」에는 근대적 가치의 실현과 관련된 작가의 의도가 담겨 있다는 것은 적절하다.

③ (×) 세 번째 단락에 따르면 「토지」에서 '서희'는 사투리를 구사하지 않는다. 이는 작품의 리얼리티 형성에 방해가 되지만 해당 인물의 고고함과 차가움을 드러내는 데에 적절한 기능을 한다. 따라서 '서희'의 사투리 사용을 통해 작품의 리얼리티를 구현하였다는 것은 적절하지 않다.

④ (×) 두 번째 단락에 따르면 「무정」을 리얼리티의 구현 정도를 기준으로 낮잡아 평가하는 것은 곤란하다. 따라서 작품의 리얼리티를 기준으로 할 때, 「무정」이 「배따라기」보다 더 뛰어나다는 것은 적절하지 않다.

12 밑줄 추론   정답 ①

오답 분석   난이도 ★★★☆☆

㉠: '맞는'은 어울린다는 의미이므로 '영합하는'으로 바꿔 쓰기에 적절하지 않다.

㉡: '나타내는'은 드러내 보여준다는 의미이므로 '표상하는'으로 바꿔 쓸 수 있다.

㉢: '떠올리면'은 기억해 생각한다는 의미이므로 '상기하면'으로 바꿔 쓸 수 있다.

㉣: '뚜렷하게'는 명확하다는 의미이므로 '분명하게'로 바꿔 쓸 수 있다.

13 내용 이해 및 부합   정답 ①

오답 분석   난이도 ★★★☆☆

① (○) 두 번째 단락에 따르면 입록은 향안에 이름이 오르는 것을 의미하고, 첫 번째 단락에 따르면 향안에 이름이 오른 사람은 유향소의 장인 좌수나 별감을 선출하는 선거에 참여할 수 있었다. 따라서 향안에 입록된 사람은 해당 지역 유향소의 별감이나 좌수를 뽑는 데 참여할 수 있었다는 것은 글의 내용과 부합한다.

② (×) 두 번째 단락에 따르면 17세기에는 삼향의 조건을 갖추지 않았다는 이유로 향안 입록을 거부하는 유향소가 크게 줄었다. 그러나 각 지역 유향소들이 아전의 부정행위를 막기 위해 17세기에 향안 입록 조건을 완화하였던 것은 아니다.

③ (×) 세 번째 단락에 따르면 권점은 향안에 입록할지를 결정하는 투표이므로 유향소 회의에 참여할 자격을 얻기 위해서는 향안에 입록된 후에 다시 권점을 통과해야 하였던 것은 아니다.

④ (×) 세 번째 단락에 따르면 서얼 가문과 혼인한 사람은 시대에 상관없이 향안에 입록될 수 없었다. 따라서 16세기에는 서얼 가문과 혼인한 사람이 향안에 입록될 수 없었으나, 17세기에는 입록될 수 있었다는 것은 글의 내용과 부합하지 않는다.

14 2차 정보 추론   정답 ①

오답 분석   난이도 ★★★★☆

① (○) 네 번째 단락에서 보툴리눔 독소는 운동 신경 세포에 작용하여 아세틸콜린이 방출되는 것을 막아 근육 세포가 이완된 상태로 있게 하여 근육 마비를 일으킨다. 따라서 보툴리눔 독소는 근육 세포의 수축이 일어나지 않게 하여 근육 마비를 일으킨다는 것을 추론할 수 있다.

② (×) 운동 신경 세포에서 방출된 아세틸콜린과 억제성 신경 세포에서 글리신이 방출되는 것 사이의 연관성이 언급되어 있지 않으므로 운동 신경 세포에서 방출된 아세틸콜린은 억제성 신경 세포에서 글리신의 방출을 막는다는 것을 추론할 수 없다.

③ (×) 두 번째 단락에서 뇌의 운동피질에서 유래한 신호가 운동 신경 세포에 작용하여 운동 신경 세포에서 아세틸콜린이 방출되고, 방출된 아세틸콜린은 근육 세포가 수축되게 한다. 따라서 뇌의 운동 피질에서 유래된 신호는 운동 신경 세포에서 아세틸콜린의 방출을 막아서 근육의 수축을 일으킨다는 것을 추론할 수 없다.

④ (×) 네 번째 단락에서 파상풍 독소는 억제성 신경 세포에 작용하여 글리신이 방출되는 것을 막아 근육 세포가 수축된 상태로 있게 하여 근육 마비를 일으킨다. 세 번째 단락에서 글리신은 운동 신경 세포에 작용하여 아세틸콜린의 방출을 막음으로써 근육 세포가 이완되게 한다. 따라서 파상풍 독소는 운동 신경 세포에서 방출된 아세틸콜린이 근육 세포의 막에 있는 결합 단백질에 결합할 수 없게 한다는 것은 추론할 수 없다.

15 추가해야 할 전제 찾기   정답 ④

오답 분석   난이도 ★★★★★

기호화가 필요한 문장을 정리하면 다음과 같다.

- 전제1: 심적 대상 → ~물리적 대상
- 전제2: 심적 대상 & ~물리적 대상 → 인식적 특권
- 전제3: 인식적 특권 → 소유자만 알 수 있는
- 전제4: 소유자만 알 수 있는 → 검증 불가능한 지식
- 결론: ~심적 대상

① (×) 빈칸에 '심적 대상은 물리적 대상과 같지 않기 때문이다'가 들어가면, 결론이 도출되지 않는다.

② (×) 빈칸에 '심적 대상이 물리적 대상과 같다면 심적 대상은 없기 때문이다'가 들어가면, 결론이 도출되지 않는다.

③ (×) 빈칸에 '심적 대상에 관해 그 소유자만이 알 수 있는 부분이 있기 때문이다'가 들어가면, 결론이 도출되지 않는다.

④ (○) 전제 1, 2, 3, 4를 연결하면 '심적 대상 → ~물리적 대상 → 인식적 특권 → 소유자만 알 수 있는 → 검증 불가능한 지식'이다. 따라서 빈칸에 '심적 대상에 관해 검증 불가능한 지식은 존재하지 않기 때문이다'가 들어가면 '~심적 대상'이라는 결론이 도출된다.

16 논증의 타당성 판단   정답 ④

오답 분석 난이도 ★★★★☆

① • 과학자 & 수학자 → 천재
   • 수학자 → ~천재
   ∴ ~(수학자 & 과학자)

두 번째 명제의 대우명제를 첫 번째 명제와 연결하면, '과학자 & 수학자 → 천재 → ~수학자'이다. 이때 '수학자 → ~수학자'라는 모순이 발생하므로 '과학자 & 수학자'는 옳지 않다. 따라서 '~(수학자 & 과학자)'는 결론으로 타당하다.

② • 과학자 → 신 믿음
   • 신 믿음 → ~유물론자
   • 유물론자 & 진화론자
   ∴ 진화론자 & ~과학자

첫 번째 명제와 두 번째 명제를 연결하여 대우명제로 변환하면 '유물론자 → ~신 믿음 → ~과학자'이고, 이를 세 번째 명제와 연결하면 '진화론자 & ~과학자'라는 결론이 도출된다. 따라서 타당한 논증이다.

③ • 부산 영화제 → ~광주의 동창회
   • ~광주의 동창회 → ~견우 만남
   ∴ ~부산 영화제 or ~견우 만남

첫 번째 명제와 두 번째 명제를 연결하면 '부산 영화제 → ~광주의 동창회 → ~견우 만남'이다. 이 논증의 결론은 '부산 영화제 → ~견우 만남'으로 변환될 수 있으므로 타당한 논증이다.

④ • 외국어학원 → 외국문화에 관심
   • 외국문화에 관심 & ~외국에 가본 적
   ∴ ~외국에 가본 적 & ~외국어학원

첫 번째 명제와 두 번째 명제가 모두 참이더라도 반드시 '~외국에 가본 적 & ~외국어학원'이 된다는 보장이 없다. 즉 외국에 가본 적 없는 사람들이 모두 외국어학원에 다닐 수도 있다. 따라서 타당하지 않은 논증이다.

17 논리 퀴즈   정답 ③

오답 분석 난이도 ★★★★★

주어진 문장을 기호화하면 다음과 같다.
• 명제1: A → B
• 명제2: ~B or ~C
• 명제3: B or D
• 명제4: ~C → ~B

ㄱ. (○) 명제2와 명제4에서 '~B'라는 결론이 도출되므로 반드시 참이다

ㄴ. (×) 명제2와 명제4에서 '~B'라는 결론이 도출되므로 B가 선정되지 않는 것은 참이다. 그러나 C가 선정되지 않는지는 알 수 없으므로 반드시 참이라 할 수 없다.

ㄷ. (○) 명제3에서 'D'라는 결론이 도출되므로 반드시 참이다.

18 강화와 약화   정답 ②

오답 분석 난이도 ★★★★☆

① (○) ㉠의 이중기준론은 수정헌법 제1조가 보호하는 표현과 그렇지 않은 표현을 구분하는 것이므로 시민을 보호하기 위해 제한해야 할 만큼 저속한 표현의 기준을 정부가 정하는 것은 ㉠과 상충하지 않는다.

② (×) ㉠의 이중기준론은 수정헌법 제1조가 보호하는 표현과 그렇지 않은 표현을 구분하여 추잡하고 음란한 말, 신성 모독적인 말, 인신 공격이나 타인을 모욕하는 말, 즉 발언만으로도 누군가에게 해를 입히거나 사회의 양속을 해칠 말은 보호 대상이 되는 표현에 포함되지 않는다고 본다. 따라서 음란물이 저속하고 부도덕하다는 이유에서 음란물 유포를 금하는 법령은 ㉠과 상충하지 않는다.

③ (○) ㉡의 내용중립성 원칙은 정부가 어떤 경우에도 표현되는 내용에 대한 평가에 근거하여 표현을 제한해서는 안 된다는 것이다. 다시 말해 정부는 표현되는 사상이나 주제나 내용을 이유로 표현을 제한할 수 없다. 따라서 어떤 영화의 주제가 나치즘 찬미라는 이유에서 상영을 금하는 법령은 ㉡에 저촉된다.

④ (○) ㉡의 내용중립성 원칙은 정부가 어떤 경우에도 표현되는 내용에 대한 평가에 근거하여 표현을 제한해서는 안 된다는 것이다. 따라서 경쟁 기업을 비방하는 내용의 광고라는 이유로 광고의 방영을 금지하는 법령은 ㉡에 저촉된다.

19 강화와 약화   정답 ①

오답 분석 난이도 ★★★★☆

ㄱ. (○) 100미터 떨어진 지점에 민수가 한 번도 본 적이 없는 대상만 보이도록 두고 다른 사물들은 보이지 않도록 민수의 시야 나머지 부분을 가리는 경우, 민수는 경험을 통한 추론을 할 수 없는 상황이다. 따라서 민수가 그 대상을 보고도 얼마나 떨어져 있는지 판단하지 못한다는 것은 물체까지의 거리 판단은 경험을 통한 추론에 의해서 이루어진다는 글의 주장을 강화한다.

ㄴ. (×) 아무것도 보이지 않는 캄캄한 밤에 안개 속의 숲길을 걷다가 앞쪽 멀리서 반짝이는 불빛을 발견한 태훈이가 불빛이 있는 곳까지의 거리를 어렵잖게 짐작한다는 것은 경험을 통한 추론을 하지 못하는 상황에서도 거리에 대해 판단한 것이다. 따라서 물체까지의 거리 판단은 경험을 통한 추론에 의해서 이루어진다는 글의 주장을 강화한다고 볼 수 없다.

ㄷ. (×) 태어날 때부터 한쪽 눈이 실명인 영호는 두 눈을 사용할 수 없는 상태이다. 따라서 영호가 30센티미터 거리에 있는 낯선 물체 외엔 어떤 것도 보이지 않는 상황에서 그 물체까지의 거리를 옳게 판단한다는 것은, 물체가 손이 닿을 정도로 아주 가까이에 있는 경우 두 눈과 대상이 위치한 한 점을 연결하는 두 직선이 이루는 각의 크기를 감지함으로써 물체까지의 거리를 알게 된다는 글의 주장을 강화한다고 볼 수 없다.

20 견해 분석   정답 ③

오답 분석 난이도 ★★★★★

① (O) 소크라테스는 이름이나 상은 무엇이 빠지거나 더해지면 더 이상 상이나 이름이 아니라고 해서는 안 된다고 언급하고 있으므로 훌륭한 이름에 자모 한 둘을 더하거나 빼더라도 그것은 여전히 이름이라는 것은 소크라테스의 견해다.

② (O) 소크라테스는 이름이나 상은 무엇이 빠지거나 더해지면 더 이상 상이나 이름이 아니라고 해서는 안 된다고 언급하고 있으므로 훌륭한 상에 색이나 형태를 조금 더하거나 빼더라도 그것은 여전히 상이라는 것은 소크라테스의 견해다.

③ (×) 이름이나 상은 무엇이 빠지거나 더해지면 더 이상 상이나 이름이 아니라고 해서는 안 되지만, 수는 무엇이 빠지거나 더해지면 더 이상 똑같은 수가 아니기 때문에 이름이나 상과는 다른 이치를 따른다. 따라서 이름에 자모를 더하거나 빼는 것과 수에 수를 더하거나 빼는 것은 같은 이치를 따른다는 것은 소크라테스의 견해가 아니다.

④ (O) 소크라테스는 이름이나 상은 무엇이 빠지거나 더해지면 더 이상 상이나 이름이 아니라고 해서는 안 된다고 언급하고 있으므로 이름에 자모를 더하거나 빼는 것과 상에 색이나 형태를 더하거나 빼는 것은 같은 이치를 따른다는 것은 소크라테스의 견해다.

2회 기출 변형 모의고사 정답·해설

p. 210

01 ②	02 ④	03 ③	04 ①	05 ③
06 ③	07 ③	08 ④	09 ②	10 ④
11 ③	12 ②	13 ③	14 ④	15 ③
16 ③	17 ④	18 ④	19 ④	20 ①

01 글의 수정   정답 ②

오답 분석   난이도 ★★★☆☆

① (O) ㉠: '안내 알림'은 '중복되는 표현을 삼갈 것'이라는 원칙에 어긋나므로 '안내'로 수정하는 것이 적절하다.

② (×) ㉡: '표준적인 언어생활의 확립과 일상적인 국어 생활을 향상하기 위해는'는 '대등한 것끼리 접속할 때는 구조가 같은 표현을 사용할 것'이라는 원칙에 맞지 않으므로 '표준적인 언어생활의 확립과 일상적인 국어 생활의 향상을 위해'로 수정하는 것이 적절하다.

③ (O) ㉢: '표준 정보가 제공되고 있습니다.'는 '주어와 서술어를 호응시킬 것'이라는 원칙에 맞지 않으므로 '표준 정보를 제공하고 있습니다.'로 수정하는 것이 적절하다.

④ (O) ㉣: '일반 국민도 알기 쉬운 표현으로 개선하여'는 '필요한 문장 성분이 생략되지 않도록 할 것'이라는 원칙에 맞지 않으므로 '의약품 용어를 일반 국민도 알기 쉬운 표현으로 개선하여'로 수정하는 것이 적절하다.

02 빈칸 추론   정답 ④

오답 분석   난이도 ★★☆☆☆

① (O) '청소년의 노동 환경 개선을 위한 제도 정비'는 청소년 아르바이트의 노동 문제 발생 원인 중 하나인 ' 청소년의 노동 환경에 대한 실효성 있는 제도 부족'에 대한 개선 방안이 될 수 있으므로 빈칸에 들어가기에 적절하다.

② (O) '청소년 고용 업주에 대한 노동 관계법 교육과 지도 확대'는 청소년 아르바이트의 노동 문제 발생 원인 중 하나인 ' 노동 관계법에 관한 청소년 고용 업주의 인식 부족'에 대한 개선 방안이 될 수 있으므로 빈칸에 들어가기에 적절하다.

③ (O) '청소년 노동자의 인권 보호를 위한 사회적 교육 기관 설립'은 청소년 아르바이트의 노동 문제 발생 원인 중 하나인 ' 청소년 노동자의 인권을 존중하지 않는 사회의 통념'에 대한 개선 방안이 될 수 있으므로 빈칸에 들어가기에 적절하다.

④ (×) 빈칸에는 청소년 아르바이트의 노동 문제 발생 원인에 대한 문제 개선 방안이 들어가야 한다. '청소년 고용 업체 규모 축소를 위한 정부의 지속적인 감독과 단속'은 청소년 아르바이트의 노동 문제 발생 원인과 관련이 없으므로 개선 방안에 들어가기에 적절하지 않다.

03 중심 내용   정답 ③

오답 분석   난이도 ★★☆☆☆

지문에서 얘기하고자 하는 중심 내용은 플라톤과 케팔로스의 대화를 통해 우리가 어떻게 좋은 삶을 살 수 있는지를 보여주려는 것이다. 이는 '삶을 살아가면서 돈에 대한 욕망이나 성적 욕망만이라도 잘 다스릴 수 있다면 낭패를 당하거나 망신을 당할 일이 거의 없을 것이다.'라는 부분에서 가장 잘 드러난다. 따라서 글의 중심 내용으로 가장 적절한 것은 '성공적인 삶을 살려면 재물욕과 성욕을 잘 다스려야 한다.'는 것이다.

04 내용 이해 및 부합   정답 ①

오답 분석   난이도 ★★★★☆

① (O) 두 번째 단락에 따르면 긱 노동자들은 고용주가 누구든 간에 자신이 보유한 고유의 직업 역량을 고용주에게 판매하면서, 자신의 직업을 독립적인 '프리랜서' 또는 '개인 사업자' 형태로 인식한다. 따라서 긱 노동자가 자신의 직업 형태에 대해 갖는 인식은 자신을 고용한 기업에 따라 달라지지 않는다는 것을 알 수 있다.

② (×) 두 번째 단락에 따르면 정보통신 기술의 발달은 긱을 더욱더 활성화한다. 그러나 정보통신 기술의 발달은 프레카리아트 계급을 확산시키는지는 알 수 없다.

③ (×) 긱 노동자 집단이 확산하면 프레카리아트 계급은 축소되는지는 글에서 알 수 없다.

④ (×) 첫 번째 단락에 따르면 프레카리아트는 불안정한 고용 상태에 놓여 있는 사람들을 의미한다. 따라서 '위험한 계급'이 겪는 부정적인 경험이 적은 프레카리아트일수록 정규직 근로자로 변모할 가능성이 크다는 것은 알 수 없다.

05 글의 수정   정답 ③

오답 분석   난이도 ★★★☆☆

① (×) ㉠: 몸이 흔들리는 경험을 할 때 들리지 않는 진동을 '초저주파음'이라고 하므로, 우리의 몸은 흔들리지만 귀로는 아무것도 듣지 못한다'가 적절하다.

② (×) ㉡: 들리지 않는 진동을 '초저주파음'으로 정의하므로, '귀에 들리지 않는 진동도 소리로 간주할 수 있다는 생각에서이다'가 적절하다.

③ (O) ㉢ 앞 문장에서 '높은 주파수의 영역에서도 귀에 들리지 않는 진동이 있다.'고 하고, 20,000Hz 이상의 진동은 높은 주파수 영역에 해당하므로 ㉢은 '사람은 보통 20,000Hz 이상의 진동이 귀에 도달하면 소리로 인식하지 못한다'로 수정하는 것이 적절하다.

④ (×) ㉣: 개는 사람이 듣지 못하는 기척을 알아차리기도 하므로, 개의 가청 주파수 대역이 '사람의 가청 주파수 대역보다 넓기 때문이다'가 적절하다.

06 문단 배열   정답 ③

오답 분석   난이도 ★★★☆☆

(라)의 마지막 문장에서 '스토리텔링 전략이 필요하다.'라는 부분과 표현과 (나)의 '스토리텔링 전략에서 제일 먼저 해야 할 일'과 연결된다. 따라서 (라) - (나) 순서가 됨을 추론할 수 있다. (가)의 첫 문장에서 '참신한 인물을 창조해야 한다.'는 표현과 (다)의 첫 문장에서 '이 같은 인물 창조'라는 표현이 연결된다. 따라서 (가) - (다) 순서가 됨을 추론할 수 있다. 한편 (가)는 '다음으로'라는 표현으로 시작하고 있으므로 맨 앞에 올 단락은 아니다. 따라서 이를 조합하면 '(라) - (나) - (가) - (다)'가 맥락에 맞는 문단 배열로 가장 적절하다.

07 강화와 약화   정답 ③

오답 분석   난이도 ★★★★☆

① (✗) 국문으로 쓴 작품보다 한문으로 쓴 작품이 해외에서 문학적 가치를 더 인정받는 것은 국문학에서 한문으로 쓰인 문학을 배제하자는 (가)의 주장과 관련이 없다. 따라서 (가)의 주장은 강화되지 않는다.
② (✗) 국문학의 정의를 '그 나라 사람들의 사상과 정서를 그 나라 말과 글로 표현한 문학'으로 수정하면 국문학에서 한문으로 쓰인 문학을 배제하자는 (가)의 주장을 지지할 수 있다. 따라서 (가)의 주장은 약화되지 않는다.
③ (○) 표기문자와 상관없이 그 나라의 문화를 잘 표현한 문학을 자국문학으로 인정하는 것이 보편적인 관례라면, 일부 한문문학을 국문학으로 인정하자는 (나)의 주장을 지지할 수 있다. 따라서 (나)의 주장은 강화된다.
④ (✗) 훈민정음 창제 이후에도 차자표기로 된 문학작품이 다수 발견된다는 것과 (나)의 주장은 관련이 없다. 따라서 (나)의 주장은 약화되지 않는다.

08 밑줄 추론   정답 ④

오답 분석   난이도 ★★★☆☆

㉠: 한문으로 쓰여진 문학을 의미한다.
㉡: 국문학을 의미한다.
㉢: 순국문학을 의미한다.
㉣: 준국문학을 의미한다.
㉤: 순국문학을 의미한다.
㉥: 준국문학을 의미한다.
따라서 지시하는 바가 같은 것은 ㉢과 ㉤, ㉣과 ㉥이다.

09 논리 퀴즈   정답 ②

오답 분석   난이도 ★★★★★

지문에 제시된 명제를 기호화하면 다음과 같다.
- 명제1: A & D
- 명제2: ~B or ~D
- 명제3: A or B → ~C
- 명제4: ~(A → ~B) = A & B

ㄱ. (○) 명제1과 명제4에 따르면 A를 가진 후보자는 B나 D를 가지고 있을 수 있으나, 명제2에 따라 B를 가지고 있으면 D를 가지고 있지 않다. 또한 명제3에 따르면 A나 B를 가지고 있으면 C는 가지고 있지 않으므로 네 종류 중 세 종류의 자격증을 가지고 있는 후보자는 없다는 것은 반드시 참이다.
ㄴ. (○) 어떤 후보자는 B를 가지고 있지 않고, 또 다른 후보자는 D를 가지고 있지 않다는 것은 결국 B를 가지지 않거나 D를 가지지 않는다는 의미이다. 따라서 B와 D를 둘 다 가진 후보자는 없다는 명제 2에 따라 반드시 참이다.
ㄷ. (✗) D를 가지고 있지 않은 후보자는 누구나 C를 가지고 있지 않다면, C를 가지고 있는 후보자는 누구나 D를 가지고 있다는 의미가 된다. 그러나 네 종류 중 한 종류의 자격증만 가지고 있는 후보자가 있는지는 알 수 없다.

10 독해형 논리   정답 ④

오답 분석   난이도 ★★★★☆

주어진 조건을 간단히 정리하면 다음과 같다.
- 명제1: A → B
- 명제2: ~A → ~D & ~E
- 명제3: B → C or ~A
- 명제4: ~D → A & ~C

명제2와 4를 연결하면 ~A와 A가 동시에 성립하는 모순이 발생한다. 이 경우 연결의 시작점인 ~A가 옳지 않다는 결론이 도출되므로 'A'가 확정된다. A가 채택되면 명제1에 의해 B가 채택되는 것이 확정되고, B가 채택되면 명제3과 명제4에 의해 C와 D가 채택되는 것이 확정된다. 한편 E는 채택 여부가 확정되지 않으므로 반드시 채택되는 업체 수는 4개이다. 채택 여부를 정리하면 다음과 같다.

A	B	C	D	E
○	○	○	○	?

11 적용형 추론   정답 ③

오답 분석   난이도 ★★★★☆

① (×) 두 번째 단락에서 고시 개정 전 음식점을 운영하는 음식업자가 주문 받은 배달 음식과 함께 소량의 주류를 배달하는 경우에 예외적으로 주류의 완전 비대면 판매가 가능했다. 따라서 고시 개정과 무관하게 음식업자는 주류만 완전 비대면으로 판매할 수 있다는 것은 추론할 수 없다.

② (×) 네 번째 단락에서 고시 개정 이전에는 슈퍼마켓, 편의점 등을 운영하는 주류 소매업자는 대면 및 예약 주문 방식으로만 주류를 판매할 수 있었다. 따라서 고시 개정 이전에는 슈퍼마켓을 운영하는 주류 소매업자는 온라인으로 주류 주문을 받을 수 없었다는 것은 추론할 수 없다.

③ (○) 네 번째 단락에서 고시 개정 이전에는 슈퍼마켓, 편의점 등을 운영하는 주류 소매업자는 대면 및 예약 주문 방식으로만 주류를 판매할 수 있었다. 표에 따르면 대면 및 예약 주문 방식은 모두 영업장을 방문하여 결제해야 한다. 따라서 고시 개정 이전에는 편의점을 운영하는 주류 소매업자는 주류 판매 대금을 온라인으로 결제 받을 수 없었다는 것을 추론할 수 있다.

④ (×) 고시 개정 이후에도 고시 개정 이전의 대면 및 예약 주문 방식의 주류 구매는 가능하다. 따라서 고시 개정 이후에는 전통주를 구매하는 소비자는 전통주 제조자의 영업장에 방문하여 주류를 구입할 수 없다는 것은 추론할 수 없다.

12 2차 정보 추론   정답 ②

오답 분석   난이도 ★★★☆☆

① (×) 두 번째 단락에 따르면, 신과 파라오, 귀족은 '존재하는 자'이고, 죽을 운명을 가진 평범한 사람들은 그저 '행위하는 자'이다. 따라서 이집트의 벽화에서는 존재와 행위를 동등한 가치로 표현하고 있다는 것은 적절한 추론이 아니다.

② (○) 세 번째 단락에 따르면, 이집트 종교는 수직적이고 이원적인 정신성에 그 토대를 두고 있고, 이런 이원론적인 정신성은 양식화된 이상주의적 미술로 표현되는 경향이 있다. 따라서 이집트의 종교가 가지는 정신성은 이집트의 미술 양식에 영향을 끼쳤다는 것은 적절한 추론이다.

③ (×) 첫 번째 단락에 따르면, 이집트의 이상주의적 미술에서는 평범한 사람들과 고귀한 존재들을 표현하는 방식이 달랐을 뿐이다. 따라서 평범한 사람들을 그리지 않고 고귀한 존재들만 표현하였다는 것은 적절한 추론이 아니다.

④ (×) 첫 번째 단락에 따르면 이집트 미술은 특정한 이데올로기를 통해 양식화되어 있음을 알 수 있다. 따라서 이집트인들이 신체를 바라보는 독특한 시점을 토대로 예술에 관한 이데올로기를 형성하였다는 것은 적절한 추론이 아니다.

13 밑줄 추론   정답 ①

오답 분석   난이도 ★★☆☆☆

㉠: 이집트 벽화에 그려진 신, 파라오, 귀족을 의미한다.

㉡: 벽화에 표현된 평범한 일반인을 의미한다.

㉢: 벽화에 표현된 신, 파라오, 귀족과 평범한 일반인 모두를 의미한다.

㉣: 고귀한 존재를 의미한다.

따라서 ㉠과 ㉣은 고귀한 존재인 신, 파라오, 귀족을 의미하는 것으로 지시 대상이 같다.

14 내용 이해 및 부합   정답 ④

오답 분석   난이도 ★★★★☆

① (×) 중국에 부계전통이 있었던 것은 맞지만, 부계전통이 중국에서 처음으로 확립되었는지는 알 수 없다.

② (×) 두 번째 단락에 따르면 진나라는 세금 부과, 노역, 징집 등에 이용하기 위해 백성 대다수에게 성을 부여했다. 그러나 모든 백성에게 성을 부여했는지는 알 수 없으며, 새로운 100개의 성을 부여했는지도 알 수 없다.

③ (×) 네 번째 단락에 따르면 예로부터 중국에 부계전통이 있었지만 진나라 이전에는 몇몇 지배 계층의 가문 및 그 일족을 제외한 백성은 성이 없었다. 따라서 중국의 부계전통은 진나라 이전에도 있었으므로 중국의 부계전통은 진나라가 부계 성 정책을 시행함에 따라 만들어졌다고 할 수 없다.

④ (○) 세 번째 단락에서 국민을 효율적으로 통치하기 위한 성의 세습은 시기적으로 일찍 발전한 국가에서 나타났는데, 그 사례로 진나라가 거론되고 있다. 대략 기원전 4세기에 진나라는 세금 부과, 노역, 징집 등에 이용하기 위해 백성 대다수에게 성을 부여한 다음 그들의 호구를 파악했다. 따라서 진나라가 백성에게 성을 부여한 목적은 통치의 효율성을 높이고자 한 것이었음을 알 수 있다.

15 빈칸 추론   정답 ③

오답 분석   난이도 ★★★★☆

(가) '천박한 감정을 느낀 예술가가 그 감정을 표현하여 감상자 역시 그런 감정을 느낀다면, 그런 예술이 훌륭한 예술인가?'라는 을의 질문에 대한 갑의 답변에 대해 을이 '너의 대답은 모순이야.'라고 말하고 있으므로 기존의 갑의 견해와 동시에 참이 될 수 없는 내용이 (가)에 들어가야 한다. 훌륭한 예술에 대한 기존의 갑의 견해는 '예술가가 경험한 감정이 잘 전달되어 감상자도 그런 감정을 느끼게 되는 예술을 훌륭한 예술이라고 할 수 있어.'이다. 따라서 (가)에는 '아니다.'가 들어가는 것이 적절하다.

(나) 갑의 대답을 모순이라고 평가한 이유가 들어가야 하므로, '훌륭한 예술에 대한 너의 정의와 앞뒤가 맞지 않기' 때문이라는 내용이 들어가는 것이 적절하다.

16 추가해야 할 전제 찾기　　　정답 ③
오답 분석　　　난이도 ★★★★★
주어진 문장을 기호화하여 정리하면 다음과 같다.
- 명제1: A → B
- 명제2: B → ~D
- 명제3: C → ~E
- 명제4: ~D → C
- 명제5: ~E → D

명제1에서부터 명제5까지 연결하면 'D'가 확정되고, 이에 따라 '~B'와 '~A'가 확정된다. 그러나 C와 E의 파견 여부는 확정되지 않는다. 이때 'C를 파견하지 않으면 E를 파견하지 않는다.'는 내용을 빈칸에 대입해도 C와 E의 파견 여부가 확정되지 않는다.

17 내용 이해 및 부합　　　정답 ④
오답 분석　　　난이도 ★★☆☆☆
① (○) 첫 번째 단락에 따르면 영웅 소설은 천상계와 지상계로 나누어진 이원적 세계상을 잘 보여 주는 문학적 갈래이다.
② (○) 두 번째 단락에 따르면 판소리계 소설은 현실의 경험적 인과관계에 의해 서사가 전개된다. 따라서 판소리계 소설에서 서사의 인과 관계는 경험적 현실에 바탕을 둔 경우가 많다는 것은 적절하다.
③ (○) 첫 번째 단락에 따르면 천상계의 대리자가 지상계의 서사를 결정하는 작품은 영웅 소설의 의미한다. 영웅 소설에서는 이원적 세계상이 발견되므로 이는 적절한 내용이다.
④ (×) 두 번째 단락에 따르면 판소리계 소설에는 초월적 세계가 지배적 장치로 나타나는 경우가 극히 드물다. 따라서 영웅 소설에 비해 판소리계 소설에서는 초월적 세계가 현실의 문제를 해결하는 양상이 두드러진다는 것은 적절하지 않다.

18 밑줄 추론　　　정답 ④
오답 분석　　　난이도 ★★☆☆☆
① (×) "언니는 뽀얗게 일어나는 물보라에 손을 대었다."에서 '일어나는'은 위로 솟거나 부풀어 오르는 모양을 의미하므로 사건의 발생을 의미하는 ㉠과는 다르다.
② (×) "그는 가까스로 일어나는 불꽃을 바라보고 있었다."에서 '일어나는'은 약하거나 희미하던 것이 성하여진다는 의미하므로 사건의 발생을 의미하는 ㉠과는 다르다.
③ (×) "아침 일찍 일어나는 습관을 들이는 것이 중요하다."에서 '일어나는'은 잠에서 깨어난다는 의미이므로 사건의 발생을 의미하는 ㉠과는 다르다.
④ (○) "싸움이 일어나는 동안 그는 숨어 있을 수밖에 없었다."에서 '일어나는'은 어떤 일이 생긴다는 의미이므로 사건의 발생을 의미하는 ㉠과 가장 가깝다.

19 견해 분석　　　정답 ④
오답 분석　　　난이도 ★★★★☆
ㄱ. (×) A의 주장은 인간 존엄성은 그 의미가 무엇인지에 대해 사람마다 생각이 달라서 불명료할 뿐 아니라 무용한 개념이라는 것이다. 그리고 그 사례로 존엄성이 존엄사를 옹호하거나 반대하는 논증 모두에서 각각의 주장을 정당화하는 데 사용된다는 점을 들고 있다. 따라서 많은 논란에도 불구하고 존엄사를 인정한 연명의료결정법의 시행은 A의 주장을 약화시키는 사례라고 볼 수 없다.
ㄴ. (○) C의 주장은 인간 존엄성은 인간종이 그 자체로 다른 종이나 심지어 환경 자체보다 더 큰 가치가 있다고 생각하는 종족주의의 한 표현에 불과하다는 것이다. 이런 생각은 인간이라면 결코 용납하지 않았을 폭력적 처사를 인간 외의 존재에 정당화하는 근거로 활용된다고 본다. 따라서 이러한 C의 주장은 화장품의 안전성 검사를 위한 동물실험의 금지를 촉구하는 캠페인의 근거로 활용될 수 있다.
ㄷ. (○) B는 인간 존엄성을 신이 인간에게 부여한 독특한 지위로 생각함으로써 인간이 스스로를 지나치게 높게 보도록 하는 오만을 낳았다고 비판하고 있고, C는 인간 존엄성은 인간종이 그 자체로 다른 종이나 심지어 환경 자체보다 더 큰 가치가 있다고 생각하는 종족주의의 한 표현에 불과하다고 비판한다. 따라서 B와 C는 인간에게 특권적 지위를 부여하는 인간 중심적인 생각을 비판한다는 점에서 공통적이다.

20 강화와 약화　　　정답 ①
오답 분석　　　난이도 ★★★★☆
① (×) 대부분의 사람이 행복 기계에 들어가는 편을 택한다는 것은, 사람들이 행복기계에 들어가는 것을 선택하지 않는 이유를 제시하고 있는 지문의 논지와 반대 방향의 진술이다. 따라서 논지는 강화되는 것이 아니라 약화된다.
② (○) 행복 기계가 현실에 존재하는지 여부는 논지와 직접적인 관련성이 없으므로 행복 기계가 현실에 존재하지 않는다는 사실이 논지를 약화하지는 않는다.
③ (○) 행복 기계에 들어가지 않는 유일한 이유가 참과 무관한 실용적 이익임이 확인될 경우, 참인 믿음을 선호하기 때문에 행복 기계에 들어가지 않는 것이라는 논지는 약화된다.
④ (○) 실용적 이익이 없음에도 불구하고 우리가 수학적 참인 정리를 믿는 것을 선호한다는 사실은 다른 것에 대한 선호로는 설명될 수 없는 기초 선호에 해당하는 것이므로 논지를 강화한다.

2026 대비 최신판

해커스공무원
조은정 암기 없는 국어 유형별 기출 200제

초판 1쇄 발행 2025년 10월 31일

지은이	조은정
펴낸곳	해커스패스
펴낸이	해커스공무원 출판팀

주소	서울특별시 강남구 강남대로 428 해커스공무원
고객센터	1588-4055
교재 관련 문의	gosi@hackerspass.com
	해커스공무원 사이트(gosi.Hackers.com) 교재 Q&A 게시판
	카카오톡 채널 [해커스공무원 노량진캠퍼스]
학원 강의 및 동영상강의	gosi.Hackers.com

ISBN	979-11-7404-567-6 (13710)
Serial Number	01-01-01

저작권자 ⓒ 2025, 조은정

이 책의 모든 내용, 이미지, 디자인, 편집 형태는 저작권법에 의해 보호받고 있습니다. 서면에 의한 저자와
출판사의 허락 없이 내용의 일부 혹은 전부를 인용, 발췌하거나 복제, 배포할 수 없습니다.
이 책의 내용 중 일부는 국립국어원이 제공하는 '표준국어대사전', '한국어 어문 규범'을 참고하였습니다.

공무원 교육 1위,
해커스공무원 gosi.Hackers.com

해커스공무원

· **해커스공무원 학원 및 인강**(교재 내 인강 할인쿠폰 수록)
· 해커스 스타강사의 **공무원 국어 무료 특강**
· 정확한 성적 분석으로 약점 극복이 가능한 **합격예측 온라인 모의고사**(교재 내 응시권 및 해설강의 수강권 수록)
· 필수어휘와 사자성어를 편리하게 학습할 수 있는 **해커스 매일국어 어플**

한경비즈니스 2024 한국품질만족도 교육(온·오프라인 공무원학원) 1위